Veit Lindenmeyer

Talk Tussaud

Einbildungen

Veit Lindenmeyer

TALK TUSSAUD

EINBILDUNGEN

Bibliografische Information der Deutschen Nationalbibliothek
Die Deutsche Nationalbibliothek verzeichnet diese Publikation in der
Deutschen Nationalbibliografie; detaillierte bibliografische Daten
sind im Internet über http://dnb.d-nb.de abrufbar.

Veit Lindenmeyer
Talk Tussaud
Einbildungen

Berlin: Pro BUSINESS 2011

ISBN 978-3-86386-127-8

1. Auflage 2011

© 2011 by Pro BUSINESS GmbH
Schwedenstraße 14, 13357 Berlin
Alle Rechte vorbehalten.
Produktion und Herstellung: Pro BUSINESS GmbH
Gedruckt auf alterungsbeständigem Papier
Printed in Germany
www.book-on-demand.de

book-on-demand … Die Chance für neue Autoren!
Besuchen Sie uns im Internet unter www.book-on-demand.de

Inhaltsverzeichnis

I. DIE DOMPTEUSE

Mehrere Male schon stürzten Vorbereitungsgespräche die verantwortliche Prüferin in Zweifel. Ihre ausgesandten Rechercheure, weltgewandte Talkrequisiteure, apportierten nicht einfach hundegehorsam im Weltfundus parat liegende Exemplare: Geht mal zu dem und dem, und erkundet seine Bereitschaft oder macht ihm den Auftritt bei uns schmackhaft! Vielmehr war ihnen aufgetragen, Entdeckungen zu machen und so das vorgedachte Repertoire von Gästen ins bislang Unerkundete auszuweiten. Risiko! Sooft immer der Talk in Gewöhnung und Routine zu erstarren drohte, musste mit erfrischendem Risiko die Gästeliste belebt werden. Klar, dass nicht jeder Tapser ins Blaue ein Wunder hervorbrachte, doch viele solcher Entdeckungen bewahrten der jahrelangen Übung einen nötigen Effekt von Überraschung und Lebendigkeit.

WETTERHINSICHTLICH hat sichs eingetrübt. Hat sich, künftige Nässe ankündigend, unangenehm ein kühler Wind aufgemacht, der die Rechercheure während langen, zu langen Wartens belästigt: offenbar schlägt die Verabredung, Treff am Rondell der Bänke, fehl, und die Lust, mit Späßen derben Witzen tollkühnen Vermutungen die Laune aufzuheitern, macht sich davon in Träumen von angenehmen Stunden, Café mit Sahnehäubchen und bettamouröse Filme. Der Mann von der Bühne hat sie versetzt. Hat die Rolle des viel zu wenig Umschmeichelten wiederum aufgegriffen, hat gegenüber fragwürdiger Begegnung von

Fernsehen und Bühne einem Rendezvous mit der Freundin den Vorzug gegeben. Was solls. Um dem säumigen Mimen eine letzte Chance einzuräumen, geht man vorläufig schmutzigen Sitzplanken mit Taschentuch und Wischhand zuleibe, möchte nach ruhelosem Zirkeln im Rondell sitzend zur Ruhe kommen, so Wartezeit überbrücken. Stattdessen lebhaft zirkulierts im Gedankentresor. Etwa: falls der Erwartete ausbliebe, wie wär er zu ersetzen? Nicht rasch und leicht stöbert man im anonymen Menschengetümmel hinlänglich interessante Figuren auf, die dann den Mittwochstalk beschwingen. Nahezu unersetzlich verspricht der angedachte Gast achtbaren Gewinn, brächte ordentlich Licht in den Showalltag. Statt Licht nun Schatten gehts neben ihnen so deprimierend wie bankrüttelnd nieder, parkt jemand den mächtigen Leib ein. Von den Gästekundschaftern kopfschüttelnd begrüßt: was für eine absurde Kostümierung! Dass ein so Begehrter gegen so was Verrücktes eingetauscht wird, verdüstert die Mienen. In enge Uniformjacke mit Knopfreihen Goldtressen gepresst, die an Zirkus erinnert, lässt des Ankömmlings Oberkörper im Bund eine stoffweich weitgeschnittene, ganz banale Tuchhose hervorquellen. Deren Faltenhang umspielt locker lackglänzende Schäfte, Stiefel mit staubgetrockneten Schlammspuren, die eher von mühsamen Fußmärschen als von pferdebeflügeltem Galoppieren erzählen. Herrscht unten Schmutz, prangt hoch droben grellrot und kauffrisch eine Kappe, ihrer kargen Schattenspende nachzusinnen wäre Zeitverschwendung, denn unter Arm Achsel geborgene Hände suchen das Freie, senken sich zum Beinstütz, einmal fingerspreiz knieüber Glacé, einmal umledert aufgesetzt präsentiert der Fingertrichter ein Pergament. Eingerollt ein Stück Papier, Rollenaufzeichnung für dies bühnenreife Bubenstück. Schleicht sich im Schatten des Fremden Verdacht an, belebt die Mienen der Wartemannschaft, ach ja, absichtsvoll könnte jener Schauspieler, um sie zu narren, in solches Equipment geschlüpft sein! Da hätte sie ein verkannter Ritter düpiert, vom hohen Ross in die Demutsrolle herunter geholt, na bitte. Einmal solche Witterung aufgenommen schubsen die Talkjäger ihren Dosenöffner an die Front, einen frechmunter keine Peinlichkeit scheuenden Scout, der nun den Unbekannten anpeilen, auf ihn entsprechend Streuschrot abfeuern möge: Sind Sie unser Mann, oder sind Sie es nicht? Wirkungslos schluckt der Schattenleib das Geschoß. Kein Echo. Wartezeit schlägt um in Bedenkzeit, gibt Gelegenheit für weitere Beobachtungen. Trotz lächernder Ausstattung bekundet der Mann durch aufrechte Haltung wie durch den ungenierten Vortrag modischer Absurditäten reichlich Selbstbewusstsein. Das wär schon was. Übers fremde Gesicht streifend notiert der Neugierblick kinnbackenstarke Prägung, wie showtüchtige redebeflissene Politmasseure Hohlkopfdirigenten Verkaufsstrategen sie ihrem Kronenhaupt andichten, um hirnoberes Regierkapital effektvoll auf Körper Eigensinn andrer Leut loszulassen. Solches und mehr spulen die Assoziationsrollen der Beobachter ab, verleihen momentanem Streifblick ein Bleiberecht, so entziffert man im Strahl tiefliegender Augen des Banknachbarn Autorität Witz Sanftmut, sieht die

Brauenbrücke um einen Pakt mit Knittern und Fälteln der Stirn bitten, merkt aufs gewichtige Inseln der hakigen Nase inmitten mimischen Ausdrucks. Am Fuß des Riechbrockens turnierspielen Lippen Zähne, speerwerfen Worte virsierauf und visierzu, Tarnung Lockruf Suggestion heißen Küsse Fangschüsse, und befiehlt der Brunnen Blackout, ertauben die Ohren, verkriechen sich Angsthasen, fallen Unbelehrbare anheim. Etwaigen Ohnmachtsturz eigener Worte oder Blätterfall geschwächter Gegner überleben Redner Ritter Mime leichthin. Nun aber erreicht die Kundenjäger der eigene Niederschlag, überflutet sie des lange stumm Gebliebenen Antwort auf die zuvor gestellte Frage: Ob oder ob nicht? Nein, er sei es nicht.

DIE DOMPTEUSE HEBT DEN KOPF. Scharrts vielleicht, knarrts irgendwo? Im Wald von Eulonien könnt Rübezahl wohnen. Zahl Böses ihm heim, Du Glückhabenschwein! Knarrn die Karrn beim Drüberfahrn, Leichen! Kann Totes nicht weichen. Blattflüster Astscharrn. Magsein dass sie kommen. Heimtückisch anschleichend meiden sie Laub und Moder, wagen nicht laut zu atmen, ihrem bissfesten Lederschuh fehlt der Screentouch samtener Pranken, hallo, Tiger, pack zu! Jetzt entern sie die Szene mit gestreckten Fängen ausgefahrenen Krallen, schlagen Haken in die Bordwand, klettern übern Bootsrand, haschen und reißen ins Heer der Schmarotzer ganze Placken angstpfeifender Mäuse. Ritschratsch, Herr General, das haben Sie wohl nicht bedacht? Da muss der Käptn geschlafen haben. Häuser, sagt die Dompteuse, Leutebehältnisse. Wie kommt man hinein, ohne die Besitzer Besatzer hinter Gardinen, in verborgene Winkel, mindestens in den Flurschatten zu scheuchen? Gut dass die drinnen bewusstseindämmern, indem sie fern im Irgendwo abenteuern. Ganz aus dem Häuschen, das wäre gut. Wie verschafft man sich Zugang? Türen Fenster Schlösser Gitter, Alarmanlagen Stolperfallen, nützlich einen Plan zu haben, Erfahrung Übung Werkzeug erprobtes Handwerk tut not. Wer sich nicht auskennt, bittschön, der Gelegenheitsdieb mag das eine Mal glückhalber auf unbewachtes Gut stoßen, mag mit Glück und Beute ungeschoren davonkommen, das zweite Mal wirds ihn den Hals kosten. Bitte schön, der unter Druck stehende, von paar Groschen Drogen Hunger Abhängige wird dreist zulangen, von Hast getrieben die bessere Gelegenheit verpassen, für all diese minderen Zugriffe: Guten Abend, mein Herr, wie gehts, meine Dame, wieder mal trübes Wetter, die Lage ist aussichtslos, ich würde Sie gerne einladen, hab leider keine Moneten, hätten Sie paar Groschen übrig, der eine soll dem andern helfen, bei Christus und Mohammed, helfen Sie mir: für all seine minderen Zugriffe wird man Genosse Beschaffungsdieb in dieselbe Zelle stecken wie geschnappte Kapitalverbrecher. Ohne klare Zielsetzung, ohne Handwerk, ohne Tüchtigkeit läuft nichts. Falls der Psychologenmafia genossenhaftlich verbunden wär man im Vorteil, verfügte über Zuträger, Passworte, ganz windige Türöffner, und ist man drin, helfen Pläne, theoretische Ortskenntnisse, ausreichend klare Besitzerprofile. Bei der mehrheitlichen Zahl von Dompteuren schlägt solcher Vorteil kaum zubuche, im Gegenteil übertreffen hinsichtlich Erfolg und Beute die einfühlsamen, von Psycho- und anderen -logien unbeleckten, den Pulsschlag der Realität tastenden Beobachter all diese übergerüsteten Outfitspezialisten. Unbefangen, nur handwerklich aufs Beste zugerichtet, schlüpfen sie in betreffende Gemächer, kein Psychotop macht da Aufruhr, in bewusstlosem Schlaf verharrend geben die Triebwerke Heimgesuchter Vertrauliches preis, verraten Psychen, in der Meinung zu träumen, dem Tresor anvertraute Geheimnisse. Halte man Befragte bei Laune! Dann haben scheinbar planlos spazierende, plötzlich ums Voreck tretende Fragen jede hinderliche Zungenlähmung so alle Türschlösser aufgetan, eh der Bettlertrick bemerkt wird. Kommt hernach Reue auf, verblasst sie in betörendem Beifall, hält sich, um nicht weiteren Schaden anzurichten, zurück, versteckt sich hinter vieldeutigem Lächeln. Andere Psychen, einmal ins grelle Licht gelockt, können sich am Schwatz gar nicht genug tun, nur gewaltsamer Ventilverschluss vermag dann den Offenbarungseifer zu stoppen. Nicht selten trifft man auf Gedächtnisverließe, die nur von Hammer, Meißel zu wenigstens teilweiser Herausgabe überredet werden, und die dann nur kleindosierte, manchmal allerdings köstliche Weinproben hervortröpfeln. Nicht in jedem Falle ausgemacht sei, referiert die Dompteuse, ob nachträglich bemerkter Verlust tatsächlich auch Schmerzempfindung auslöse, denn im Nachklang des Raubs fühlen sich manche Beraubte leichter, irgendwie in den Himmel gehoben. Hallo, geredet geredet und nicht aufgepasst! Inzwischen sind die Löwen heraus! Raus

aus ihrem Waldchaosraub-, aus ihrem Mörderversteck! Die plötzliche Anwesenheit des Vorführmaterials beunruhigt die Dompteure kaum, rasch arrangieren sie die Positionierung unruhiger Showkreaturen, lassen probeweise fauchen, Krallen zeigen, schwanzpeitschen, das Regiment übers Bestiarium scheint gesichert. Folgend heißt man die Puppen tanzen. Fürs tierische Botschaften brauchts keinen Dolmetscher, es hauchen fauchen bezahnte Rachen: kratzen die Tatzen: winken und wedeln die Schweife lesbare Zeichen. Der Beobachter ists, dessen Sprache lautloser Mimik, im Schoß spielender, krampfender, fingerstreckender, gespannt spreizender Hände der Übersetzung bedarf. Erst nachdem die Dompteuse im Neuronenversteck dumpf lauernden Sinnverwahrern die Zunge löste, tut sich Simsalabim! Alibabas Schatzhöhle auf und verrät absichtlich überschwiegene Deponate. Gedächtniswerte voller Glanz und Pracht. Hier einzubrechen hat sich gelohnt! Der schlauen Talkmeisterin, ihrem Raub: ihrer Raubfrage: ihrem listig angelegtem Talk gelingt, was Neugierdrängler nie schaffen: die Verschlussspange des Schutzmantels zu lösen. Unbehindert jetzt und frisch plappert das Quellmaterial.

AUF WUNDERSAME WEISE DEM MUSEALEN GEFÄNGNIS entronnen suchen sie Zuflucht in einem Park. Dort nach wachssteifen Tussaudzeiten überredet sie neue Beweglichkeit, einen Zaun richtung anliegender Wald zu überklettern, könnte man da unbeobachtet nächtigen. Nicht wie im Park von nachtfalternden Paaren aufgestört würde man hier sicher ruhen, das neue Leben beschlafen, um im Besitz todjenseitiger Wirklichkeit wiederum in dasselbe, unentdeckt von Joggern Frühmorgengesellen, zu erwachen. Jetzt vorläufig ohne Hunger, Durst wird man der einzig verbliebenen Schwerkraft nachgeben, nach anstrengendem weil ungewohntem Bewegen den Boden suchen, in traumloser Bewusstseinsferne verlöschen. So ungefähr. Es einigen sich nässendes Mooslager und tageiferndes Vogelgezwitscher zum Wecksignal. Beim Aufwachen spätestens merkt man den Mangel, an Spreche und Sprache mangelt es. Gern würde man alles bereden, übers ungewohnt Erfahrene sich austauschen, doch ungelehrte Fingerzeige, Gesten reichen nicht weit, von wächsernen Lippen gekrächzte Laute besagen nichts, sie verwirren nur und scheuchen nahes Wild ins Irgendwo. Wie man im Feuchtlager sich aufrichtet und ratlos stumme Hirnwinkel durchwühlt, kommen aus Wortscherben keine Gedanken zustand. Und wie vormals das Körperbewegen erschöpfte, tuts jetzt das innere Regen, müde wird man, so müd, dass man dem Liegen anheim gegeben alle Vorstellungen Hoffnungen zugrab schickt. War eine erste Erschöpfungsrast traumlos verstrichen, hinterlässt die nächste deutliche Traumspuren. Nie in der Wachsperiode des Tussaud war Rückblicken vorgekommen, indem Gegenwart und Zukunft dahin stummten, verlautbarte auch die Vergangenheit nichts. Indessen die zweite Rast schickt vorigem Wachshirn verborgen gebliebene Zeichen an die Erinnerungsfront. Vermeintlich im Ruhestand, Schlaf, verrichtet man nächtlich Aufräumarbeiten, rückt Möbel, öffnet Truhen Kisten Schränke, stöbert in vollgepfropften Säcken durch allerlei Krimskrams. Neugierig. Kennt man denn Geige Noten Schifferklavier? Möchte das Schaukelpferd nicht geritten werden? Geben aus dem Knobelbecher rollende Würfel keinen Spielbefehl? Irgendwie Realfigur stolpert man durch formlose Schatten und erbittet vom Nachlassverwalter gültige Quittungen für das, was es da alles gibt und wie die Wachszeit es immer vorenthielt. Fantasielos nacheifert die zweite Weckprozedur ihrer Vorgängerin mit vielstimmigem Vogelgeschrei, wiederum kühlt Feuchte Rücken und Gesäß. Doch Überraschung! Vom Traumdrang befreit stürmt man ins Rettungsfinale, da gehen Tonfolgen, Worte, Sätze vom Mund, man versteht zu reden, es verständigt Rede sich vom einem Ohr zum andern in Landessprache. Das ausgetrocknete Hirn speit Sprechblasen. Wie man jetzt spricht, so hätten Wärter Museumsbeamte Besucher damals sich ausgedrückt, was ihnen damals eine Fremdsprache war, benützen die Kabinettsflüchter jetzt als vertrauten Jargon. Manisch nun verfällt man jeder Neuigkeit, plappert endlos ins Unreine, und weil zubereiteter Stoff mangelt, schüttet das Hirn sich aus ohne erkennbaren Sinn. Plötzlich stockt der Schwall. Worte greifen ins Leere, ihr hilfloses Drumrum vergeudet unnötig Kräfte, bis man, erschöpft Rast suchend, den Körper in waagrechte Entspannung kippt. Dem Schlaf zuvor notierte Moosnässe, Dämmerschwere sorgen hinterm Augenverschluss für Unruhe, nachthälftig sozusagen halb Tod halb Leben bewegt man sich als wachsentwachsene Neugeburt unter etlichen Irgendwers durch weiteres Traumland. Laufwerk ohne Laufziel, so dient man stur uhrengeschlagene Zeit ab, überlässt sich, was wär denn los, fremder Triebkraft. Gestikulation! Nicht reden, also zeichnens Schreiberlinge in die Luft. Vom Geschreibsel bleiben materiestabile Lineamente, die dem leeren Raum zusetzen, indem sie ihn gemäß ungetilgtem Progress proppenvoll füllen. Chaotisch wucherts zum Knäuel, worin sandend, rieselnd jede Zeichenerinnerung verfällt, zugleich verdichtet die anonyme Sandmasse zum wabrig quaderndem Block, der die Schreiberlinge Stück für Stück ins Nichts abdrängt. Vom Nichts her nehmen letztere das Resultat ihrer Schreiblust in Augenschein, möchten der Außenhaut des klobigen Fakts allzugern weitere Schriftproben angedeihen lassen, doch der Klob weist dergleichen energisch von sich. Mit fragwürdigem Lächeln im schlafversteinten Gesicht retournieren vormals Müde ins Wachsein, vergessen moosfeuchtes Gesäß, gekühlten Rücken und mehren die Vogelkapelle ums eigene, putzmuntre Gepfeif. Können sie jetzt Lippen spitzen, Luft zentrieren, glanzvoll prächtige Töne kreieren, wers hört, denkt: sind welche von uns.

MENSCH KEINER WEIß WARUM: BLEIBT DER MANN AN DER ECKE STEHEN. Aufgrund geringer Ortskenntnis noch geringeren Bekanntseins mit der Bevölkerung plagt ihn Unsicherheit, sorgt er sich nach dem Ausbruch, nach also unerlaubtem Fernbleiben vom Showort, um Absicherung der unerwartet neuartigen Existenz. Klar, hinterm Eck gehts weiter. Wo aber hin? Wird ein gefälliger Weg, dem Versteckmöglichkeiten nicht fehlen sollten, sich anbieten, drohen irritierende Begegnungen, könnte der Lückenstreber, Mückenforscher bei der Schnakenhatz auf den sagenhaften Zwergelefanten stoßen, welchen Betty, süßes Nachbarskind, freches Gör, hat irgendwo liegen lassen, den sie in wiederbelebendem Rollenspiel anwies, durch Garten, Wiesewaldfeld zu streifen, beim Gang zum Kindergarten ihr als Begleiter zu dienen? Im Tagblatt wird die Annahme von Forschern zitiert, dass jene waldtrabende Elefantenangelegenheit von Blättern Rinden sich nähre oder, schwimmfähig, als rüsselnder Otter den Bestand von Fischen, Fröschen, Algen dezimiere. Auf Todundleben Verfolgte, weiß man, schreckt keine Liane, an denen hochklimmend man in Baumkronen entkommen könnte, da käme sogar die Schlange zupass, welche Bluthunden und Jägern den Lauf hemmen würde. Gern und erneut widmet das Tagblatt dem Hundebesitzer und seinem von der Leine gelassenen Beißpotential eine abschreckende Schlagzeile. Der Mann an der Ecke erinnert, wie ihn, wachsgeformte Erinnerungsstation im Museum, vorbeischlendernde Pastoren, Reiseführer, Allerweltsquassler damals ängstigten und bis in materielose Tiefe erstarren machten, seither beim Auftritt von Menschbeweglichem übermitteln Schwarzweißmitkragen, Buntmitmühlenplapper deutliche Warnzeichen. Gegenwärtig ohne Vorstellung von seinem damaligen Wachs-anblick ebenso wenig vom momentanen Outfit schreckt er auf vor unerwarteter Reflexion in glattem Wasser: Wie sieht der denn aus! Auch so ein Menschding? Alarmglocken läuten angesichts verdächtiger Farbsignale. Spieglein, Spieglein an der Wand, das Gegenüber spielt Ichpräsentation. Neulich oder wann kam ihm irgendwoher aus Mündern, Büchern zu Ohren, dass man, den Auftritt andrer kommentierend, etwas über sich selbst erfahre, und dass, wie man selbst auf andre reagiere, den andern die Wirkung ihres Auftritts signalisiere, dass demnach Einsallein nur zu Einsicht gelange im Zwei. Denkpause. Dann, kaum steckt er die Nase um die Ecke, anbrandet Nachrichtenfront. Zeitungen aufblättern fiebrig fleckende Seiten, buchstabendes Rührwerk mixt Glück: Not, Jux:Tod, Goldschnapsundschrot zum täglichen Brot. Dies Tausenderlei hindert und zerstört Spieglung, die Antwort aufs Wer:bin:ich? vergeht im heftigen Wellenschlag. Wer kennt sich hier aus? Wer kennt sich schon! Der Neuling, kindfrisch, kennt sich noch nicht. Von ganz anfänglichen Effekten beeindruckt bleibt dem Neugeborenen nichts, als die embryonale Mitgift zu mehren und aus sich häufender Wahrnehmung Bausteine zu formen, diese zum Bauwerk aufzuführen, in dem dann den zurück liegenden Anfang wie alles Kommende wohnen zu lassen. Im Augenblick ist er weit davon. Der von Wiesen Gärten gesäumte, von spärlichem Baumwuchs begleitete, der in Häuser einladende Weg könnte scheinheilig ein Glückversprechen abgeben mit dem üblichen Versprechennichthalten. Plötzlich könnte: was denn? Beispielshalber hats der Eckenzögerer dem Tagblatt entnommen. Gemäß Anordnung der Berichte folgt dort auf den Rücktritt eines Präsidenten, auf einen örtlichen Fußballschocker, auf den erster Rang im Schlagerkontest ein kapitaler, ganz banaler Unfall. Dem um die Ecke Tastenden rast, gesteuert von einem alkoholgetunten PSgenossen, ein Maserati entgegen. Das Vierräderobjekt fetzt durch den Luftwiderstand und rammt, quasi teufelrotes Lackgeschoss, den unbekannten, voreilig seinen Eckenschutz verlassenden Passanten in Grundundboden. Falls der Unvorsichtige nicht zufällig umgekippt, so kippend zur Seite gerollt wäre! Tollkühn und in Ermanglung attraktiverer Ziele hält nun das wilde Motorengebrüll um Handundbestand der Mauerecke an. Und sagt die etwa: Ja, folgt auf Crashglückundsegen die perfekte Stille von Rauch, Öl undsoweiter, eine lautlose Wandmalerei in Ketchupmanier besiegelt das Ereignis. Sensationell eruptiv genial! befindet ein Zeitungskommentar. Reporter kümmern sich um die Folgen. Gegenwärtig umkreist Neugierpublikum den gecrashten Maseratimacker, orange Helfer lupfen Matschundsoweiter anbord des Rettungswagens, durch Wunden, Stofflücken stochert der Arzt in ein stangenklapperndes Gemächt, später in der Unfallstation konstatiert er mit diskanterregter Stimme: Ein Wunder, mein Gott! Der Ramponierte lebt! steht! geht! Hinsichtlich derart merkwürdiger Anatomie nach dem Weiterleben befragt vermag das Unfallopfer weder zu hiesigem Dauern noch zu irgend Wiedergeburt sich zu erklären, winkt ab und gibt Gas, dass die Gestänge beben. Als das Abendblatt mithilfe eines halbseitigen, reichlich kommentierten Titelfotos Tod und Fortleben des stoffumhüllten Klappermanns leibhaft dokumentiert, fährt es den Lesern ufomäßig in die Glieder. Kauf und lies! Die auf Fallkurs befindliche Auflage ist gerettet. Geschickt dekoriert man den sensationellen Blickfang mit einladenden Prospekten und Histörchen, Pittbull reißt Kleinkind, Seite Zehn; Schauspieler Imsoll verrät sein Geheimnis, Seite Acht; Seite Neun steppt Leadsängerin Maja Busenwunder, während Seite Elf die Gentlemen zur Kasse bitten. Von Seite Eins bis Zwölf lässt man, hallo Neugier, die Finanzkrise in kürzeren, längeren Beiträgen munter voranschreiten. Voran gehts mit dem Mann an der Ecke längst nicht mehr. Aus dem von Bedenken, Ängsten geplagten Wartestand hinaufgehoben in eine Art Wächteramt, scheut er jede Regung. Wenn schon nicht voran, dann wenigstens nach hinten. Geschichte, ja, das wärs. Seit er dem rasenden Maserati mit viel Glück ins Abseits entkam, hat er sich stoffinnerlich mit stabilem Gestäng eingerüstet, leider, denn nun posiert er namens der Mär vom Klappermann museumstauglich in allerhand Klapperköpfen. Dient Sightseeingtouristen als Magnet, firmiert als Objekt für Pflichtbesuch bald unterm Signum: Der standhafte Eckenpfleger. Unbeweglich quasi perfekte Empfangsstation hörte er gestern beispielsweise Willikaiser, den Schimpfer vom Dienst, auf der Toilette brunzen. Eine scheißende, schissige Gattung! Per Wasserspülung rauscht in Rinnstein und Gosse, was zuvor Wellengipfel lichtschäumend krönte, was vom frömmelnden Seefahrer beweint nun totenschlammig die Abwässer trübt. Dummes blödes Volk Meineliebenlandsleute! Um nicht vorwärts zu müssen, rechnet Herr Eckenaufsicht angestrengt zurück, lädt per Restmemory ein zu wundersamen Exkursionen. Voraus nur Tretminen. Will man also Zukunft meiden. Doch dann auch unterm rückwärts tastenden Fuß bersten ähnliche Entsetzlichkeiten, erfährt ein Gegenwart, Zukunft verdrängendes Mitleiden seine neuerliche Einberufung. Von früheren Potentaten inszenierte Massenmorde sind allerdings, muss man zugeben, nur Ornament auf der Memorykarte, es lockt, vom Vergangenen zu speisen, kein Gewissen aus dem Futteral, die adrenaline Empörung schlüpft untern Schlafmantel: Was gewesen, lässt sich nicht ändern. Voll Erstaunen sieht der eckenstabile Ruheständler nun auch Majestät Willi schlafsacken. Sanft verläppert die gegen das Geschichtswerk erst wütig anrennende Brandung am Gestade des Kaiserschlafs, doch zu Wächters Füßen hört man sie mächtig aufrauschen und dem Schuldlosen ein schlafloses Gewissen bereiten. Angst, weg hier, der Eckenstabile stößt, eher zu Flucht als zum Bleiben geneigt, vor sich auf eine sorgenträchtige Wand, muss rückwärts die überkommene Schuldlast fürchten, hälftig mag er dem Schuldspruch entkommen, anderhälftig jedoch gehört er dazu. Gehört zu all den Jetzigen, mit denen ihn keine Schuld, nur vage Angst verbindet, gehört zu vergangenen Völkern, deren Wohltat, deren Untat er wissentlich unwissentlich teilt. Wo wär eine sichere Grenzmarke? Er vermag weder Schuldzuweisung abzuwehren, noch aufkommendem Schuldgefühl zuzustimmen, mag dem Gewissensanflug weder widersprechen noch ihn wirklich akzeptieren. Immer wieder scharfsinnig entdeckt und verurteilt er bei sich keimende Diebslust sowie gärenden Neid, doch beim Anblick von Machtmissbrauch, Vergewaltigung, Folter, Totschlag verweigern ihm Verstand, Gewissen die Mitarbeit. Ob er von damals und von dort wäre oder von jetzt und hier, der Fantasiefilm gewährt keine Auszeit. Aufmarschieren Folterknechte, um an Qual, Angstschauer der Opfer sich zu weiden, gewisse Penisgenossen beten den Rosenkranz uralter Gräuel herunter, massakrieren mit und ohne Auftrag die fremdgeschminkten Heiden, geilen sich auf an Kindersamt Mädchenknospen, ringen und rangeln angstbäumende Weiberleiber, ach süßer Widerstand, zu Boden. Unwillkürlich erinnert zivile Bestie den urtümlichen Existenzwahn. Andern Furcht einjagen, damit besänftigt man Urangst. Sein Liebstes hinopfernd meint man dem Schrecklichen, zumal dem Tod zu entrinnen. Bittebitte! fleht der Lustleib, schenk noch ein Stündchen! Eine halbe, eine ganze Stunde, ach Stunden Tage Jahre, bittebitte eine Portion Ewigkeit! Inzwischen von der Gegenseite hat sich der Ecke eine Frau genähert. Hebt nun Rücken an Rücken mit dem richtung Zukunft Flehenden eben solche Flehhände richtung Vergangenheit. Als wär sie vom Szenario männlicher Einbildungen angesteckt, spult sie nun ebenfalls Gedächtnisbilder ab. Eine ihrer Szenen besagt, dass man besser als in menschenfernem Wald im dichten Menschengebräu des Wochenmarkts versteckt sei, und obwohl Empfindung meine, von ebenso vielen Augenpaaren, als hier versammelt sind, beobachtet zu werden, hätten in der raschen Abfolge zufälliger, einander überlagernder, ständig tilgender Wahrnehmungen die ungezielten Blicke kaum eine Chance. Ohne besonderes Signal ist man kein Blickfang. Vom beweglichen Chaos hält Gedächtnis nur wenig fest, Zufall und vage Neugier beschwatzen den Blick, mal lassen furchtsame Kinder nicht von der Mutter, mal grapscht ein Mannskerl nach verlockender Lustattrappe, desöfteren verfolgen Händler entschwindende Kunden. Ja, Vieles und Vielerlei haben den Vorzug, dem Sinnieren viel Anlässe zu bieten. Und will wer Vergessenes beschwören, sucht und findet er Unterstützung bei den weit ausgelegten Angeboten. Und wie herrlich frei entpflichtete Sinne schweifen! Treffen aufs voluminöse Gesicht einer Verkäuferin, umturteln eine streng aufgerichtete Alte, begutachten flinke Handgriffe des Bedienburschen, Rot, Rot! was für ein mitreißendes Kleid, zwei Einkäufer zanken um Korb und Tasche, durchs Figurenbild, durch Stangen Stangen Säulen raumhuschend baut Fantasie Häuser Hallen Kirchen, ein Verkäufer, Lob der Ware, handpresst eine Frucht zum Saftergießen, Kind will haben nervt das den Vater, der Schusterblick gleitet von Bollerstiefeln zu hochhackigen Damenschalen zu wadenrutschenden Socken. Nicht weniger locken Gerüche, Geräusche. Denkt jemand Heimat, klingeln Schaschlik Currywurst Fleischbrät Bratapfel im Fundus, Erfrischung im elterlichen Garten, Vater Sturkopf Handwerker Honigwaben, Kirchenbau, Trauer im Nachbarhaus undsoweiter flutschen unterm Hirndach die Assoziationen. Leider im Reservoir der Beobachterin zündet kein Funke. Aber sie entdeckt die zänkischen Einkäufer wieder. Trotz Einwand der Gattin will der Mann den beladenen Korb tragen, Männerehre, die Frau hat auch ihren Stolz, den sie unbedingt vorführen muss. Die Beobachterin, rückwärts ins Irgend von Vergangenheit gewandt und gegen den Andrang von Gegenwart durch des Eckenstehers Sorge geschützt, entwickelt eine filmische Szene mit streitenden Geschwistern.

Kennt sie doch, war das wann, Kleidung ziemlich grob und altertümlich. Die tonlos gewesene Einbildung gibt jetzt Laut, ein beteiligter Junge, vier, fünf, kreischt nach der Mama, will eine Sechzehnjährige ihm den Mund zuhalten, eine ältere Schwester haut dazwischen und schubst die beiden auseinander, vermutlich geht es um ein Spielzeug, das von der Kinderhand gehalten, von der Jungschwester entrissen, während des Gezerfs in den sandigen Boden getrampelt wird. Die rückwärts Blickende meint diese Sandstelle, die hölzerne Puppe zu kennen, vom Kindsgeschrei ganz fuchtig hebt sie filmaußerhalb die Hand zum Zornesschlag, ertappt sich verwundert, stellt verstohlen ihre Ruheposition wieder her. Zur Ablenkung kurbelt sie andere Szenen. Dafür muss sie aber geschwächter Einbildung mit überanstrengter Fantasie auf die Beine zu helfen. Ihr Aufgebot an Erinnerung versagt. Wars eine mittelalterliche Stadt, hatte sie Geschwister? Nichts dazu Passendes fällt ihr ein, wie schon öfter landet sie in einem Museum, dessen schattenhafte Installation verwirrt zugleich alptraumhaft bannt, weg! man muss weg, sie verlässt die Eckposition und deren Projektion, hat wieder mal den Faden verloren. Während der Eckensteher den seinigen eben aufnimmt. Aus ferner Zukunft, die ebenso gut Historie heißen könnte, nähert sich ein punktwinziges Etwas, welches nicht wie sonst als demnächst eintretende Gegenwart ängstigt, sondern heftig anzieht. Ohne dass er diese Empfindung irgend jemandem, auch nicht dem eigenen Bewusstsein, mitzuteilen imstande wäre, spürt er ein Verlangen, wie es am Ort des Rendezvous etwa solche, die ihr Liebstes erwarten, befällt und bis zum Auftritt des begehrten Objekts quält. Begehr, das zwischen Baldbald, Wirddochkommen, Kommtbestimmt in Atem hält und das Vertrauen mit unsinnigen Vorstellungen zu höhlen nicht aufhört, das in Erinnerung an bestürzende Erregung einer eh schon ungebärdigen Erwartung zusätzlich die Sporen gibt. Ungeduld. Komm doch, komm doch! Für Kinder ein Weihnachtssegen, für Verliebte eine letzte Zusage für Glück, die sich dann nie erfüllt. Augen auf! Hat er sein Wächteramt vernachlässigt? Hat sichs heimlich und unsichtbar um ihn geschart? Da rüstet sich Schemenhaftes, das rasch Figur gewinnt, zum Marsch in die Vergangenheit, die Geschichtsfestung will man angehen mit Büchern Dokumenten Schreibzeug Fragen, unterm Kommando des Hirns wappnen sich Gedächtnisse mit Geduld und scharfem Verstand, her mit Erfahrung, Biografien Aufzeichnungen, Siege Niederlagen, Report der Rollen, all das motiviert zum Kampf. Hauptsächliche Schlachten werden dann in Museen Bibliotheken geschlagen, zu Tausenden unterhöhlen Maulwürfe deren Fundament, während Holzwürmer Käfer, ein Heer von Nährern, Zerstörern jene Geripp bloß legen, welche dem Weichteil Halt gaben, man wird jetzt, da Fleisch kollabiert, das Zeug säbeln schnippeln häckseln, irgend Raubkreaturen zum Fraß vorwerfen, homo homini lupus. Bis hierundjetzt schienen alte Antworten den alten Fragen gut zu dienen, doch neueren Fragen halten sie kaum Stand. Über Jahrhunderte stöberten Zeitforscher in Gräbern, Grabkammern, in Logbüchern und aktuellen Berichten nach Sinn, den stolzen Eignern von sinnhafter

Mutmaßung macht nun die weit voran geschrittene Welt einen Strich durch die Rechnung. Es erwirtschaftet die oft zufälligen Dokumenten verbundene Einschätzung damaliger Verhältnisse nur wenig angesichts weiterer Entwicklungen, Verwerfungen, Erosionen, hier ein Pröbchen, da ein Leckerchen, jedoch im Ganzen gehts fehl. Ein damalig Ganzes bestand, wie das dem Heutigen zustehende Ganze nicht anders, aus bemühter Einbildung. Setzt man aber die beiden Vorstellungsweisen in eins, betrügen Spekulanten der Historie den Erforscher heutiger Szenerien um die eigene Wahrheit. Nein, tatsächlich lügen und betrügen Historiker nicht, ihre Wühlarbeit quer Dokumente, Fossilien fördert wunderliche, das Vermögen der Erkunder wunderbar erhellende Realitäten zutage, doch am Ganzen fehlt viel. Klar, auch den Heutigen mangelt jene mehr oder weniger große Ergänzung, welche den auch scharfsinnigsten Forschern zwischen und hinter die Zeilen entschlüpft. Der vom Eckpropheten aufgenommene und derart fortgesponnene Faden gerät nun in Konfusion, denn was rückwärts sich angeberisch zum vermeintlichen Weltsinn erklärt, hat einen Zwilling in der Zukunft. Notwendigerweise zukunftsorientiert muss der Gegenwärtige sich mit halben und noch geringeren Wahrheiten abfinden, muss zudem den Schattenwurf eigensinniger Realitäten auf seine eh spärliche Erleuchtung hinnehmen. Was geschieht da diesem eckenverträglichen Stillstand? Jetzt in der ihn umscharenden Historikerschaft erblickt der zu ewiger Rast Entschlossene eine Frauengestalt, die, kaum noch jung, doch von jugendnahem Ausdruck, an jenes punktklein sich nähernde Etwas erinnert, an dessen eigentümliche Faszination. Innerer Gefühlsauftrieb scheint ihm eine demnächst bevorstehende Liebesbegegnung vorgaukeln zu wollen, das beschwört intime Erwartungen, was wiederum die Anwartschaft auf Eckenwacht erschüttert und seinen sonst stabilen Status zittern macht. Im Augenblick allerdings kennt ihn die Dame, erkennt er die Dame nicht. Doch als sie mit dem ins Damals driftenden Erkundungstrupp zu entschwinden droht, verweigern seine Füße ihm und seiner Eckenwacht den Treuedienst. Berauben ihn, ins Getrappel süchtiger Aufklärer einfallend, der Herrschaft über jenen Willen, der irgendeinem Fortschritt zu erliegen sich eckengetreu wehrte. Tatsächlich erliegt er, fußhalber bereits genötigt, dem magischen Lockvermögen einer Weibsperson und, schließt er nicht aus, dem Sog von ihr gepflegter Mitgliedschaft bei rückwärts gewandten Eroberern. Ist sie als Köder lockschön genug? Wär etwa dieser blutarme Teint, dieser langgerade Nasenrücken in einem übertrieben länglichen Gesicht, wär der asketische Lippenschnitt, sodann der an Nonnenhauben erinnernde steife Haarhang schön zu nennen? Einmal abgesehen von tiefverhüllten, eher eckig als fließend bewegten Körperpartien? Nonnenhaube! Vergeblich weist der Nachsinnende solche Vision zurück, irrt bereits durch Mönchsgelände, Wandelgang Zellenfolge Gebetsraum Kräutergarten, scheint von Kutten quasi hartnäckigem Insektenanflug umgeben und eingefangen. Erstarrt im Bann zufälliger Assoziation. Die besteht dickköpfig auf Kloster undsoweiter, bildet sich zwischen der weiblichen Besatzung einer

Nonnenstation und dem mannmönchischen Bestand benachbarter Einrichtungen allerhand Lustverkehr ein, Abt mit Äbtissin, Abt plus Beichtschwester, wunderbar, die Vorsteherin bedient sich beim Gärtner, derart aufblühende Fantasieprodukte folgen dem Ruf eines stets durstigen Fantasieverlangens. Völlig derangiert sucht der Eckenaufseher Beistand beim Verein erinnerungssüchtiger Dokumentenstöberer und Geschichtsverklärer, aus der Diktatur karger zudem immobiler Eckdaten wechselt er hinüber ins quirlende Geström gut beleumundeter Fakten, ins Gewirr von Zeitmeinungen, Zeugenaussagen. Gern schließt er sich kreativen Geistern an, die freisinnig allerlei Lücken per Fantasieproduktion stopfen. Dies umso gläubiger, je öfter vom Nein bestürmt, und umso dringlicher zu flinker Interpretationen gedrängt, je mehr in ruhloser Drift zum Zweifel veranlasst. Dem seiner Eckenbeharrung Entrissenen scheinen Wahrheit, Wirklichkeit wie Schönheit kein ewiges Ding, sondern eine Maßnahme der Einbildung, welche dem Chaosdrang so wahr und so wirklich entreißt, wie Daseinszwänge die Kreatur unter Druck setzen. Tiefer und tiefer dringt der vormalige Eckenproband ins Vergangene hinein, gehorcht indessen einem wissensbegehrlichem Geheiß immer weniger, erliegt umso mehr der gegengeschlechtlichen Magie zweier Damenrücken, die keineswegs sprichwortgemäß per se entzücken, vielmehr hinter einer Neugier weckenden Maske das komplette Kompendium erotischer Faszination in Szene setzen. Während die Drift im Geschichtsraum zum bezwingenden Sog wurde, zeigen die weiblichen Rückseiten plötzlich Vorderfront, streben kehrtmarsch jenem, der das Eckenamt veruntreute, entgegen und verblüffen ihn als mehräugiges Gestirn über gedoppeltem Busenpaar. Nach der Ursache ihrer Wende zu forschen ist nicht Zeit. Weit vorn, im Rücken der umkehrenden Damen, ragt undurchdringlich eine Wand. Magsein dass sie das Weibervolk zur Abkehr zwang, die historischer Erkundung verschriebene Männerschaft verschluckt sie kurzum. Scheinbar. Von Nahem besehen ansammeln sich am Fuß der Mauer skelettene Bleibsel, deren knochenlose Figur erstens mauereinwärts dringt, zweitens dahinter Gestalt und Halt verliert, drittens gänzlich entformt in Pergamente, Blätter, Dokumente transformiert. Um hinter der Stoppmauer sogleich in weitere Zeittiefen zu sausen, man siehts deutlich, dann schwindend durch die Wand schimmern. Noch im schwächeren Sog der Geschichtstour befindlich reißts nun den Eckenverräter gewaltsam hin zum Gemäuer, um nicht wie die Historiker der Person beraubt jenseits der Mauer anonym in Zeitferne zu entschwinden, sondern um echogleich vom zwischenzeitlichem Prellbock abgewiesen wiederum richtung Gegenwart zu streben. Rücken, immerzu Rücken! empört sich der verspätet Umkehrende beim Anblick vorweg umgekehrter, also ihm vorweg eilender Damen. Vorzeiten hatte sich deren eine seinem Standort eckenjenseits genähert, um Rücken an Rücken mit ihm seine Zukunftsgeste in ihrer Vergangenheitsgeste zu spiegeln und ihn so dem Historikertreck einzuverleiben. Deren andere, als anonymer Punkt beginnend, sich unmerklich genähert, dann im geschichtseifernden Männerpulk sich als Frau ausgewiesen und, mit der ersten Dame übereinkommend, ihre erotische Strahlung ins einige Rückenduo eingebracht habe. Ob etwa erstere erotisch gleichziehe, bleibt solange im Zweifel, als Rückenansicht für beide spricht, als der ersten Dame Enface nicht überprüft wurde, als das verschwiegene Doppel ohnehin jede Auskunft verweigert. Wenn der sein Tempo beschleunigende Verfolger zu den Flüchtigen aufholt und deren Frontale in Augenschein zu nehmen vermag, dann. Aber: wenn! Vorläufig nämlich scheint der Raum zwischen den Figuren ein stabiler Klotz, der, von welchem Tempo des Verfolgers auch immer geschoben, an die Fersen der Damen rührend die Fußspitzen des triebigen Herrn auf stets gleichem Abstand hält. Ein mit Liebesdingen Vertrauter möchte dafür plädieren, dass der Abstand zwischen ungeprüften Reizen die magische Wirkung stärkt und zugleich davor bewahrt, einer strengen Überprüfung nicht standzuhalten. Entsprechend versucht man nicht nur in kunstvoll zugerichteten Romanen, Filmen, Dramen den Zeitpunkt der Erfüllung hinzuhalten und noch weiter reichende Offenbarungen, die einer Liebesbeziehung womöglich schlecht bekämen, zu umgehen, sondern ebenso schlüpfen viele reale Szenen des Lebens mit Vergnügen in die Rolle des Spannungsgebers, in die des auf Verlängerung und Fortsetzung geilen Zeitschinders. Übrigens: der Posten des Eckenstehers ist wieder besetzt, vertun Sie also nicht Ihre Zeit mit unnützen Bewerbungsschreiben.

BEVOR MAN IHR EINEN TALK ZU MODERIEREN ZU-
TRAUT, lässt man sie durch verschiedenste Formate
touren. Etwa nach einer Märchenaufführung,
Schneewittchen, sollte sie eine ihr anvertraute Kin-
dergruppe den Regisseur, die Schauspieler, das Set
befragen lassen und derart aufzeigen, wie junges Zu-
schauerkapital auf seine Art Lob erteilt, womöglich
Mangel und Mängel benennt. Man hatte sich da
schon desöfteren verschätzt. Nicht so die kleinen
Kritikaspiranten. Die nämlich im Nu hatten beim
dreimaligen Auftritt der neiderfüllten Spiegelguckerin
vorm Zwergenheim die unzureichende Verkleidung,
durchschaubare Tricks, rasche Übertölpelung der
sonst gar nicht törigen jungen Frau moniert, all das
als dummes Zeugs entlarvt. Dabei mochte sich ein
krimierfahrener Knirps nicht zurückhalten, musste er
Schneewittchen, falls das Gezeigte so stimme,
dummschelten und, mehr als das Märchen selbst,
dessen Reinfall als gerechte Bestrafung sehen, so der
Strafe ein: Verreck doch, blöde Ziege! anfügen.
Schloss sich dem ein puttengesichtiges Gör an und
verlautbarte mit elternarrogantem Augenaufschlag:
Soviel Dummheit verdient es nicht besser! Blieb also
Regisseur und erwachsenen Teilnehmern nur zu folgern übrig, dass der Vorstellungsraum, Einfühlung,
beim Vorlesen ein anderer sei als im Film. Der Vor-
leseakt generiere innerhalb der Wortsprache soviel
Fantasie, dass sogar manch Unglaubhaftes akzeptiert
werde. Die abbildliche Kinoproduktion indessen gebe
durch eine Realitätenshow voll platter Details ihr Geheimnis vorzeitig preis und verdränge korrigierende
Maßnahmen der Fantasie. Kinder, störrische Realis-

ten, merkens sofort. Mit dem Märchen und seiner Zeigemoral vertraute ältere Leute überspielen berechtigte Zweifel durchs unverhohlene Vergnügen, in verkleideten Darstellern etwa alte Bekannte zu entdecken und deren verkindlichende Spielweise zu begutachten. Ihr welterfahrener Humor verlustiert sich an der komisch fantasielosen Übertragung jenes Raums für Vorstellung und Einbildung, der Sprachvortrag und Zuhören umschließt, in eine nahezu surreale Wirklichkeit. Dagegen Kinder nehmen den Vorleser beim Wort, heißt, wissen sich als ernsthafte Mitspieler eingeladen, die vorstellungsoffene Sprache durch die eigene Zutat zu vollenden. Vom tragödischen Vorschlag Wilhelm Buschs, schmerzlicher Einsicht ein Lachen - Trotzdem! - entgegenzusetzen, ahnen Kinder noch wenig, wo demnach Ältere trotzdem lachen, fühlen sich Kinder verarscht.

UM DEM ABTAUEN DER EISBERGE ZU BEGEGNEN, hätte Madame Tussaud in ihrer Wohnung einen abkömmlichen Raum leergeräumt, hätte dessen Wände mit neutralem Anstrich versehen, hätte mithilfe fotografischer Ablichtung die bedrohten Winterriesen hier präsentiert: man stelle sichs vor. Eigentlich interessierte sich die junge Frau für abgeschlagene Köpfe, versuchte von der Bluternte der 1789er Revolution ein paar guillotinierte Schädel zwecks Wachsimitation beiseite zu schaffen. Die Vorstellung, dass sich die Tochter eines Scharfrichters weniger drastisch orientiere, lieber übers Abtauen gefühlloser Naturobjekte meditiere, um das Ergebnis solchen Nachsinnens in naturadäquater Fototechnik vorzuführen, scheint einerseits gegen den Strich gedacht, trifft sich andrerseits technisch und abbildlich mit einem Wachsimitat, das, um seiner Vorlage dicht auf den Leibschein zu rücken, des gefügig abbildenden Wachsmaterials sich bedient. Hätte sie die Wirkung solcher publikumswerblich inszenierter Imitate voraussehen können, würde sie angesichts gewaltiger Touristenmassen ihrer Produktion vermutlich nicht länger angedichtet haben, Bewahrer wesentlicher Erinnerung zu sein. Genauer gesagt: schöner, grausamer, ergreifender, abstoßender, eindeutiger, fragwürdiger, auf jeden Fall bedenkenswerter Vergangenheit. Vom Effekt eile die Masse, müsste ihr dazu einfallen, umstandslos bereit stehenden Prägungen in die Arme, all diesem Kenntmandoch, Popularität Glanzundgloria Schmackes Schund. Das Henkerskind würde, stelle man sich vor, ganz anderen Reizen Folge geleistet haben, hätte etwa auf dem Flohmarkt, im Antiquitätenhandel kleine Objekte erstanden, um deren Präsentation aufschlussreiche Geschichten angedeihen lassen, wär von dort auf der Spur stärkerer Reize zum Menschen gelangt und hätte begonnen, dessen Hinterlassenschaft, Dokumente Werkzeug Gestaltungen, auszustellen, um dann schließlich Abbild, Nachbildung, Charakterbildnis der hochrangigen Kreatur höchstselbst anzugehen: wäre sie da nicht vom Konservieren außenäugigen Scheins hinüber geglitten zur Idee vielschichtiger Interpretation? Ja, da hätte sie den Boden des Handwerks verlassen, hätte, Vaters Richtschwert annullierend, sich Probe um Probe zur Kunst des Deutens hinauf gearbeitet. Über den heutigen Andrang im Tussaud, über betreffende Einnahmen erstaunend müsste sie gleichwohl einen solchen Erfolg enttäuschend finden, da er, aufs platte Abbild konzentriert, sich geistig nur mithilfe Textzutat, mithilfe wertbildender Interpretation auf nur unterste Sprünge helfen lässt. Die touristische Ernte also beschränkt sich aufs Doppel von äußerem Effekt: wie toll das gemacht ist! und von Textbeigabe: wer liest das denn? Zwar fundamentieren die Wachswerke das Gedächtnis. Gleichzeitig verraten sie weiter ausgreifenden Sinn an die Spekulation der Sinneswahrnehmung, an den zufälligen Geschmack und ans personbegrenzte Wissen, schließen die Möglichkeit lebendigen Begegnens aus, widmen sich nicht Charakter, Schicksal der Figuren, sondern deren scheinhafter Konserve. Der Firmenaufdruck Held, Idol, Gegenstand von Bildung und Zugehörigkeit, versehen mit dem Gütestempel: Geprüft. Bewertet. Showgeeignet: erübrigt jedes engagierte Wahrnehmen, Erleben, Nachdenken, Sinngeben der Betrachterperson. Der lange Weg zum Sinn verkürzt sich auf den Nutzeffekt. Heutzutag lebend könnte Madame Tussaud, erstens zweitens drittens, schwer zugängliche Objekte fotografieren lassen, die auch globalste Entfernung per Fax überbrücken, Betreffendes genüsslich auf dem Bildschirm betrachten. Um viertens ihren Entscheid zu treffen. Im Hinblick auf Erstens Zweitens Drittens musste ein damaliger Potentat seinen Hofmaler bemühen, der Künstler würde die Erkorene am weit entfernten Aufenthaltsort skizzieren, heimgekehrt mithilfe der Skizze ein lebensgroßes Konterfei fertigen, welche ölfarbene Version dann dem Auftrag gebenden König, Ja oder Nein zu sagen, ermöglicht.

Die und keine andre will er haben. Hofft, dass die Erwählte fürs Kinder Zeugen, fürs Macht Repräsentieren tauge. Ob für einen derartigen Entscheid das gepixelte Plattbild besser als ein handgefertigtes Öldokument diene, ist so unsicher wie die Erfüllung eigentlich königlicher Absichten. Der Thronherr benötigt einen Erben. Eben hatte ihm eine deshalb verstoßene Gattin statt des männlichen Thronfolgers nur Töchter beschert, da war er dumm dran, musste die Geburtsquelle wechseln und in Erwartung besserer Wurfeigenschaften auch einer Nächsten sein Liebesbegehr anvertrauen. Möge sie bitte nicht hässlich, wohl aber von leiblicher Delikatesse sein, unter sonst unverzichtbaren Bedingungen gälte dies auch nur als ein letztentbehrliches Ansinnen. Staatsräson geht vor Zuneigung. Indem jeder Liebeswert an der Börse nur gelegentlich hoch notiert, lohnt Spekulation um dokumentarischen Porträtwert umso weniger, am Ende tappt der König im Nebel. Trotz Bemühung eines gepriesenen Künstlers. Der, könnte eine gereifte Marie Tussaud sich vorstellen, zu bedenken hätte, dass sowohl die fotografische Ablichtung als auch die ölhaltige Illusion hinterm realen, in Raum und Licht beweglichen, vielfach Ausdruck wechselnden Objekt - Wie sie spricht! Wie sie agiert! - weit zurückstehen. Der Handel mit ganz eindeutigen Tauschwerten, hie Mitgift alter Machtgewinn, dort verwandtschaftliche Machtbefreundung, räumt wankelmütigem Sex, Liebeundsoweiter nur geringe Chancen ein. Dennoch eignet dem umständlichen Porträtprojekt wertschaffende Geltung, denn es vermittelt die Dringlichkeit der königlichen Anfrage, desgleichen deren Machtrang. Da mögen sich potentielle Zulieferer geschmeichelt fühlen und sich desto eher für eine Liebes-und-Leibes-Beziehung entscheiden. Apropos Adresse Tussaud. Reichlich Könige, Königinnen, Machtpersonen finden sich da. Soviel wertetikettierte, von Gerüchten umspielte, ihr Staubdepot auf den Touristenrummel abwölkende, vom Getriebe rasch wieder bestäubte überaus wachstote Figuren! Klar, auch Kurtisanen kommen vor, solche sexspin manndopende Weiblein in wachsstabiler Lustposition. Dafür herrscht Mangel an geübten Machtpflegerinnen, die dem Hindernislauf ihres Gewissens ein Ende bereiten, die alle ängstlichen Rücksichten tilgen. Huschen Mäuse durch historischen Moder. Von minimaler Duftspur angelockt neugierflattern seltene Schmetterlinge. Lassen sich gewisse Schlemmerzungen vom Belecken krabbengrau schleimgrünen Anblicks nicht abhalten. Helferbienen betreuen den ruhmlastigen Tattermann im Rollstuhl, um dann ihr zartes Lustgebinde im Salon nebens erbfette Bratenstück zu betten. Von Ansehen, Vermögen des Pfleglings angestrahlt handeln nicht wenige widers Leutegeschwätz, verdrängen fleischeigenes Begehr und erhoffen sich, vom Spinnenbiss der Machtlust ganz benommen, unter Erbberechtigten einen hohen Rang einzunehmen. Ihren Sozialplan, den keiner versteht, dessen Nießbrauch jedermann einleuchtet, betreibt die Heirat mit dem pfauenprächtigen Stirbtjabald, nothalber sorgt man, Testamentstreitigkeiten voreilend, für ein zeitens beiseit geschafftes Guthaben. Im Tussaud also ausgespart die Weibertreu weißgott lohntreuer Söldnerinnen! Gern, allzu gern würde die Museumsmannschaft solchen Typen nachspüren, sie haschen, betäubt auf Kork nadeln, der gelangweilten Touristenpassage als sensationelle Pretiosen andienen. Wär Tussaud & Co etwa gegenüber dem Profanem voreingenommen? Überhörte die Museumsleitung gewisse Alarmglocken? Müsste sie nicht mit Blick auf liebesirre Mannweibkompressionen zu Füßen der Pompadour diffizilere Statements in Wachs bedroht sehen? Droht von solcher Gewöhnlichkeit nicht Ansteckung, so dass zwischen Sachzwang und Freiheitsbegehr mühsam antrainierte Balancen im profanen Schlamm versacken? Hier beispielsweise protzt ein bildungssattes Machtexemplar. In Wams, Faltenrock, kniebündigem Mantelumhang beinstelzend eine Kathedrale. Wo nicht schierer Pelz, purer Samt prunken, wuchert Dekor, über die Dekoration baumeln Orden Zierschnüre, der königliche Hirschfänger, Schlaufen eines Bindegürtels. Nicht berühren, bitte! Nicht füttern! Einmal per Ruhm untersockelt und gekrönt widerstrebt solchen Personagen die banale Fütterung. Ihre standesgemäße Nahrung heißt Mehr. Obwohl reich und mächtig beklagt der Koloss ein Fehl: hat keinen Erben. Her also mit fruchtbaren Schößen, ankarre man Weiberstücke mauleselvoll Mitgift, Ländereien Volk Sklaven Bauern Soldaten, nur wenigen vorzustehen, reicht fürs Herrschen nicht aus. Ei: Same: Weib: Mann: Zuchtzwang, entkleidet man den Sockelhelden seines Beiwerks, was bleibt? Fühlt sich der Nackte nackt an, oder spürt man unterhaut seinen Samen glimmen, der, hoffnungsvoll ausgeschüttet, im Mutterofen neues Gebären entzünde? Damit Machtlinie nicht durchhänge, gilt es, sie straff zu halten, müssen Stammhalter den Erben zeugen, der die Fortdauer des Reichs garantiere. Spielt der Himmel nicht mit, bekommen die Völker den Unmut des Herrschers zu spüren. Tausend Schlachten kämpft der Machtbedrohte, wird fallen, aufstehn, wird blutgemusterte Teppiche mit Grabkreuzen zieren. Einzig sein marmorner Fußabdruck im Mausoleum überdauert, dafür hat er gelebt, gebetet, gelitten. Leider ereilt ihn Undank der Historie. Nicht fuße das erhaben Gültige auf Gräbern, vielmehr erscheine es mit Insignien des Lebens geschmückt! Obwohl solche Botschaft in allen Chroniken zu lesen ist, erreicht leider die gut gemeinte Sage von Einsicht, Umsicht, Nachsicht wen denn? Zuvor stirbt sie im Totenhemd, wird windelhernach reanimiert in Schulkladden. Auferstehn Fallen Aufstehn, widerwillig entrichtet Bildung ihren Obolus für gängige Werte auf duftklebenden Briefmarken. Post ist da! Wer nimmts und liest? Hirndaten Sprengsätze. Einladungen Friedensangebote Gratulationen. Bittschreiben würzen die Schose. Dringlicher gebärden sich amtliche Erlasse, politische Rundschreiben, präsidiale Weisungen, wen aber interessiert, dass Exerzierplätze fehlen, dass zuviel Altlasten dem Zugang neuer Aufgaben im Wege liegen, dass Schuldverschreibung die Investition behindere! Ja, ja, überlebensgierendes, giereiferndes Gerangel bestialer besitzkreativer Kreaturen platznimmt unermüdbar auf dem platzschrumpfenden Globus! Ringt man einzeln: zu mehreren: in Mehrheiten um Luft. Wahnwitziger Postandrang erstickt Lust und Laune, massenhaft Drucksachen Werbeanzeigen Billigadressen Anallehaushaltungen. Schwurbereite Assekuranzen garantieren Werterhalt. Für verbindliche Verträge muss man Packzettel ausfüllen, ordnungsgemäß Porto kleben, amtlicherseits gestellte Fragen beantworten. Beglückt schleppen die Adressaten ihr Paketgut ins Haus. Wär unter zerschnittenen Schnüren, aufgerissenen Klebstreifen, zerschnippelten Hüllen Überraschendes zu erwarten? Da müssen sich Absender was einfallen lassen, dass die belebende Nachricht - Post ist da - nicht zur Enttäuschung erstarre. Wenn in Mampfundfressgründen bodennah siedelndem Volk das schon in die Beine fährt, mit was dann beschicke der Himmel die postamenterhabenen Superfiguren, solche schwammvollen Machtexemplare, ganz vorzüglichen Erfolgsexempel? Adressiert an Helden Könige Erfinder Schlachtenmeister Städtebauer inklusive mitsingender Heroinen Primadonnen umspült eine Flut kastelnder Packagen die Sockel. Was drin? wollen jene wissen, die, um ihren Stand befragt - Wer drauf? - nie antworten. Obere stehen oben, um Unteren Anweisung zu geben. Jenen Unteren, die, um ihre Versorgung bekümmert, gewissen Oberen zu dienen durchaus bereit sind und, wenn jene bedroht scheinen, um des eigenen Vorteils willen ihren Ernährern zuhilfe eilen. Umgekehrt zuhilfe eilen Obere den Untertänigen, indem sie vage Entschiedenen, unsicher Zögernden handfeste Befehle entgegen schicken, um so dem Volkswillen Beine zu machen und nach einschlägiger Geburtshilfe ihre Wasserträger, Macht mit Menge doppelnd, zu dopen: Voran!

IHRE GRABSTELLE KENNT MAN NICHT, dennoch konnte man sie exhumieren. Wie denn? Im Gedankengeviert! Da hängt keine Efeuranke, klebt kein Erdkrümelchen im Haar, auf besticktem Leichenhemd vertrocknet keine Damalsblume. Nun weilt die Wiedergerufene unter uns. Befragt im Studio der Fernsehanstalt vor geladenen Gästen ihre damals über Metallgerüsten wachsgeformten Kreaturen. Madame Tussaud. Thront nicht ladylike auf brokatgeadeltem Fauteuil, kreuzt stattdessen in lifegestylter Sitzschale die Beine und will wissen, wie die Ausbrecher ihre Flucht bewerkstelligt, wo sich versteckt gehalten, die Periode zwischen Angst und vagen Hoffnungen auf welche Weise hingebracht hätten. Vor allem möchte sie Namen hören. Nach der Auferstehung aus Metall, Wachs, Einbildung in heutige Kleidung und in ganz neue Masken geschlüpft sei ihnen die Verdunklung der Vorlage gut gelungen. Wie hier im Studio hinter Schallschluckern, Dekoration die fabulöse Technik, wie hinter Grauhaar, Brillenglanz die wahren Gesichter, wie hinter Düften Farben Beiwerk das Herkommen, der Ursprung verschwinden, so hinter täuschendem Outfit hätten sie ihre historische Person und deren Positionierung unsichtbar gemacht. Indem Mode, Stoffvielfalt, Frisur und anderes den Vordergrund beherrschen, indem trotz langen Beisammenseins in musealen Arealen man einander fremd erscheine, mache ihre jetzt dringliche Nachfrage Sinn. Entsprechend energisch geht die geblazerte, Knie Schenkel in geschlitztem Rock fleischpreisende, aus designtem Haarfall wortsprudelnde Dame den nächstsitzenden Fall an: Bittesehr, mein Lieber! Sofort steilt der gedrungen kleine Mann den Oberkörper zur herrischen Klippe, kippt den Kopf, klippenhalber eher Haupt zu nennen, in den Nacken. Trügt sich aber in der Hoffnung, als hocherhabener, in Untersicht präsentierter Meistermann sein Publikum in den Vasallenstand zu zwingen. Ganz ungeniert blickt man ihm in behaarte Nasenlöcher, unters augenschattende Brauendach, vermerkt seiner Fliehstirn entschwindende Haare. Zugleich für erhaben erhebenden Anblick thront er nicht hoch, sitzt die Runde nicht tief genug, sorry. Die vorwölbende Oberlippe mit reichlich Zahnzeige scheint einer albernden Maske entnommen, auf diese Weise kann er den Kerl, der allen Gefahren trotzt, der alle zur Nachfolge lockt, der vor sich selbst, Zweispitz leider nicht zur Hand, den Hut zöge, nicht mimen. Dumm auch läuft der Versuch, mithilfe einer deutenden Geste die banale Namensnennung zu umgehen, sich etwa mit brustoben ins Revers gesteckter Dreifingerhand auszuweisen. Wer käme schon drauf, Bildung streut zwar in die Breite, doch hiesige Mehrheit mit dem von Ichmemory getrübten, keinesfalls historisch geschärften Blick hat keine Ahnung. Und wem in der Talkrunde entginge nicht die von der Lippenmangel des Kleinen geplättet leise Verlautbarung, Name und Rang betreffend, nur die nebenan sitzende Fragedame vernimmts, und die weiß ohnehin Bescheid. Zwecks Nachhilfe ergänzt die wachskonstrukte Figurenschöpferin ihre Recherche dadurch, dass sie die von modernster Technik ermöglichte Installation eines zweiten Realraums inmitten hiesiger Raumbefindlichkeit in Gang setzt, dem in Dunkel getauchten Studiopublikum derart die Erwartung und Hoffnung vermittelt, in bühnenhell sinnesfasslichen Szenen über den Sinn des von Fragerin Befragtem abgegebenen Wortlauts belehrt zu werden. Demzufolge bekommt man jenen kleingeborenen Weltzugang zu sehen, wie er am Elternstand sich misst, wie er mal gefügig duckt, mal eigensinnig bockt, wie dann der kecke Däumling im Kreis der Altersgenossen sein äußeres Mindermaß mithilfe listiger Einfälle, eklatanter Mutproben aufwertet, im verschärften Wettbewerb von Ausbildung Beruf ein kraftmeierndes Körpergeschick per Temperament Kühnheit, schließlich aufgrund inneren Wachstums per Wissen Denkvermögen aufzubessern versteht, schon geben ihm Größergewachsene, sogar Ranghöhere den Weg frei für praxisnahe Bewährung, im Auftrag oberer Instanzen bereinigt er, taktierend und machtnamentlich bluffend, gewisse Grenzstreitigkeiten, schlägt im Sold solcher und solcher Herren etliche Schlachten, aus militärischem Drill sieht man ihn als Führernatur hervorgehen und das Urteil sogar von Generälen Fürsten bestechen, also, meinen die, sei da einer, ders kann. Kleinwüchsig doch niemals devot strebt er unter großmächtigen Nasen zum Erfolg, greift schließlich erfolgverwöhnt nach dem Thron. Indem der Kleine immer mehr winzige Ichkumpane unter seiner Machtregie vereinigt, sie seiner Idee von Weltherrschaft unterwirft, sind sie gerne bereit, dem großen Eroberer und Mehrer von Ehre Bestand der Nation als ihrem egoersetzlichen Idol anzuhängen. Bis in den Tod. Mit brechenden Augen erst kommt ihnen der Gedanke, dem Größenwahn eines Kleingeborenen verfallen dessen verletztem Stolz gedient zu haben. Zeigt die Bildreportage, wie den Fäustling eine wahnsüchtige Seele aufbläht zum grandios weltpatzenden Helden.

II. DER ZEITENDEHNER

ANDERS ALS ERWARTET erhält die Dompteuse keine rasche Antwort auf ihre Frage. Starke Wellung auf der Stirn des Befragten öffnet einen verdunkelten Raum, den die Talkrunde nun betritt. Eine Art unterirdisches Aquarium, durch dessen Fenster man in verschiedene Unterwasserzonen hinausschaut. Im Falle der Talker allerdings geht der Blick auf einen ausgedehnten Sandstrand, dessen still gewesene Fläche sich eben jetzt belebt. Aus bislang verborgen gewesenen Gelegen schlüpfen winzige Krabbelwesen, die, kaum geboren, zum Marathonlauf richtung Meersaum sich sammeln und auch schon, ohne ein Signal abzuwarten, den besessenen Ziellauf beginnen. Aus wer weiß welchen Höhen und strandjenseits liegenden Verstecken flattert ein Vogelheer herbei und verwandelt den Wettlauf in Angstflucht, den lebenden Teppich in ein blutgemustertes Schlachtmahl. Die Raschheit der Plünderung hält nicht ganz Schritt mit der Fluchtbewegung und mit der Nachgeburt aus weiteren Gelegen, so dass eine nicht geringe Anzahl der Krabbler das rettende Meer erreicht, derart das Überleben der Gattung sichert. Unermüdliche Jäger pflücken weitere Opfergaben aus erst flachen Strandwässern, während übersättigte Fresser panische Flüchtlinge passieren lassen. Mutter Meer verschluckt die restliche Kindsbrut, die Möwen und das weitere Raubkollegium haben vom einmaljährlichen Schildkrötenfressen genug.

MIT EINEM HANDZEICHEN bittet der Befragte seine Crew zum nächsten Ausblick. Sekunden Stunden Tage, hundert tausend jahrmillionensoweiter: mitten im Unendlichen sitzt der Zeitendehner. Hat vor sich das Zeitband, das rechts hinaus die Zukunft sucht, das linkerseits Gedächtnisarbeit, Erforschung des Vergangenen, betreibt. Das pulsgenau von schwachen Lichtpunkten markierte Zukunftsband verdunkelt rasch, wird anfangs von farbverschiedenen, mal wild kurvenden, mal scheingeraden Linien, Visionen Spekulationen Plänen kühner Vorausdenker, begleitet. Das alles endet in lichtlosem Schwarz. Den linken Lauf illustrieren Realien, auf der Suche nach einem zurückliegenden Fixpunkt durcheilt man Bilder, ineinander gleitende Szenen, um, am Standort angelangt, den dortigen Zeitraum zwecks örtlicher Besinnung beliebig zu dehnen. Solche Streckung mobilisiert zurückliegende Ursachen und eröffnet die Folgenbefragung, so dass vom Moment abgeschnittene Beziehungen ihm wiederum angedeihen, so dass ein punktuelles Ereignis in den Umfang personaler, allgemeiner, anonymer Zusammenhänge wiederum einkehrt. Sekunde ein Fastnichts, jetzt ein ausgedehnter Erlebniskomplex, somit reichhaltiger Stichwortgeber. Viel zu rasch, merkt man, ziehen Leben Ereignisse an einem vorbei, gestatten Emotionen Gedanken kaum Entfaltung. Wer weiß, was die Erinnerungslast verschweigt, die Empfindung, dass noch unentwickelte Werte dahin schwinden, legt den Grundstein für manche Schwermut. Im Gegenzug sortiert zum Vorteil des Angenehmen bienenfleißiger Ordnungswahn alles Unangenehme aus, es solle doch Nachlese den

Lebensmut stützen, nicht mit Depression untergraben. Sogar solche, die Elend, Not durchleidend gewisse Nachwehen nicht aus dem Gedächtnis zu tilgen vermögen, retten jeweils Bestmögliches aus dem Sumpf, mischen nach Laune und gemäß dem Gebot jederzeitigen Balancierens der dumpfen Bedrückung etwas Salz oder Zucker bei, damit das Dasein nicht völlig an Geschmack verliere.

WIEDERUM SCHMACKHAFTES BIETET ein nächster Blick aus dem Fenster. Darin findet sich die Talkgemeinschaft vom Zeitendehner auf eine weitere Vergangenheitsreise mitgenommen. Gewohnter Umgebung entgleitend durchwandert, nein durchfliegt man das Milieu voriger Jahrhunderte, bis Rückswärtsflucht sich entschleunigt und entlang einer zipfelmützenden Gipfelkette, Papst folgt Papst, in einem Pool roter Käppis anlandet. Dort steht der Gerichtsfall eines hochrangigen Priesters, begnadeten Wissenschaftlers zur Verhandlung an. Eine durch farbprächtige Gewänder, durch erhöhten Sitz gekennzeichnete Gruppe leitet den Vorgang offenbar unter der Obhut eines Weltenrichters, der mittig vor einem Wandbild der firnhell gleißenden Dreieinigkeit residiert. Die abgelegte Mitra neben sich, das Käppirot um und unter sich, beansprucht er diese Position rechtens. Getrost darf man die exakt zu ihm führende Einflugschneise eisgipfelnder Mitren, den geisteinsam über seinem Haupt kreisenden Vogel als amtsgestempelte Bestätigung seiner Wahl und seiner würdevollen Inthronisation ansehen. Derart gekrönt, besiegelt versteint er mitsamt mahnend erhobener Hand zum Denkmal, mit ihm zugleich werden Gremium und Szene in denselben unumstößlichen Aggregatzustand versetzt. Daraus schließen die Zeitreisenden, dass ihr leitender Momente-dehner eben diesen Augenblick zur Station wählte. Der folglich erwartet, dass jeder von ihm Mitgenommene die durch den Anflug erzielte und angeregte Schwungmasse dazu nütze, der verstummten Szene neu belebende Impulse einzuflößen. Unwillkürlich wendet man sich dem Beklagten zu. Dem wurde frühzeitig eine geistliche Laufbahn verschrieben. Darin im Verein mit spiritueller Bildung inhalierte er den Duft philosophischer und wissenschaftlicher Tradition, neugierig hellsichtig denkmächtig eroberte er rasch höhere und vorderste Ränge, welche auf geistlichem Sektor in gleicher Weise einzunehmen ihm Ordensgebot und kirchliche Ideologie verboten. Eine hohe Mauer zwischen den Territorien schloss vergleichenden Wettbewerb, ebenso nahtlose Vereinigung aus, so dass der im dogmatischen Pflegegarten eingeschlossene Zögling sich dem absurden Ansinnen konfrontiert sah, die Erkenntnisfähigkeit, seine nüchterne Beobachtung von Weltumständen, wiederum zu verstümmeln, also auf eine erweiterte Weltansicht umfassenden Verzicht zu leisten. Was ihm nicht gelang. Jemand aber, der den menschverkündeten erdeinzigen Gott mit einem universellen Weltenschöpfer zu konfrontieren wagte, musste entweder widerrufen oder für sein Ketzertum mit allerhöchster Strafe rechnen. Vom Angeklagten ausgehende Linien, so ein Memoryhinweis für die Zeitreisenden, scheinen Kontakt zu weiteren Außenseitern zu suchen. Sehr wenige Treffer verraten, dass im Verhältnis zur riesigen geistlich gehandhabten Masse solche Personen ein Nichts darstellen. Über Jahrhunderte wird sich dogmatische Glaubenslehre abmühen, den auf anderen Sektoren erzielten Fortschritt wettzumachen, selten durch Einsicht, meist durch Augenzu, um in Pseudotoleranz versteinend wiederum hintennach zu sein. Plötzlich ganz unerwartet ins historische Abseits tönt jetzt ein Kommentar, man vernimmt computerhaft monoton einen Text repetierend die Stimme der Dompteuse. In Verfolgung unzeitgemäßer Vorstellungen habe jener Mann das Muster des Fortschritts durchbrochen, so den von Glaubensmalen scharf umgrenzten Bereich des Erlaubten verlassen. Habe mit seinen exakten Beobachtungen von Natur und Himmelswerk die Gültigkeit uralter Grenzsteine bestritten, dadurch den Glauben in den Verdacht des Irrens gebracht. Drohte mit seinen Messungen daraus folgenden wissenschaftlichen, gelegentlich philosophisch ausschweifenden Annahmen umgekehrt dem Glaubensterrain einengende Grenzmarken zu verschreiben. Ewiggültige Dogmen der Kirche einschränkend schloss er zu gewissen Vorläufern auf, deren unerhörte Anfechtung man habe gottseidank zurückweisen, deren unerhörte Infragestellung der kirchliche Geist habe erfolgreich abwehren können. Den unachtsamen Eintrag in Konzept und Werk des göttlichen Meisters habe man allerdings nur mit Mühe zu tilgen vermocht. Wie im Kinderstreit Verstand, Verständigung ihren angestammten Platz zugunsten von ungezügelter Emotion räumen - hier bricht die Stimme der Dompteuse ab. Offenbar möchte man seitens Talkaufsicht die Szene dem weiteren Aufmerken der Gedächtnistouristen allein überlassen, mögen sie schauen und mutmaßen! Während in der Show die Käppis hin und her wogen, scheint der Luftraum überm Konvent angefüllt mit lebhaften Streitstimmen. Es geht ums letztgültige Urteil. Gesten und von mimischem Ausdruck erregte Gesichter rings um den kraft demütiger Stimmabgabe, kraft weißem Rauchsignal inthronisierten Geistoberen weisen auf innerste Beteiligung aller beisitzenden Rotkäppchen hin, folglich wird die Crew erlauchter Hüter das Herden sichernde Gebell demnächst einstellen können, werden entsprechende Gremien die einsame Konzentration suchen, worin dann der Heilige Geist dem rangobersten Hirten ein Zeichen geben möge. Wie nämlich werde der Beklagte in möglichster Selbstbesinnung zu Reue und Widerruf überredet oder werde, im Falle hartnäckigen Beharrens, per Todesexpress einigen Hundertjahrtausenden Fegefeuer zwecks Buße umstandslos zugeliefert. Keine Reue, ohne Frage steht ihm dann der Scheiterhaufen bevor. Als die Dompteuse zu weiterer Untertitelung ansetzen, den vormals angesponnenen, dann abgebrochenen Faden zuende führen will, gibt der Zeitendehner das Signal zum Aufbruch. Der Rückflug der Schar historischer Touristen beginnt langsam, erlaubt noch auf einen weit gedehnten Platz zu blicken, den ringsum anströmendes, so sensationslüsternes wie blutrünstiges Publikum füllt. Scheiterhaufen, Verurteilte gehen im Gedräng unter, indessen effektvoll feuerflammend steigt Odem des Gottesurteils in abreisende Hirne, exakt beim sechzehnten Jahrhundertschlag erreicht der Brandgeruch die ortsflüchtigen Nasen. Nun scheint

49

Ängstigung den Flug zu beschleunigen, Vorbeiflug der Zeitläufte im Fenster malt stark verwischte, fast unkenntliche Bilder, niederschlagen drinnen Reiseleiber Gesichter, draußen huschende Erscheinungen als fein tröpfelnder Nebel an der Scheibe. Ebenso als neblig schwadende Gebilde schweben die Figuren in ein Museum, offenbar Ziel verlangsamten Anflugs, wegen ungewissen Aussehens einander fremd platziert man sich auf unbelegten Sockeln, belegt Vitrinen und größere Installationen. Nach einer Verweilpause lässt man sich so gestaltlos wie gedankenleer vom Signal des Zeitendehners entführen, um, wie man rückblickend annimmt, jenseits von Bewusstsein irgendwie traumartig in Studio und Talkgeschehen heimzukehren. Tatsächlich schwindet bei wiederum gestalthaft im Talkrund sitzenden Teilnehmern jede Erinnerung an die Zeitreise, während gewisse resistente Bilder ihnen vorkommen wie urplötzliche Einfälle stets erstaunender Hirnvorräte. Weitere Vermutung besagt, dass narkotisch bewusstlosen Hirnstatus gewisse Stichworte assoziativ furchen, dies und das vom befremdlich längst selbst Besessenen bloßlegen, dessen erneutes Zutagetreten man, zumal in Denkflauten, dankbar begrüßt. Gerät später jemandem aus der Reisegruppe der Geruch von Kartoffelfeuern in die Nase, könnte ihm, weil gelesen gesehen, die Stadt Rom einfallen, könnte sich ihm, falls besonders gebildet, der dortige Feuertod eines berühmten Gelehrten im Jahre Sechzehnhundert aufdrängen. Magsein die zufällige Namensnennung, Giordano Bruno, lässt ihn zusammenzucken, da träte ihm unerwünschte wissenschaftliche Progression im Felde kirchendogmatischer Regression vor Augen, was den geistlich Wachhabenden alarmiert. Und falls Talkbeiträge die Talkmeisterin dadurch verunsichern, dass auf dem Schleichpfad von Assoziation, Gedächtnis hin und retour, weitere Einfälle und Abwege die Runde beeindrucken, könnte sie sich an ein unabdingliches Prinzip des Talks erinnert fühlen, dass nämlich durch Verlautbarung der einen Teilnehmer bei anderen Partnern verborgene Gedächtnispotentiale aufgestört und als unerwartete, sogar den Besitzer selbst verblüffende Bekundungen dem Gespräch zur Adaption, sogar Adoption angeboten werden. Überraschend und belebend.

III. DIE FREMDE IM SCHACHT UND SOKRATES

BEIM VERLASSEN DES WOHNASYLS, beim Einkauf, bei jedem Stadtgang merkt sie ein ausdrückliches Herblicken der Leute. Umgekehrt entdeckt Spiegelkontrolle keinen Warnruf, kein besonderes Merkzeichen in einem Gesicht, dessen scharf geschnittenen Züge mit daraus dunkel blickenden, vom blassen Teint hervorgehobenen Augen unter hier häufigen ausländischen Stadthospitanten wenig hermachen. Nichts auch sagt das Spiegelglas bei weiterer Befragung zum Wechsel von grobem Mienenspiel zu steinstarrer Zurückhaltung, verschweigt den Kontrast zwischen spontanem mimischen Spektakel und einer Ausdruck unterdrückenden Selbstbeherrschung. Ohne Unterstützung etwa filmischer, heißt Bewegung, Veränderung simulierender Ablichtung, hätten Passanten keine Chance, solche Pole und dazwischen variierende Ausdrucksfeinheiten wahrzunehmen, den dilettantischen Moment von der talentierten Schaustellung zu unterscheiden. Der Eindruck, intensiv betrachtet zu werden, könnte seine Veranlassung auch in der Betrachteten selbst haben. Wenn Empfindsame zumal Liebende von Hundchen, Baby, Partner erwarten, aufmerksam angeschaut: um etwas gebeten: mit einer Sorge betraut zu werden, gelingt es dem Hinblick leicht, ins Gegenüber etwas hineinzusinnen, was dessen Herblicken durchaus nicht im Sinne hat. Etwa beim Ausbleiben eines Zugesandt bildet sich der übergangene Empfänger häufig ein solches ein, ersetzt geduldlos jenes Nichts durch das

Echo eigener Wünsche und Vorstellungen. Unversehens auch überträgt man eigene Gefühlslagen ins Vis-avis, meint es traurig, begeistert, verlegen zu sehen, obwohl es in ganz anderen Gefilden siedelt. Dem Spiegelblick verfallen folgt die gewöhnlich erscheinende Frau dem ungewöhnlichen Hang zur Versenkung. Verliert sinnierend im Schacht ihrer Einbildung den Boden unter den Füßen, sackt vom Realgrund in beliebig auszustattende Leere. Plötzlich sind da auf- ab- hin- herhüpfende Bälle - Wasfüreingehops! - segeln Kindsköpfe durch turnerisches Gewimmel, durch Vakuum verstopfendes Geschrei, lassen ihren Flummi-Happy-Körpertrieb von der Leine. Es steppen, stapfen, stampfen am Boden unten Füße Schuhe Beine, flügeln obenher die Armwerke mit Flatterhänden, mit Abtauch-Ausweich-Signalen, mit deutlicher Machplatz-Gebärde. Indem Lücken, eifrige Platzanbieter, noch Freie in sich hinein saugen, indem sie zu Gehen Springen Kriechen Bücken motivieren, eskalieren quetsch! quietsch! gewisse Laute richtung Lärmvulkan, davon laufen Kehlen heiß, kochen in die Gehörgänge. Dass ausgerechnet jetzt die Besucherin stören muss: widerlich! Ohren stöpselnd beansprucht Frau Lehrerin Einlass, Zuwendung, Unterwerfung. Hinter geballter Fausthand zum Gegenschrei ansetzend wird sie gleich die Piratenflagge niederholen und den wilden Haufen unters Joch nötigen, auf dass Spielvergnügen zur Fronlast werde. Schon rutschen, kullern, kobolzen vormalige Tober zu ihren Plätzen, lassen, Bereitschaft heuchelnd, Finger spazieren, tischtrommeln, taschewühlen, haarestreichen. Dass Necklust keineswegs schlafe, lassen sie den Nachbar spüren. Scheinheiliges Geblick schlafft für Sekunden, wandert dann ringsum, zumal nach hinten: wie reagiert wer, nimmts wer ernst, plant unterm Vorsitz zweier Zopfdrehgören die Hinterbankmafia: was? Putengegacks, Hahngegluckse, macht Kichern die Runde. Jetzt wortlos schräglippig lächelts in den Vortrag der Lehrdame, die im Niedergang von Atemgekeuch, im Nachklang zum Getobe ihre Belehrung austeilt: Meingüte Leben! Muss man viel lernen, um dran teilzuhaben. Lernen bereitet Vergnügen, vor allem wenn die Praxis Erfolge meldet. Da heißts über schmutzwühlend Krümel suchende Schmarotzer sich erheben, sein Brot aufrecht verdienen, über Brotundwasser hinaus an jene Leckereien herankommen, die das Luxusbegehr jubeln lassen und zu Dankgesang bewegen. Meingott Leben! Was redet die da? Was denkt die nur? Derartige Einbildungen kosten Kraft, spürt sie. Folglich speit der inwendig installierte Schacht sein Folteropfer aus, möge es vor dem Spiegel Gestalt fassen! Ins Dasein zurückkehren. Unwirsch beginnt sie aus müd blickendem Gesicht strähnig hängende Haare zu streichen, mal Kopfschütteln, mal Fingerkamm, ja, so gehts. Bitte im hiesig Realen ganz gewöhnlich eine Zeitgenossin darstellen, Bürgerin sein mit unauffälligen Merkzeichen. Besorgungen machen, paar Worte mit der Verkäuferin im Kramladen wechseln, wär man im Netz: im Nest von Schwatz Kolportage Tagesnachrichten sicher aufgehoben. Leider Sticheleien aus dem Unterbewusstsein beunruhigen. Als neulich die Rede auf einen Demenzkranken kam und das Ausbleiben von Heilmitteln beklagt wurde, hatte sie unwillkürlich eingeworfen: Was! gibt es immer noch nichts? Dies Nochnicht bedeutet Zeitverrat: Als wäre die ihr eben erst bekannt gewordene heillose Erkrankung schon viel früher, tussaudjenseits, an sie heran gedrungen und wäre dann aus dem Tussaudbefinden - Tot! Vormaligem Leben hinterher wachstot! - in ihr neuzeitliches Dasein als Kassiber herüber gewandert. Echtes Erinnern? Täuschender Einfall? Beispiele derartiger Anrührung häufen sich. Was immer auf ärztliche oder pädagogische Belange hinweist, vermittelt zwischen Erinnerung und Wahn schwebende Zeichen, motiviert zu unwillkürlichen Aktionen. Bei einem Unfall war sie, mangels Arzt, eingesprungen, hatte zum eigenen Erstaunen Kenntnisse bewiesen, desgleichen pflegerische Fähigkeiten, so dass ein inzwischen eingetroffener Sanitäter, dass sie Laie sei, ihr nicht abnehmen wollte. Oder beim Betrachten einer Fernsehdokumentation über schwer lenkbare Jugendliche trat ebenfalls Überraschendes zutage. Sie wähnte beim Anblick der Zöglinge in tiefere Schichten abzutauchen und unter der Tussaudbarriere hindurch Verbindung mit einem damaligen Sein aufzunehmen. Ganz schulmäßig sondierte sie die entsprechende Heimszenerie, schloss professionell auf vertrackte Verhältnisse, erkannte da viele ungelöste bis unlösbare Probleme. Es lagen zwischen Zeugern und Betreuern, zwischen Betreuern und starren ideologischen Vorsätzen, zwischen praktischen Zuständen und befehlgebender Planung beziehungsweise Details missachtenden Köpfen beziehungsweise alltagschwächelnden Handlangern fast unaufhebbare Barrieren. Die Beobachterin begleitete teils kopfnickend teils mit verbalen Einwürfen teils mobilen Vorschlägen die Vorgänge, zeigte Sachverstand. Hatte sie damals-jenseitig als Ärztin praktiziert, hatte sie jemals als Erzieherin gewirkt? Den Eindruck, dass sie eine vorige Existenz berühre, bekundet die Abrissstelle Tussaud ihrem der Flucht folgenden Leben per Phantomschmerz. Nur sie selbst, nur sie allein vermag darüber zu verhandeln. Als einziger Zeugin kommen ihr deshalb Zweifel, ob da ein Handel mit unfasslichen Gütern statthabe, so dass sie vermutbaren Beziehungen, dem sich andeutenden Herkommen misstraut. Assistiert von einer Pflegeperson befragte der Dokumentarist im Film einige Kinder. Zunächst ein störrisch auftretendes, nach längerer Gewöhnzeit immer noch schwer zugängliches Mädchen, das anfänglichen Stotterlauten und plötzlich abbrechenden Gesten ein ziemliches Gerumpel ungeschickter, mit Unschicklichem unterfütterter Sätze hinterher schickte. Sätze? Nein, Wortanläufe, Verbalfragmente, vermischten Wortwaffelbruch. Das Ungenügen seiner Sprechweise fühlend komplettierte das Mädchen das Gemeinte mit Gesten. In Schulterhöhe agierende Armwinkel flapperten luftfingernde Hände, die auf und nieder gingen, mal richtung Sprechmund wiesen, mal rundum kreiselten, mal an willkürlich rudernden Gelenken schlappfielen. Umstehende Kinder verstandens. Dolmetschend vermittelte die Pflegebegleitung dem Documenteur bestenfalls Ahnungen, so dass er sein mehrfaches Schulterzucken zugunsten neutraler Wahrnehmung schließlich ganz einstellte. Gemäß Kommentar tippte er summarisch auf Stimmungsgemälde, nämlich das Girl krikelkrakelte jenseits verständlicher Mitteilung ein Abbild seiner Launen: kommt mir zupass, isjawohlquatschmann, fühl mich gebauchpinselt. Unwissentlich hält es auf Distanz, demonstriert mangelnde Distanzüberwindung. Möglicherweise hatte der fremdsprachige Eindringling zunächst Neugier geweckt, doch nachdem im Niemandsland zwischen den Fronten keinerlei Interesse aufkommen wollte, war der Kerl aus dem Milieu wortlos verabredeter Heiminsassen auszuweisen. Musste man seinen Auftritt sabotieren. Nichts weiter. Die Besucherin fand sich, mitten aus ihrer Erinnerung an die Doku, mitten aus der ein Vorleben assoziierenden Faszination gerissen wieder im Tiefenschacht. Gelangte nach bildlosem Sturz vor eine weitere Serie kindhafter, jugendlicher, fast erwachsener Mimikplateaus. Als sei sie offiziell mit Überstellung einer Nachricht an diese wortstumme Adresse beauftragt, redete sie frisch drauflos, ließ ihren Redefluss nicht stoppen vom ausbleibenden Reflex auf Gesichtsspiegeln und in dann genauer fixierten Augenteichen, bis nach ihrem letzten Wort: nach dem Punkt hinterm letzten Worthauch: einige Zeit nach dem Verklingen möglicher Echos hinter Wort und Punkt: die lautlose Font der Mimikplateaus sich auflöste, die Kopfshow sich vom zugehörigen Gebein rasch forttragen ließ. Jetzt erst deuteten sichtbar gewordene Rückseiten unmerklich durch ihre Regung und nicht erklärliche Körperbewegung an, dass der Auftritt von Madame und deren Ansprache durchaus vermerkt wurden. Sei es dazu im Widerspruch, sei es als konfuse Bestätigung auflebte nun in den Abgängern ganz eigene Aktion, aus vorigem Ruhestatus explodierte Durcheinanderrennen, vermehrtes Toben, chaotisches Gerangel. Aufs Erlebte zurück blickend versucht Frau Beauftragte Nachrichtensprecherin dieses und jenes Gesicht in ein Porträt zu fassen, wozu dann aber ihr Vorstellungsvermögen nicht ausreicht, so dass sie, als geübte Beobachterin enttäuscht, sich resignierend dem Eindruck widmet, den ihr Auftritt verursachte, freilich in gewohnte Reaktion nicht umgesetzt hätte. Nähert man sich einem Augenpaar so weit, dass in dessen Glanz das Spiegelbild des Betrachters aufscheint, ohne irgend einen Reflex auszulösen, drängen sich da nicht Hund Katze Tiger, überhaupt Getier auf, welche nach längerem Standhalten vorm fremden Blick die Lider senken oder ihr Geschau in eine andere Richtung drehen? Menschenaugen, besonders die ungebildeter, ganz roher Psychen, wagen mehr Inspektion. Mangelt es sowohl bewusster Ausschau als auch zufälligem Umherblicken an deutlichem Interesse, wird dem Ausguck keine Wahrnehmung zuteil. Gucken ohne Gedächtnisnotiz. Hinter dem nach außen aufgetanen Auge kehrt dann jener Blickanteil um, welcher innerem Wesen wesentliche Mitteilung zu machen imstande wäre, er langt am eigentlichen Ziel unbefrachtet an, wird unbedarft irgend Besorgungen machen, vor allem die Ruhelage suchen und sich in Träumen wiegen. Fliehende Rehe im Asyl. Schutzhalber unterdessen behauptet der nach außen gerichtete Blickanteil: Ich wache! Sieh meine Waffen! Allerdings nur Gegenüber derselben Art mit gleicher Sprache, mit bekannten Worten Gesten, sind verhandelnswert, da gehen Waren hin und her, der Meinungstausch reicht von Mitteilung über

Zustimmung bis zum Wettstreit. Macht sich zu großer Unterschied von Interessen, Bildungsstand, Ausstattung bemerkbar, storniert diejenige Seite, die sich unterlegen fühlt oder irgend Befürchtungen hegt, den Impetus zur Anknüpfung, während der sorgenfrei unängstliche Part weiterhin, aber vergebens mögliche Brückenschläge sucht. Herrschen zwischen verschiedenen Parts hartnäckige Distanzen, bedarf es größerer, sogar unbegrenzter Zeiträume, die Gelegenheit für Verständniserwerb, für Bildungsnachschub bieten. In einem solchen Prozess der Annäherung besteht der untergründig eingeborene Daseinstrieb seinerseits weniger auf Distanz als hinzu erworbene Ausstattungen. Outfit also, außenbemerkbare Zeichen, Sichtwert Marktwert, irgend Geistwert veröffentlichende Insignien.

SOKRATES! HATTE ER DIE HARSCHE AUFFORDERUNG DES POLIZISTEN, sich auszuweisen, mit einer höflichen Verbeugung entgolten. Der Beamte seinerseits quittierte die zufriedenstellende Identitätskontrolle mit einem Kopfnicken. Grieche! überstempelte er seine schwierigen Ermittlungen, schloss den Akt im Frageton: Ausländer, hä? Sich halb umwenden, das amtliche Bestätigungsformular samt Protokoll dem hinter ihm sitzenden Vorgesetzten über dessen tiefgebeugten Rücken zureichen, möge der gegenzeichnen, über weiteres Vorgehen entscheiden. Zu aufrechtem, halb verdrehtem Sitz genötigt gab der Empfänger auf übliche Art: stirnrunzelnd die Brauen heben: Befehl. Hieß das, den Protokolltext kurz kommentieren und geberseits amtsbeflissen ein Procedere vorschlagen. Also. Der Einbestellte habe an den bekannten Unruhen im Stadtzentrum offensichtlich teilgenommen, was jener allerdings unter Hinweis auf ganz zufällige Passage des Demonstrationsgebiets zurückweist. Was zu prüfen wäre. Bis dahin sei wohl eine momentane Inhaftnahme rechtens und angebracht. Auf diese Weise verschaffte die Unterzeichnung von Papieren quasi das Okay eines ranghöheren Entscheiders Sokrates die Gelegenheit einer Zelleninspektion und, angesichts passablen Wohnangebots im Untersuchungstrakt des städtischen Gefängnisses, eines nicht unwillkommenen Urlaubs. Im Vergleich dazu erschien sein gegenwärtiges Quartier fatal. Wie überhaupt die Installation seines Daseins in hiesigen und derzeitigen Umständen viel Mühe bereitete, finanziell, kulturell und auch sonst. Seinem Denkschädel, wie er die mit haariger Putzwolle überwucherte Hirnfabrik voller Gedächtnismaschinen folgend massenhafter Produktion von Assoziationspaketen scherzend nannte, diesem Nutzwerk stand die Nachricht von einer zu erwartenden Rede des Staatspräsidenten im Wege, da konnte er sich ständig aufkeimender Ideen zu einer solchen kaum erwehren. Schreibs doch auf! Schicks dem Volksoberen als dem Volk entsprossenes Konzept! Solcher Aufforderung der ruhlosen Gedankenfabrik zu folgen hieße wohl, ein momentan ungewisses Asyl zu einer selbsttragenden Existenz voran zu bringen.

EIN TAG FÜR DIE DEMOKRATIE, Zeit für Dompteure! Öffentlicher Streit um ein gigantisches Projekt lässt Kampfzurüstungen bedrohlich eskalieren. Zuvor hatten Politiker Interessenten, Planer, Finanziers über Jahre das Vorhaben durchdacht, hatten es, Nutzen und Sinn wägend, in stimmberechtigten, zur Diskussion geladenen Gremien vorangebracht, schließlich die Idee mit einem Ja zur rechtsverbindlichen Sache gemacht. Ende der Diskussion. Plötzlich nun beanstanden Gruppen, anschwellende Mengen, beharrlich zur Demonstration antretende Bürger Wert und Sinn der Unternehmung. Abbrechen! Angesichts besiegelter Rechtslage kommt eine solche Forderung zu spät, der massenhafte Einspruch hat keine Chance. Man erinnere sich. Der Angelegenheit vorher gingen eine katastrophale Finanzkrise, desaströse politische Fehlhaltungen, da merkt sogar der Dümmste, dass im Wahlkampf mundvoll gegebene Versprechen wahlhernach nur Papierkörbe füllen. Wer bestellt, der zahlt: Politik ordert große Projekte, die der Steuerzahler finanziert, der Bürger dann begleicht die Rechnung, steht ein für Fehlschlag und Schaden. Kleines Misstrauen wächst sich aus zum großen. Bedenken jetzt die Leute den Kern von Demokratie, nämlich dass gewählte Repräsentanten, die Sache großer, in sich differenter, zum Selbstregiment ungeeigneter Volksmasse vertretend, fürs Wohl des Volksganzen Sorge tragen mögen, fühlen sich nicht wenige angesichts jener Irrläufe auf den Arm genommen. Erst sahen sie es positiv, reichten per Stimmabgabe ihren winzigen Machtpart weiter an vermeintlich fürsorgende Politiker, die nun mithilfe derartiger Machtkonzentration das allgemein Notwendige richten sollten. Sehen Nachdenkliche die demokratische Idee unwillkürlich von unvermeidlicher Mitwirkung menschlichen Fehls beim Handeln infiziert, halten sie das einerseits für einen untilgbaren Faktor der Machtrepräsentanz, schlagen also wegen üblicher, heißt klein zu haltender Mängel nicht unnötig Alarm. Eskaliert aber das Fehl im Wahlkampfgehabe, infolge einseitiger Parteipflege und Selbstdarstellung, durch offenen Missbrauch anvertrauter Macht für kaum volksdienliche Zwecke, schließlich im juristischen Stellungskrieg durch Rückzug selbstgerechter Vertreter aufs unklagbare Recht, dann beginnen enttäuschte Bürger solcher Entartung mit ungebührlichem Aufmucken auf den Leib zu rücken. Indem Teile des Volks sich listig gesichertem Rechtsstand nicht beugen mögen, rekonstruieren sie, wie es eigentlich Sache der Politik wäre, die zu Schaden gekommene demokratische Idee. Sie halten dafür, dass Recht erstlich dem Schutz von Person und der Durchführung einer allgemeinen Sache diene, nicht aber zuvor dem Geist einer Idee. Der muss ja erst sich durch Realisation in versachlichenden Gesetzen, in einer Verfassung, in bereits definierten Menschenrechten darstellen und bewähren. Es stehe der Vorsatz von Demokratie in der Weise über Recht und Justiz, als er, dieselben nicht sinnbrechend unterlaufend, außerhalb Recht und Rechtsklage als umfassend höherer Wert existiere. Umgekehrt dürfe momentanes Unrechttun Demonstrierender wegen kleinerer, meist vom Widerstand derer im Rechtsversteck provozierten Gewalt so wenig eine Rechtsklage nach sich ziehen wie eine maßstäbliche Schutzaktion der Polizei. Indem letztere zur Verteidigung momentan gültiger Werte gerechtfertigt ist, verdienen erstere Bürgervergehen als Verteidigung eines alle betreffenden Werts gewürdigt zu werden. Trocknen politische Routinen, wirtschaftliche Zwänge, volksschädigende Interessennahmen und Freiheit über die Maßen einschränkende Sicherheitsgarantien den demokratischen Kern zu sehr aus, müssen den Rechtssinn vorläufig zurückstellende Maßnahmen, nötige Profilierung des Bürgerwillens, nicht erstlich vor Gericht gestellt, sondern um ihren Sinn befragt und im Verteidigungsnotfall respektiert werden. Während manche Staatsformation in offener Missachtung von Bürgerwillen, Bürgerrechten auf jeden kleinsten Verteidigungsnotfall mit Gewalt antwortet, hält Demokratie ihrer Idee nach bessere Mittel bereit. Diese Idee befürwortet nicht nur Nachsicht gegenüber das Demonstrationsrecht überschreitenden Effekten, sondern sie fordert und fördert auch die Auseinandersetzung im Gespräch. Einem solchen wird durch Parteibildung, durch Meinungsvortrag folgend Diskussion symbolhaft entsprochen. Den volksdirekt kaum darstellbaren Bürgerwillen durch Partei und Parteienkonkurrenz zu ersetzen, gelingt aber nicht. Infolgedessen entfaltet das demokratische Milieu etliche Diskussionsgruppen, Bürgerinitiativen, an Institutionen gebundene oder unabhängig Meinung bildende Teams, beruft profilierte Einzelfiguren, fördert ein in Büchern, Vorträgen, Lehranstalten, Medien betriebenes Nachdenken. In Konflikten, im Streitfall, die einsichtiger und umsichtiger Vermittlung bedürfen, hätten Politiker, Sachwalter, berufene Schlichter die Aufgabe, aus obigem Milieu abgerufenes, ebenso das eigene Wissen am schwierigen Gegenstand zu erproben, auf diesem Wege die Idee von Repräsentanz und Bürgerwohl wieder und wieder zu bewahrheiten.

BISTRO KOKON. Rasches Pausenfutter beim freundlichen Schankwirt an der Theke. Die Lebentodhalbierte, ihrer fehlenden Hälfte fallbeschleunigt nacheilende Frau bestellt einen Café, der nach wenigen Minuten im Doppel tablettschwebend, an sie und einen Sitznachbarn adressiert, zwecks Reanimation ausgehändigt wird und sogleich köstlich belebenden Duft unter müde Nasen breitet. Wunderbar! Davon ermuntert mustert die Frau ihren Trinknachbar, dessen drahthaariger Wuschel sie erst an Südländer, dann an Fotokonterfeis urtümlicher Insulaner gemahnt. Später, nach allmählichem Kennenlernen während sich häufender Bistrobesuche, bald ausufernder Gespräche, ordnet sie den von der Sonne gebräunten, jedoch weißhäutigen Genossen vorläufig ein unter „Klardenker von Irgendwo". Inzwischen weiß sie: Grieche. Namens Sokrates. Der ihr in einem Anfall von Vertraulichkeit einzureden versucht, als jener allbekannte Sokrates eine erste Existenz bestritten, danach weitere Reanimationen, nennt er Wiedergeburten, durchlaufen, so den endgültigen Wachstod im nicht minder berüchtigten Tussaud umgangen zu haben. Ihre Zweifel bemerkend wird er zu erklären wagen, dass man Wert und Wahrheit einer nur behaupteten Daseinssache später an ihren Früchten erkenne. Wovon er im Augenblick allerdings nichts, schon gar nicht im Hui, vorzuweisen, bestenfalls während schritt-weise zuwachsenden Vertrauens und darin sich entfaltenden Respekts seine sonst unerklärlichen

Kenntnisse vor ihr auszubreiten vermöge. Von einem späteren Ort der Einsicht zurückschauend sieht sie sich den damals unbekannten Nachbarn ins Visier nehmen, vom Haarwuschel zu den scharfen, das Gesicht prägenden Zügen wandern und verwundert beobachten, wie solche Grate, tatsächlich fleischweiche Unebenheit, auf inneres Geheiß hin deformieren, vulkanbeben, zartwellen, um dem, was im Stillstand unveränderliche Maske schien, überaus wechselvollen Ausdruck zu verleihen. Angesichts ihrer Taktlosigkeit, anseit eines seelenwandernden Bewusstseins, anseit mehrfacher Inkarnation sich ganz banalem Cafédurst hingegeben zu haben, wird sie später fast die Fassung verlieren, wird verlegenen Lachausbruch in den röstdunklen Tassenspiegel prusten, doch gegenwärtig hat sie keine Ahnung von kommenden Offenbarungen und verbleibenden Fragezeichen. Während er später ihren tassenintern wellenverschluckten Gefühlsausbruch dekorieren wird mit hinreißend weißen Zähnen.

WAS SOKRATES WAHRNIMMT, wenn er sie anblickt, weiß sie nicht. Falls sie vor dem Spiegel statt eines Kontakts zum Tiefenschacht nur den eigenen Anblick sucht, kommt ihr irgend Schönsein kaum in den Sinn. Oberflächliche Ordnungsmaßnahmen gebieten, den Haarfall zurecht zu streichen, Verunreinigung zu entfernen, den Sitz des Kragens, eines Blusenausschnitts zu prüfen. Von keiner Erziehung zum Blick auf die Ausstattung angehalten entnimmt sie täglicher Leuteshow modische und andere Vorschläge, hält sich, um nicht aufzufallen, an die Norm. Dass man ums Schönscheinen einen Wettbewerb inszeniere, merkt sie wohl, sie geht jedoch jenseits Verachtung dazu auf Distanz. Ungeteilte Aufmerksamkeit verlangen ganz andere Interessen, womöglich auch spürt sie, für einen Wettbewerb schlecht gerüstet zu sein. Wie immer. Schönheit, das fällt ihr nur für andere ein. Oder sie benützt den vieldeutigen Begriff für Naturfaszination, für die Wunderbarkeit wissenschaftlicher und kultureller Leistungen, ihrem Urteil kommen dann wohlerwogene Kriterien zugute. Eine solche aufs Gegenüber gerichtete Haltung schließt die Annahme aus, selbst als schönes Objekt, als schöne Erscheinung in Betracht zu kommen. Was folglich ihre Spekulation betreffend sokratischen Blick in ganz andere Bahnen lenkt. Beispielsweise durchaus angenehm wäre ihr, von seiner bläulichen, kaum veilchenduftenden, jedoch blickfest vermessenden Iris als ein psychisches, gar geistiges Phänomen erfasst zu werden. Etwas Schönes, Achtenswertes, vielleicht Erstaunliches und Menschliches, wie das ihrer distanzierten Vorstellung und Wertschätzung entspricht, käme darin zur Geltung. Mit nicht gleich leichter Nachlässigkeit, wie die Halbweltdame das äußerlich Schöne jedem inneren Universum vorzieht, sinnt sie eben dessen Qualitäten nach und widmet ihnen achtsam Respekt. Empfindet dann allerdings die verbreitet negative Einschätzung derselben als schmerzhaften Stoß gegens Ich. Vom Griechen erhielt sie bezüglich Schönheit weder positiv noch negativ Nachricht. Aus dessen aufmerksamer Zuwendung, aus seiner Neugier für ihren Gesprächsbeitrag, aus ernstlichem Gehör für ihre Einwürfe wagt sie freilich, eine positiv zustimmende Einschätzung zu lesen. Wie sie aus seiner meint sie, dass er aus ihrer Erscheinung, aus ihrem Auftreten, aus Gesten Mimik Worten Stimmungen Lautzeichen wie aus Buchseiten einen offenbar angenehm unterhaltenden Text entnehme.

MAN KENNT SICH, MAN TRIFFT SICH. Man nimmt beim erstrebten ganz unabsichtlichen Thekentreffen auf erhöhten Barhockern nebeneinander Platz, um, nicht verabredet, ein heißes Putschgetränk, Café sonder Milch und Zucker, gemäß täglicher Gewohnheit zu ordern und, dem Barkeeper sein zutrauliches Lasstseuchschmecken! dankend, das Labsal ins lüsterne Gemächt hinein zu schlürfen. Ohne Milchundzucker kein Verzicht, es steht ein unterwegs schon angesponnener Gedanke an, um kommender Unterhaltung die nötige Würze zu verleihen. Man kennt sich und weiß, dass dem Partner alles recht sein wird, oder dass er, falls bereits anders orientiert, vorläufig zurückstehen und das Gewicht seiner Angelegenheit irgendwann ins Spiel bringen wird. In Erwartung tauschfreudiger Gäste hat sich auch der Keeper dies und das zurechtgelegt, doch seine versuchsweise dem Café nachgereichten Worte unterbricht abrupt der Auftritt seiner stürmisch herein rollenden, vulkanisch erhitzten, frustexplosiven Küchenmanagerin. Habe sie ein Drahteselidiot - Pest das - auf der Fußgängerpassage vor dem Bistro erst an der Schulter gerempelt - Blödmann - dann fast umgeworfen. Muss man sich das gefallen lassen? Ins Kochasyl stürzend bezieht sie ins andauernde Geschimpf all das Geschirrkleppern und ihre Fastfood zubereitenden Aktionen ein. Frit-

tensiede, Wärmplatten, Bestecke bekommen ihr Fett
weg. Wenn ich den Kerl unter die Finger kriege!
Kopfabreißen, Indenarschtreten wären ihr recht, gemäß ihrer Tätigkeit klänge noch besser: Dem Scheiß-
kerl Pfeffer auf den Schwanz streuen. Während sie
ihren lärmrhythmenden Rap vorantreibt, betreten
neue Gäste das Lokal. Man kennt den Zeitpunkt der
Küchenöffnung, so des beliebten Wechsels vom ersten kleinen zum zweiten größeren, womöglich ein
opulent magenbeschwerliches Mittagsmahl ersetzen-
den, Frühstück. Zwei der Neuen rücken anseit der
Cafétrinker, die ihre Tassen lange leerten, die jedoch
angesichts Wehundach der Küchenmadame den Abgang versäumten. Als die beiden dann aufbrechen
wollen, werden sie von einem draußen begonnenen,
drinnen sich fortsetzenden Handel der Neuen ums
bessere, nein, ums beste! Argument vom Gehen ab-
gehalten. Nämlich dass einer die neuliche Präsiden-
tenrede lobt, irritiert einen anderen, dem, wie er
schimpft, jederlei Politikergedöns auf die Nerven
geht. Ständig fühle man sich verarscht. Auf die Bestellung hin - Zwei Bier - lässt voriger Positivdenker
eine faustpolternde Mahnung vom Stapel: Machs Du
erst mal besser! Da stehst Du, krakeelst von oben
ganz allein, hast Dir alle Mühe gegeben, und dann
pinkelt Dir jeder pimpelige Pintscher ans Bein! Der
Keeper schmettert ins Abbremsen der Zornseele:
Lob stoppt Tadel stoppt Lob: den harten Glasboden
zweier Biere, was aller Ohren für sein Hänseln spitzt:
Das also treibt Euch um! Nach Farbe, Fahne, also
gemäß schwarzem Anstrich, gemäß roten Socken ur-
teilen! Leugnet es nicht! geht er dem Schwarzen, dem

Roten zu Leibundehre. Ihr spuckt Eure Meinung, Fertigware, so unbedacht heraus, wie Ihr Bier und Schnaps in Euch hineinschüttet! Indem der Ausschenker sich derart enragiert, nicht wie sonst an geschäftzuckernden Beifall, entspannte Laune denkt, locker hinter Glasglanz Schaumblume Schnapsgluckern plaudernd nicht jede kritische Anmerkung unterdrückt, meinen die Cafégenießer, Trinkgenossen aus der Stimme des Keepers jemanden heraus zu hören, der durchs Phrasenchaos in nachdenklichere Regionen hinüberlotst. Da zeigt einer, der bislang alles zuließ, unerwartet Charakter. Jetzt im Anschluss an die zuerst eingetroffenen Küchenhungrigen - Was ist heute bloß los? - drängen weitere Disputanten lärmend ins Bistro. Erneut vermiest das dem Caféduo seinen Abgang, und einmal aufgetane Lauscher empfangen ungewollt den Aufruf zur Hinrichtung eines gewissen tyrannischen Chefs, dem, rüpeln aufgebrachte Schimpfer, jeder Funke Verstand, jeder Anstand abgehe. Dieser Dienstherr hätte längst, allein schon wegen des Arbeitsklimas und davon abhängender Erfolge, mit den vergrätzten Dienstleistern die Verständigung suchen, so einen besseren Vertrauensstand begründen müssen, um die allgemeine, früher bewiesene Arbeitslust zurück zu erobern. Jedoch statt Werbung betreibt der Sturkopf Fehlersuche, möchte eigene Unfähigkeit tarnen durch den Aufweis von Fremdschuld. Ja, unter verunsicherten, stets überforderten Mitarbeitern entdeckt er leicht sowohl ihm ähnliche Ankläger, Petzer, Schuldverlagerer als auch verstörte Schlamassler, die er entweder in den Zeugenstand ruft oder akribisch anprangert. Ein Schuft!

Mit diesem Aufschrei stellt sich dem fluchtbereiten Paar so etwas wie eine geflügelte Göttin in den Weg. Beweiskräftige Papiere flaggend verkündet sie, der Betriebsrat habe vor dem Arbeitsgericht eine Verurteilung der vom Chef betriebenen Methoden durchgesetzt, man habe gesiegt. Was die Leute sogleich lauthals bejubeln. Die aus dem Bistro straßenwärts blähende Jubelblase lockt weiteres Ameisenvolk herein, was die Drinnenmenge bedenklich anschwellen lässt. Was wird der kleine Raum noch fassen müssen? Was überhaupt darf ihm zugemutet werden? Es scheint, als wiche die rückwärtige Flaschenbastion, als glitten seitliche Wände auseinander, Theke Barkeeper Küchenzugang vernebeln, die Nebel schluckende Ferne mimt eine Landschaft. Frau von Fall und Sturz, Begleiterin des Sokrates, simuliert, gegen Gefangensetzung im Bistro heftig aufbegehrend, weitgedehnte Leerräume, in die hinein sie armrudernd quasi auf Flügeln gleitet, während ein teppichumwickelter Sokrates auf ihren Schultern lastet. Leere? Der Einlass zum Bistro vermag den Zustrom von draußen weder zu hindern, noch ihn unbehindert durchzulassen. In beengter Passage hört man die Drängler stöhnen, Eingeklemmte schreien vor Schmerz, betreffende Laute scheinen tierischer Natur. Die kleine expandiert zur großen Lärmlawine, welche nach erfolgtem Durchgang, möchte man meinen, die Luft anhält, um danach von Atem Geräusch wieder größeren Gebrauch zu machen. Anstelle der Thekeninstallation nun eine Bildwand. Television oder Film. Menschen. Aus dem kribbelkrabbel Ameishaufen ertönen grelle Fußballekstasen, die den chaotischen Lärm mit einem

Cantusfirmus krönen und der Bildstreifenshow entsprechende Szenen suggerieren. Jetzt blickt man aufs Tor, in das am Keeper vorbei der Ball netzbeulend segelt. Eine bislang uneinige Menge clustert zum trommelfellbebendem Torschrei, schmerzgetönt klingts bei den einen, triumphal bei den andern. In vorgeschriebener Streifenschürze und Haarhaube stürzt die Speisenbereiterin dort her, wo die Küche gewesen sein muss, positioniert sich seitlich der Bildwand im Spotlight, sieht die richtige Partei am Siegen, nötigt die Menge mit ihrem verspätetem Beifall zu erneutem Jubel. Erst heftiges Armgezappel der Köchin erwirkt eine Hörpause für die Ankündigung, einen ausgeben zu wollen. Indem die Leute mit angemessenem Bravo den Luftraum über den Köpfen erbeben lassen, regnen aus der Höhe Würste und Fritten, eine Folge von Bravos verscheucht die Spenderin ins Irgendwo. Rufe der Fressgemeinde nach Bier, Mayo, Senf finden weder Gehör noch Stifter. Dann anstelle von Ballgeschehen, Fußballpalaver traktieren bebilderte Kriegsszenen die Leinwand. Granaten heulen, man zählt Einschläge, ihr Fettmaul wischende Fans ertränken den Fressundfreudenblick in Düsterwolken. Was ist denn los? drehn sich Köpfe, entdecken nichts, himmelflehend wenden sich ungläubige Augen nach oben, nur um stumpf gegen die vormalige Decke, den Raum abschließende Wände zu stoßen. Das Bistro scheint jetzt ein wer weiß wie weit blähender Kokon. Die üble Horde, wiedermal arrestiert, wird drin zum Stillhalten diszipliniert. Als ob das immer so gewesen sei. Momentan bestürzt den Blick, dass gewohnt ebene Flächen, Decke Wände,

Wellen schlagen, so mehr einen von Kochhitze zum Brodeln gebrachten Suppenspiegel darstellen denn verlässliche Raumgrenzen. Das Geäug der Inhaftierten sondiert weiterhin aufwärts gerichtet beulende Formationen mit starker Tropfenbildung, den Augenfocus schärfend, entdeckt es im Beulengetropf so etwas wie Blätter: nein Schuppen, Stängel: nein Knochen, Gelenke: nein faunische Kreaturen, da wär ein vielfach beinzweigendes Gerank, wovon dann Weiches traubig herab tropft. All das weist, der Schwere verpflichtet, abwärts, immer mehr fallsüchtige, demnächst niedergehende Gebilde drohen nach unten. Aua! hats jemand getroffen, hat Stirn möwenbekleckert, hat Schultern berührt, schlüpft krageneinwärts unter Hemd und Bluse. Was geschieht denn da? Meinegüte! grapscht Krallentatze, katzt aus Nachbars Ärmel ritschratsch die Tigerpranke. Zwei flügge Irgendwers schnäbeln liebeeifernd ganz weltverloren, über ihnen flügelwitschen Mäusesegler. Während muntre Glubscher ihren Messstrahl vom A zum O der Kreationen lenken, um eben entstehende schlingschlang Glorien maßstäblich auszuforschen und in Neuronenschreibe zu dokumentieren, suchen felltragende, vielfältig geschuppte, kurzborstige, nur zu Geburtszeiten nackte Bodenhafter ihr Heil in hüpfender Fortbewegung. Üben das Übereinanderspringen. Und jetzt, guck mal, tanzen Girls aus dem Heim und deren gymnasiale Herzbubis vor elternstarren Moralstiftern, führen per Ballett das unzüchtige Aufzuchtgehabe moralflüchtiger Zöglinge auf, den sacre Moment sans Igors Printemps. Verkabelung muss sein, Erdschaufler legen mit roten grünen gelben farbquirlenden Fäden allerlei Tropfobjekte: den Vorderhimmel: deckenjenseitige Gestirne: diesseitige Forscher: bistrogebürtige Neugierseelen an einunddieselbe Leine, so dass irgendwo den Faden Ziehende sogleich das ganze Geflecht an der Strippe haben, alles mit einem Zug in Bewegung setzen. Aus welchem Allem es dann funkensprühend regnet, um jedem kleinsten Zupfgernegroß allerhand Wissen einzutrichten. Das sei volltrunkenem Thekenpalaver zunutze! Hört man Rufe? Schweinshaxe! Schweinesülze! Hallo Keeper, nen Schnaps mit nem Bier! Hierzuland wäre keinem Mann von der Straße je eingefallen, was tatsächlich seit Urzeit bis heut einige von Menschheit besessene Größen den einfallslosen Mitbürgern an Religion, Humanismus, Staatsideal vorgesetzt und eingeimpft haben. Frissoderstirb. Also. Haste Hunger, geh ins Bistro. Plagt Dich Langeweile, guck mal Sport. Wo die Lachdrohnen Comedy lieben, hängen die Weiber, sozial und fortsetzungsgeil, am Tropf der Telenovelas. Halt mir Deine Pratzen vom Leibe! Walross plus Elefantendame, guck mal, wie die poussieren! Dass Kobra mit Giftzahn, muss kein Regenwurm wissen. Gibts irgendwo Fritten? Verdammt, Bier Chips Fisch mag ich nicht! Schwatzbojen sondieren, ob man etwa träume. Flinke Späher entdecken im Gelände einen Soldaten. He, der Krieg ist abgereist, hamse Dich etwa vergessen? Tarngefleck mit drüber gezognem Splitterschutz mit Rucksack Sender Stromaggregat mit gürteldran Spaten Klapperzeug mit Brust kreuzendem Patronengurt inklusive technobrillanter MP: der Outfitprotz, hier fehl am Platz, ist eine Kampfmaschine. Jederzeit bleibt die cool. Mehrere triebgestresste, viermalige, betatzte Bistroasylanten angstäugen richtung militärischer Irrläufer. Hau ab, hier gibts keinen Krieg! Hände wedeln Hühnerscheuche. Das martialische Arrangement bleibt cool. Als sei das Leutevolk nur ein Schweigen wert, zückt der Kampfautomat eine Trillerpfeife. Noch scheint kugelkrachende Weisung entbehrlich. Ein schriller Pfiff apportiert hundegehorsame Genossen, die aus Lücken der Bistrobevölkerung mengenweise hervorquellen. Legt an! Schuss frei! bahnen sich widerständige Brechmänner einen Weg durchs Publikum. Dessen bodennaher Bestand macht Platz und streift tierhafte Allüren ab. Im Deckenbereich tätige Forscher transformieren zu flugfähigen Besen, die, tüchtige Reinemacher, huschhusch jederlei kreatürlichen Belag vom Plafond fegen. Drunten anlandet inzwischen die Kampftruppe am Thekenrand. Man scheucht den Keeper zum Zapfhahn, erwartet Trillerbefehl, so dass beim Ansatz zum Pfiff schon der Chor losbrüllt: Bier! Wohldressiert zeigt man sich Offizier und Durst gehorsam. Der Befehlsgeber blickt dankbar deckenwärts, salutiert: hat wieder mal funktioniert! Der oberste Mordbube droben weiß ja Bescheid. Aus einer Gottwolke zur Erde gewandt gibt der kund: Hier wird der Krieg gewonnen! Hier, und nirgends anders, wird der Sieg besiegelt! Der Keeper kapiert. Kapituliert. Zapft was er zapfen kann. Etliche Gehilfen gehen ihm zur Hand, beliefern quietschtrockene Tanks mit erlösendem Treibstoff. Derart versorgt mögen nun die Automaten auf Trillerkommando den Becher ansetzen, kippen, in einem Zug leeren, das Gefäß in Erwartung nächster Runden auf die Theke niederbringen, klack! Bereits das dritte Maß steigt einigen zu Kopf, vier, fünf Maß, der tonangebende Vorkoster weist an: Nummer Sechs schaffen wir leicht. Stehen Sie stramm! Die Siegesgöttinnen raffen bereits ihre Röcke! Bei Neun angelangt beweist die Soldateska, dass standsichere Stämme zwar aus hartem Holz, doch gegen Schwanken im Wind nicht gefeit sind. Schwanken so sehr, dass Nummer Zehn - Maul-Mund-Mama, bin ich besoffen - den Splitterschutz mit der Rachenöffnung verwechselt. Baumkronenkreiselnd kriegt der Wachhabende noch heraus: Macht Euch die Hose nicht nass! Küsst dann, tralala, den Boden. Das ist ein Befehl. Runter! rollt man liegend an Bord, schaukelt per Schiff in den Hafen. Busenwippend am Quai winken die Göttinnen. Holen schenkelblank die Kerls von Bord, hieven die köstliche Muskelfracht auf weiterhin schaukelnde Lustlager, bughoch heckrunter, wunderbar Luv und Lee. Nicht wackeln! versucht man der Fruchtmitte Zunder zu geben. Und die Keeper machen Kasse. Gut gelaufen, dieser Krieg! Freudentanz auf der Theke. Aus der glasglänzenden, mit Spiegeln bestückten Regalwand jumpen minimal stoffdekorierte Tänzerinnen, die sogleich das Dirigat für Rhythmus und Formation übernehmen. Trillerohne allein mit softer Hardware. Quer Amors Globus träumen outfitverpackte Todesboten vom Friedensgelage unter Nacktschneckenengeln. Während die Keeper ihr Geschäft in fröhlicher Lustbarkeit beschließen, lassen sich hoffnungverlorene Machtbeischläfer, Soldaten Legionäre Kampfmaschinen, den ihnen zustehenden Sold in lustbarer

Münze auszahlen. Wiedergeburt am Morgen, wieder kein Orden auf der Brust, die nächtliche Siegesfeier quittierts mit Kopfweh. Schmerzen immerzu Leiden, kann man Hamlet verstehn: Schlafen, schlafen. Die Welt ist aus den Fugen. Unter sternlosem Deckenhimmel ruhen, warum bleibts nicht Nacht im Bistroimperium? Es dämmert bereits hinter der Theke, hinter deren noch stummem Schattenangebot, hinter waldwirren Erinnerungskulissen mit dahinter nach Licht gierenden Schaumkronen! Aufzieht eine Teppichrolle, Madame von Fall und Schacht schleppt ihren Philosophen hochauf geschultert aus dem vertrackten Szenario. Wer merkts? Niemand! Allerdings Kontrollbeamte am Grenzpunkt wollen Einblick nehmen, möge Madame ihr Rollengepäck auf einem langen Tisch deponieren. Da, wo bereits weitere Rouladen, als Bambino gewickelte, nur ausschnittweis Gesicht zeigende Mumien aufs Geprüftwerden warten. Sogar totenstumme Wachsvisagen benötigen eine Zolldeklaration, werden etikettiert, Absender Empfänger, mein Gott: Tussaud! Einen griechischen Schriftzug auf dem Frachtbrief vermag Madame nicht zu entziffern, ein bekanntes Zeichen verrät: Sokrates. Der Kontrolleur beanstandet nichts. Rollt den Schlaftoten am Ende der Ablage über Kante in einen Container. Dann wird die randvoll gestopfte Transportkiste vernagelt und versiegelt. Ist der letzte Prüfstempel gesetzt, reihen sich mehrere Kontrolleure am Sarg entlang zum ihrerseits letzten Gruß. Madame und weitere ihres tragischen Gepäcks entledigte Passagiere gleiten entgegen Sturzlust, Fallangst im Aufzugschacht nach oben. Dort lädt eben die regenerierte

Bistrolandschaft das in ihr wogende Köpfemeer ein zur Beteiligung am bekömmlichen Aktienhandel. Aktienhalter residieren vor einer riesigen Tafel mit wechselnder Kursnotation, davor die Bietermenge streckt Arme, gibt und liest Fingerzeige, ruft Zahlen Namen. Da fällt es Glubschern und Lauschern schwer, im Gewirr von fallenden, steigenden Kurven, von Kursstationen Angeboten Nachfragen Rücknahmen, sich zurecht zu finden, geschweige etwas zu verstehen. Belustigt das schon. Amüsiert das unbeteiligte Mattscheibler, Telescheibletten, schablonierte Fachbildgucker sehr, findet man aufregend, wie enttäuschte Bieter, wie jubelnde Gewinner Gefühl zeigen. Im Betrieb Engagierte weisen sich gegenüber hemdsärmlig weißbetuchten Börsianern als schwarzbefrackte Bannerträger kontoführender Geldinstitute aus! Solche Schwärzlinge schlängeln durch die Staumenge, sprechen auf Kundschaft an, Geld sparen: Geld leihen: Geld gewinnbringend anlegen, eifrig werbend sammeln sie milchvondersahne neugierige Interessenten vom trägen Massenstand ab, bieten sich Hilfeheischenden an als zuverlässige Auftragnehmer. Das quirlige Publikum im Bistro hatte dem markigem Auftritt von Soldaten noch Widerstand geboten. Jetzt, da schwarzweiße Gewinnmanager durch die dickste Elefantenhaut aufs nackte Vermögen abfärben, droht Gefahr. Unbemerkt in Tresor, Sparbuch, Aktiendepot Wohnung nehmend lenken die Zahlenmagier dort her ihr Geschäft. Indem sie den Verstand mit Gewinnbazillen verseuchen, schwächen sie fast jeden, und schon empfiehlt sich dem Schwächestatus das Allheilmittel Aktie, deren unübersichtlicher Lebensgang mit Plus und Minus zinswuchert. Solcher Poker steckt alle Beteiligten an, da verkommen Psyche, Geist in finsterlichtem Gefleck. Pest, oder was? Lichtungen, brach liegende Landstriche bringen die berufsmäßigen Nutzspieler in Fahrt. Hirnseits bewirkt Leere, Vakuum, keinen geringeren Sog als wundereinsame Schönheit. Greif zu, ergreife man Besitz! Großes Gerät, Bagger Schaufler Tiefbohrer, bahnt sich bereits einen Weg zum Freiplatz, beginnt unverzüglich mit Roden, Graben, Fundamentieren. Schon fallen dem frechen Zugriff Theke, Wände, umliegende Bauten anheim, hinter staubwölkendem Gelärm schießen Turmgebilde empor, die nach ersten unerheblichen demnächst ganz bestürzende Höhen erobern. Vor entvölkerten Himmel rücken wunderlich geformte Wohnsilos und Büroburgen, in Stahlglasglanz prunkende Geldgoldlutscher, bestechen Ungläubige mit unerhörten, erlösergeilen Versprechen. Überwältigt von Neugier und Pracht schiebt sich Leutemasse richtung Skyline, dringt durch Fassaden, bekrabbelt tausendfüßig das Innere und staunenspäht in jeden Winkel. Nicht der Geist: allein Erfolg verführt. Unermüdbar schaffen erotisierte Brüter Nachschub, modernste Produktionsstätten scheffeln ihre Ware in den Bistrokokon, woraus beinzappelnd immer weitere Ameisenströme sich ergießen. Watthohe Wohnsauger schlucken das Lebegeplör, mühelos verwalten Bürogiganten die Welt und deren babywimmernde Nährsuppe, ohne Ermüdung kümmern sich Planer um Unterkünfte und Utopien. Wer spricht von Raumnot, von Nahrungsmangel, von fehlender Arbeit! Vielleicht sollte man, indem aneinander quetschende Bauten jeden Leerstand vernichten, zum Meeresgrund ausweichen, sollte man Wüsten befruchten, Eiszonen abtauen, im uferlosen All Sterne besiedeln, wird man dort hoffentlich auf friedliche Gastgeber stoßen. Der Abstand von der einen Schulter zur nächsten wird zunicht gepresst, jenseits der Nullgrenze stößt das freiheitstödlich in die Leiber vor: wenn das nicht Sterben bedeutet, was wär Sterben dann? Es gottschwören papstansehnliche Sprachrohre inmitten des Gebäudewalds vom heiligen Hochsitz. Da werden unter rhythmischem Trommelschlag Speisen aufgetragen. Eingedrehtes Waffelgebäck, das, von Vorkostern entkrümmt, auf Qualität geprüft wurde. Im Innern der Rollstücke erwarten bandagierte, für Mumien gehaltene Körper die Rückkehr ins Leben. Mein lieber Sokrates! findet ein Rollstück mit Teppichmusterung seine Fürsprecherin. Ehe nun der Erweckte im neugeburtlichen Wiederholzwang seinen Werdegang vom griechischen Philosophen über den vierzehnten Ludwigmonarchen bis zum heutigen Armenhausbewohner darzubieten vermag, entführt ihn im Tempo blitzschlagender Einbildung die Schachtdame vom Erzählpodium: Komm! Nach dem morgenfrühen Abenteuer im Bistro, nach all den schrecklichen Gefangennahmen, wollen wir endlich essen gehen! Er: Wie Sie mich bezaubern, meine Liebe!

SOKRATES SOKRATES SOKRATES, eins zwei drei vier fünf sechs sieben: hatte er seine historische Wanderung, Reinkarnation um Reinkarnation, der Cafépartnerin einmal zu Gehör gebracht, dann waren Geсpräche darüber und dazu skeptisch sondierende Gedankengänge kaum zu vermeiden. Doch statt im Gedächtnis des Griechen aufdringlich zu stöbern, wartet sie auf Andeutungen seinerseits, um diese dann für Nachfragen zu nützen. Woher aber kämen und wie entständen solche meist unbewusst gegebenen Hinweise? Sokrates - Theorien gar Ideologien tabu - hält sich gewissenhaft an die im Halbschlaf, in Aufwachträumen auf der Memoryleiter auf und ab turnenden Szenen. Solche auf fern menschheitliche Bewusstseinsmasse gestützten Einbildungen sieht er jedes irgendwann auftretende Menschenleben umkleiden und nähren. Genauer gesagt bedeutet derartige Einkleidung das Begaben der individuellen, zeitgebundenen Person mit allgemeinen Vorgaben und Werten der Gattung. Sie bilden, eingesammelt aus der Erfahrung von Abermillionen Gattungsgliedern und daraus gefiltert, konzentriert eine allgemeine, dem ganzen Menschenstamm zu vererbende Essenz. Was wir in Träumen, Ahnungen, Visionen wahrnehmen, erklärt sich als Einspielung jenes Gedächtniskontinents, als Zuteilung aus dessen Bewusstseinskontingent. Leben speisen, Urerfahrung schmecken, aus suppendem Potential, aus Verdauung und Neuronentiefen stößt das in uns als Rülpser auf. Heute beispielsweise mutet Sokrates der Zufallsblick auf eine Pfütze in derart entrückender Weise an. Unauffällig treten ihm deren Lichtspiegel und ihr vom Regen erweichter Matschrand nahe. Mitten im Parkspaziergang, aus der Mitte eines Stummgesprächs entführt es ihn von der Seite der Gefährtin. In quasi wachem Traum betritt er das Seelenbehältnis eines Bauern, der tagmüd schlafverhangen im Bettlager sich wälzt. Und seinem Schlafkerker nicht entkommt. Der Eindringling Sokrates, halb Bauer, halb Tourist, konzentriert in der Neugier eines Fremden, der sich für die Konstruktion des mittelalterlichen Lagers interessiert. Ein kniehoher Kasten aus Brettern, die man zwischen paarige Pfosten spannte, bietet der Füllung mit Laub und Stroh eine sichere Rahmung, in diesem Schlafnest sind Bauer Weib Kind gut aufgehoben. Die vom Lebendgewicht der Schläfer zusammengepresste und von deren Schweiß gesättigte Schütte bedurfte öfterer Erneuerung. Zwischen Schlafohnmacht und Kotdrang beunruhigt wühlt sich gegenwärtig der Schläfer nach Wachsekunden, nach Schlummerversuchen tiefer ins lau dampfende Nest, verdrängt einerseits als Bauer, andrerseits als dessen Traumgast Sokrates den lästigen Gedanken, quer Hof ganz nachtverloren durch das von Ziegen, Schweinen gewalkte Schlammbad waten zu sollen, auf dürftig beschlappten Füßen hin zum Kotbalken tasten zu müssen, um sich dort des inneren Überflusses zu entledigen. Lieber dreht man sich um und um. Besser, die sacht schnorchelnde Frau beatmen. Da fällt keinem erdigen Hirn ein, es müsse ein leibschwerer Kerl wie er sich solange als mampfdumpf wiederkäuendes Tier betrachten, als er, vom Königsberger Kant eines Besseren belehrt, nicht desöfteren sternwärts blicke, denn dann erst käme er jener Ahnung nahe, wonach ein Menschkerl, aus dumpfem Sumpf kopfhebend, Traum um Traum zu himmellichter Hoffnung gelange. Da erst für Augenblicke sähe er die ewig lastende Realität blickwechseln mit einem tief greifenden Freiheitsverlangen. Der Bauernklotz würde zum Hirnbrocken, den wer weiß welcher Happen aus dem Bewusstseinssud nötigt, das Kopfgelände zu kultivieren, nach dieser oder jener Reinkarnation bei Kant: Gott: Goethe: Wittgenstein anzulanden. Aber! Wann je wär ein Stumpenfuß leichthin über die Bettkastenkante gestiegen, um den nächtlichen Kotgang zu wagen? Wo hinaus denkt sich das Schlafhirn? Endlich anhaltendem Memorybröseln entfliehen! möchte Sokrates wieder parkwandelnd der Neu-mensch: der Grieche Ohneland: Café schlürfend der Damenbegleiter sein. Doch der Bauer gibt ihn nicht frei. Der Erdkrümmling braucht Zeugen. Die also gerichtlich bewahrheiten, dass es vor der Bauernkate räuberisch flattre und krächze. Dass ein schräger Vogel auf schlappem Ross dem Bauerngelump seine Aufwartung mache. Dass der stets flügge Räuber als fürsorglicher Schmarotzer: böswilliger Ritter: Lehen gebender nehmender Gutsherr jede seiner Rollen missbrauche. Das im Machtgeleit zweier Schergen. Hallo, wurmiger Erdklump, rück unsern Anteil heraus! Die derben Knechte zerren zwei Mulis zum Schuppen. Zur Befehlsgerade gereckt schrillt ihnen der allmächtige Auftraggeber das Geheiß hinterher: Alles! Ich will alles! Sackt sattelrutschend in vorige Schräglage zurück. Ruckt - Na guck mal - erneut in die Senkrechte, aufregend erstaunt ihn eine regsame, mimisch aufgebrachte Frau, Bäuerin, die aus der ärmlichen Kate stürzt. Wie immer schmutzfleckendes Arbeitszeug dies Wunderweib entstelle, von karger Verpackung unbeeindruckt begrüßt der Machtganove deren fleischwogenden Inhalt mit keckem Zungenschnalzen. So! unappetitlich, nein, erscheint ihm das vermummte Filetstück nicht. Es ködert für mannstollen Schenkelritt durchaus verlockend. Während der Eigner im Schuppen mit den Knechten feilscht, für den Gegenpreis von drei Strohgebinden einen beidarmig umklammerten Ballen einbehält und derart in Anspruch genommen auf Hausweibkind achtzuhaben versäumt, gleitet jener hochwohlgeborene Zureiter aus dem Sattel, um sich im schenkelkreischenden Nest drunten lusthalber zu bedienen. Vom Gemurmel des selbstverlorenen Erzählers verwirrt erscheint der Parkbegleitdame ihr Cafépartner überaus fremd, wagt keinen Einwurf, blättert stattdessen im Katalog bürgerlicher Testfragen. Wer ist wer und wer wäre echt? Mimt er jenen, oder ist der Grieche, aus Gedankenwelten in schlammige Verhältnisse niedergegangen, selbst der Bauer? Soll man angesichts brutaler Lustnahme seinen Seufzer - Ach Xanthippe - deuten als Nachruf auf eine zwar denkrühmliche, jedoch eheunrühmliche Vergangenheit? Schluckte er den Schierlingssaft in trauriger Ergebung oder aus hochmütiger Wut? Wortlos umschleicht sie die traumatische Schlammecke, aus spiegelnder Pfütze lockt kein Ruf, weiterspazierend verfällt sie selbsteigener Spieglung. Wie das! Ihre Fantasie eilt von damalig grob dickledriger Fußbekleidung zur feinledrig geformten, verdeckt genähten Damenschalotte. Der Anblick moderner Leidensfüße zitiert nichts Szenisches auf die Gedächtnisbühne. Immerhin geben ungefüge Schusterhände zu bedenken, wie mit der Ahle mühsam Nahtlöcher vorzubohren, nicht weniger mühsam Lederfäden durch schrumpfende Öffnungen zu zerren waren. Das erledigen heut Maschinen jenseits Anstrengung. Wie müssen Vorfahren unterm Schuhdruck gelitten, unterm harten Handwerk gestöhnt haben! Deutlich spürt sie den Aufdruck ihrer Sohlen. Der Erdgrund stößt in Fuß Knie Hüfte, sogar in die Schultern drückt er hinauf. Einmal Erdreich, einmal sie selbst reden mit Kopf Hirn Gedächtnis, das Eine wird gehend zum Zwei. Blitzdonner! angerührt flammt der Neuronenschwarm betörende Feuerwerke. Soviel Schritte, so viele Figuren. Schlange stehen. Warten. Auf was. In der Reihe eine Stellage mit gemodeltem Gesicht. Schminke, Tusche, künstlich gepowerte Naturgaben, man möcht es jibbern lachen quietschen hören, wenn dressierte Gesten, Haltungen in die gewünschte Position rücken. Ungehört allerdings wärn sie Protagonisten eines besseren Theaters. Marionettenzüge, die aus dem Dunkelgrund ins Licht der Spots spannen, um Plan, Verabredung geheimer Stichwortgeber zu Willen zu sein, bekommt man nie zu sehen. Folgt in der Reihe ein Gesicht mit Schicksalskrakel. Die gekrümmt buckelnde Gestalt voller Krankheitsmale und Altersmarkierungen verleitet Unständige, so etwas Hexe zu nennen, was dann näher Bekannte grußundkuss in den Arm nehmen. Vielleicht auch, weil das Zeug muffelt, die Nase zur Seite wenden. Oder Angewiderte hirnbrüten Argumente, die dem sterbescheinbaren Phantom öffentlich aufzutreten verbieten. Der Knickerbockermann nebenan - Abbruch. Nein, so findet das Madame nicht gut. Fängt anders an. Falten auf der Stirn behaupten, nur Muskelkontraktionen zu sein, während ein Betrachter des Objekts im Stirngefält Spuren von

Nachdenklichkeit entdeckt. Diesen Nächsten in der Schlangenreihe könnte auch Schmerz plagen, falls die Hautwellen unruhig zucken, heftig krampfen würden. Auf welche Weise eigentlich kommen Muskelkontraktion und Nachricht überein, welche willentliche Magie der inneren Sendestation nötigt die willkürlichen Faltungen, ihr zu Willen zu sein? Zumal Boten, Bestechungsgelder, Lohnzahlung, Anteilnahme zwecks Vereinbarung getrennter Partien nicht zur Verfügung stehen? Oder wenn einer für Lohn werkelt, tut ers einem Auftraggeber oder nur sich selbst zu Gefallen? Wie macht man frei Geborene ohne Willensbeugung für andre und andres gefügig? Nach Meinung von Madame schwebt zwischen den Parts ein Medium, das ganz unwillkürlich und fälschungssicher alles und jedes von einem zum anderen überträgt. Mühefrei bewusstlos. Ist es so, sind nicht zwei, sondern drei Parts zu berücksichtigen. Umfasst die Zone der Beziehungen mehr, vier:zehn:hundert Parts, erscheint die Welt dem Betrachter als unendliches Beziehungsgeflecht. Will einer heraus, der dazu gehört, entkommt er nur tot. In Anbetracht so vieler Ungewissheiten wäre die faltenalte Frau als Fragezeichen zu porträtieren. Spielt jemand den Gegenpol? Gern, der Knickerbockermann. Äußerer Regellosigkeit, Falten Beulen, zum Trotz ragt seine Gestalt als strikter Pfahl. Jäger mit Flinte, deren Lauf sorgsam den Erdmittelpunkt fixiert, gnadlos zielverschworen peilt das Jägerauge über Kimme und Korn, damit ist nicht zu spaßen, schießen wird der Kerl, treffen, seine Beute kraftvoll schreitend zur Küche befördern, ausweiden, zubereiten, speichelndem Maul, knurrendem

Magen, Wanst Darm al dente zuführen. Was für ein Erfolg! Schaut her, ich bin das Ausrufezeichen! Die Reihe setzt fort ein junger Bursch, der nasepopelnd sich langweilt. Ein nächster Schlangesteher hat im Babyhang an Hebammenhand schreiend um Atem gerungen, dann an Mutters Brust gesogen geschlürft, hat Kindertage Rülps! Kreisch! mit Windelfurz, mit launischem Gejammer, mit der Spielzeugtrommel durchlärmt. Vorauszusehen jetzt das Warumgefrage, ebenso Schwatz und Schmäh, Gassenhurra, Vatersohngezerf, all das geht über ins disputante Getu von Rechthabern, entfalten sich zwischenhinein Tuscheln und Geflüster und Wutausbruch, laut Torgeheul, noch geller der Jagdschrei. Die lärmige Installation ist jetzt circa fünfzehn Jahre alt, hat echt Leistung gebracht, also schraubt dem Ding ein Preisschild an den Tonausgang! Sehen Riechen Schmecken Hören. Eine mit Schlaffhaar behängte Schweinsblase. Wer entdeckt an ihr den Eingang zu Himmel und Hölle? Lade man aus der Wartereihe welche zum Besuch des Schweinesalons ein. Die mögen bei freiem Eintritt kundschaften, dann als Zeugen dienen. Drinnen ist es dunkel und voll unguter Ausdünstungen, irgendwo trüllerts und tropfts, was suchen wir eigentlich, natürlich die Seele. Eine Reihe Automaten: Mönch plus Indianerskalps am Bindegurt: Nutte mit Brett vorm Kopf mit Preistafel vorm Eingang zur Lusthöhle: Stahlwerker schweißt Rakete: Himmelfahrt ohne Christusmaria heischt am Heiligen Stuhl päpstlichen Segen für Neger, Chinesen, Engländer, Samowarrussen, es geht um Erlösung: Zwillinge in Unio Mystica: Hausmeister Putzfrau Raumpflegerin: ein Leprakranker weiß nicht wohin gucken: unter der Stahllast fast zusammenbrechend lässt sich der Waffenhändler von Pilatus die Hände waschen: Graurock statt Hose, hosenohne das grüngelbe Kostüm, Blaueranton hosenkomplett: eine Hintenhübsche ergießt fantastischen Haarfall über Rücken und Po: Pinkeln aus der Reihe ist nicht erlaubt: auf Münzeinwurf: Haste Töne? spucken die aufgereihten Automaten Wortlaut, Nutzen, Karma ihrer Figuren aus. Da her also Gelächter Geseufz Gejammer, all der Kram, den man als Zeichen interpretiert. Jetzt wird abgerechnet, die Blase sieht nicht nur aus, sie produziert auch Echos. Ihr Dunkelinnres antwortet auf Welt und auf das, was Blasen allgemein zur Welt sagen. Dadurch verschmelzen sieben Gramm wahrgenommene Welt mit vier Gramm ins Innere aufgenommener Welt zu zwei Gramm dritter, selbst gezimmerter Welt. Muss da den Betrachter nicht interessieren, welche Art von Welt, und wie sich zueigen gemachte Weltarten unterscheiden, und wie, mischt die Dame von Fall und Sturz sich ein, zwischen all diesen Arten, Unarten eine Verständigung möglich sei? Ebenso Verständnis zwischen hiesigen Zeitgenossen, zwischen zeitlich, räumlich getrennten, sozusagen historischen und global verstreuten Daseinsfiguren? Die Cafédame vom Fallschacht schlägt vor, eine uranfängliche Erbsubstanz anzunehmen, die als Grundausstattung jedermann durchs Lebeabenteuer: durchs abenteuerliche Hiersein: durchs Hierundjetzt geleite. Eine solche Mitgift bestimme, gestützt gelockt gezogen, malträtiert unterdrückt verkümmert, jeden Lebensgang so oder so. Sie lege es nach Einzelbetreuung darauf an, Allein-

gänge miteinander zu verknüpfen, gegeneinander ab-
zuschotten, auseinander zu reißen, zu gegenseitiger
Vernichtung anzuhalten, da treffe jeder Freie seine
Wahl. Der Narr fällt anheim.

SIEBEN NEBENEINANDER. WACHS NUR WACHS. Sieben und mehr hintereinander, Fleisch und Bein und
Blut. Die Cafédame glaubt nicht an Wiedergeburt.
Furchtbar! Sieben. Tausend. Sieben mal Tausend.
Siebentausend mal Siebentausend plus Neunundvierzigmillionen mal Neunundvierzigmillionen. Mehr mal
Mehr in jener langen Reihe, worin dann Erinnerung
sich vergisst. Längst vergessen und nie erinnert, die
naturrohe Erstgeburt wurde überrascht von nachfolgenden Geburten, die, von weiteren Nachgeburten
betroffen, nicht weit genug in die Zukunft blähten,
um das Endlose ihrer Aufreihung sich vorstellen zu
können. Mehr mehr mehr. Mache man das Meer zu
Tropfen, jeden Tropfen zu Atomen, dann häufe man
die Tropfen wieder zum Meer, zu einem Meer aus
Atomen. Wer wagt sich da hinaus ins All, um die
Sterne zu nummerieren, bis an den Rand des Alls alle
Atome aller Sternwelten, ins Nummernkleid gezwun-
gen, auf einem universalen Zahlenkonto zu verbuchen? Falls das Hirninnere sich so stark weitete, dass
es ein derart Zahlengigantisches zu fassen vermöchte,
würde es bald, zutod ermüdet, das Zählwerk abschal-
ten. Mehr: Zuviel: Aus! Den Vorstellungen des Sokrates von Wiedergeburt misstraut die Cafédame.
Worte nur Worte. Von Platos Einbildung bis zur To-
dessekunde begleitet repetiert der Gifttrinker alle Figuren, Fleisch oder Wachs, die ihm begegneten. Das

beträfe in der Endlosreihe Schlange stehender Menschexemplare einen kleinen Ausschnitt, einen winzigen Ausschnitt vom winzigen Ausschnitt, wäre im tausendfach, im millionenfach beschnittenen Blickfeld ein ganz unsichtbares Detail. In der Schlange also verliert das Pixelding sein Hiergewesensein, indem die zwischen Geburt und Ende blubbernden Atome spurlos in der Megagigazahl staubunzähliger Sternweltatome abtauchen. Dickmadame. Stangenmann. Der liegende Geograph. Die Falldame. Frau Elementarteilchen. Der mit dem Brandgeruch. Der Eckensteher und Derwennermalerwäre. Ein Schauspieler. Teils gehören Sokrates und der Kurator dazu. Dompteuse Zeitendehner sind nicht vom Club, sie reihen sich aber ein ins Gefolge rasch vergessener, von Alpha bis Omega schlängelnder Glieder einer unzerreißbaren Daseinskette. Reinkarnationen! behauptet Sokrates. Wahnsinn! Wahnsinn! meint der Mund von Madame klagen zu müssen. Ach ja! Als Mädchen wurde ihr eingeflüstert, es habe ein Schöpfer: der! Schöpfer: aus Tonklumpen einen allerersten Menschen, Adam, geformt, aus dessen Rippe dann Eva gemacht. In Alter und Interesse vorangekommen stieß sie beim Lesen von Schöpfungsgeschichten auf verschiedene urtümliche Ideen. Einer zufolge lässt sich aus Ton Gestaltetes beatmen, dadurch ins Leben rufen. Gemäß einem anderen Beispiel besamte ein Stier die Erde. Oder Dämonen singen rote und grüne Steine an, worauf die sich spalten, aus dem Spalt Menschenfiguren speien. Oder der Rabe erblickt in der Federn abwerfenden Räbin eine Menschwerdung. Eine weitere Geschichten vermittelt, dass Indianer dem Gras als Agens von Kreation gegenüber Ton, Stein den Vorzug gaben. Erstaunlich findet sie die Mär von Götterwesen, welche einem Edelsteinknochen gebieten, Mensch Leute Völker zu gebären. Nun im Gedächtnis der Caféliebhaberin reißt der eben angesponnene Faden. Zum wiederholten, zum wievielten rettenden Mal sucht sie Hilfe bei Sokrates, der sogleich mit der Beschreibung eines Festmahls um ihre Aufmerksamkeit buhlt. Da reisen aus weitem Umkreis mit Gästen überladene Kutschen an, im Burgsaal mit spiegeloffenen Wänden wuchern auf langen Tafeln die Ess-Fress-Sauf-Angebote, Kerzenlicht, Lakaien aller Art rennen mit Schüsseln, Platten die Schmatzfronten entlang, schenken Wein aus, filettieren tranchieren decoupieren, während Rhythmus Lautstärke Sound wechselnder Musiken die Parade der Rülpser abnehmen und unangenehme Dünstung im Strom der Melodien ertränken. Der königliche Gastgeber, umgeben von Hofdamengekicher und fleischprangenden Decolletés, lädt mal diesen, mal jenen Gast in seine sonnenstrahlende Nähe. König sein macht müde, König sein macht Mut, ringsum zündeln die Feinde, lodern Schlachten und Dörfer, werden Schiffsleiber bombardiert, der König streicht sich den Bauch. Bäuchlings greift der Gestürzte ins Gras und sucht seine Spur, ach wär er ein Hund. Nach längerem Rufen und heiserem Gebell kommt Schwester Epiphania und holt ihn heim. Wurde er lehmgeknetet, gebrannt, beatmet? An Kittel und Hose kleben tongelbe Klumpen, gern steckt er die Füße in Sand, häufelt Korngeriesel auf Beine und Corpus, tätschelt selbstgenügsam den lehmigen Schädel.

Könnt er doch fliegen! Der Perückenherrscher, überaus heil sich in gepudertem Hofschleim gesund badend, hört im Stadtverkehr Schweres heranrollen, keine siegverwöhnten Königskartätschen, nur Einbildung um Einbildung farbblätternde Waggons. Die Geduld von Schienen und ein Pokerface für Beruf, Geschäft, Weltpräsentation sind gefragt, im Hafersack stecke eine Schwammseele, versorge Zeltkegel, Manegenmaul mit Körpertheater, es lebe, nichts in der Hand, die zirzensische Fantasie! Unterm Zeltkegel kein König, aber eine Königin. Königs Tochter, vormals Kunstreiterin, pudert sexentblättert ihre fettschwubbelnde, faltenziehende Fassade mit Autorität, redet bei Publikum, Angestellten nicht in den Wind. Leider ein angeheirateter Externer macht ihr zu schaffen. Der hält sich, weder dem Wagnis noch dem Wägen zugetan, ans kaum überanstrengende Mittelmaß, zieht demnach einer Gezeiten-ebbenden-flutenden Psyche: zieht weiterhin Pokergeduld und Manegenzauber: zieht einem der Einbildung verpflichteten Nichtsinderhand die Klarekante vor. Von Mama Zirkus gut versorgt ist er auf allen Feten zuhaus. Dass vorzeiten eine der sokratischen Inkarnationen in Daunenfedern kuschelte, in Weiberarmen sich wärmte, erinnert den Fährmann einer wanderfreudigen Seele an Zirkus, Zeltkönigin, erinnert an deren schäbigen Gatten, welcher, im Mittelmaß beheimatet, sich anstelle geistreicher Fuchsjagd lieber in Bluthundmanier der Weiberhatz verschrieb. Langweilers Absturz auf sinnleere Spur. Da fragt sich jeder Eifernde: kann man, darf man, soll man? Man kann! ohne Bücher, ohne ausholende Gespräche, ohne Arbeitsmühen, ohne Wasdennallesnoch auskommen, wenn nur die Reserven im Portemonnaie fürs Fahrgeld und fürs Entree zum unterhaltsamen Allotria reichen. Auf dass es einem gut gehe im Schlaraffencamp. Sprich also, Grieche, und erzähl! Madame wiegt und schüttelt ihr Zweifelshaupt überm vierten Café Noir, so dass im abgesenkten Getränkespiegel ihr Augenbad zerschellt. Wer blickt da noch durch? Der einstige König des Daseinsquiz spielt unbeeindruckt den Memorykünstler. Beneidet Diogenes um sein Fass, verachtet Caesar wegen des arroganten Veni: Vidi: Vici. Der Denkfrager Sokrates könnte im Seelengehäus eines Indio, unterm Kuppeldach einer Schildkröte, im Blutrausch der Stechmücke Station gemacht haben. Hätte vielleicht unter Fröschen gelebt, die im Solo, im Chor ohne Beat, ohne Text quaken. Wo Koryphäen, Konventionen, Parteistimmen debattieren, wo Neunmalkluge das Pfauenrad schlagen, wo Allewelt ihr Allerheiligstes verlautbart, wo dumme Ärsche nix als quatern: hört sichs nach Froschquaken an. Derart reanimiert Sokrates seine vermeintliche Rollenpassage. Dazu welch erstaunter Augenaufschlag! Madame fürchtet, der mehrfach Wiedergeborene belebe nur ganz zufällig aufgegriffene Spuren, kollabiere sichtlich im überbordenden Angebot. Wenn auf der Bühne alles gleichzeitig und gleich auffällig agiert: wie gut dann, dass wir vergessen können! Zuviel vergessen hat der demente Mann im Gras am Straßenrand. Wie der froh wär er über ein winzigstes Detail aus jüngster Vergangenheit, wie entzückt über eine Spur, die ins Heim zurück führt, in irgend kleinere, größere Heimat, welche den Geborgenen, ach so Hilflosen, bitte nicht erneut einer völlig entleerten Gedächtnishülle ausliefern möge! Bitte nicht solch schwarzungeheurem, träge ankriechendem, traumwirr das Chaos pflügendem Räumgerät, nicht dessen Kometenschweif voll albdrückender Wahnbilder! Danke danke danke.

Augen Augen. Ohne Erinnerung an Kindheit Jugend repetiert sie das Entbehrte durch Bildung Lektüre Nachfragen, doch ersetzt das gehabte Erlebnisse, tatsächliche Erfahrungen, ins Gedächtnis eingeschriebene, selbsterworbene Werte nicht. Im Tiefenschacht simuliert hinterlässt das Spiel mit Kindern einen starken, womöglich sentimentalen Eindruck, der mehr mit der eigenen Empfindung, das alles entbehrt zu haben, zu tun hat als mit einem jetzigen, durch vage Erinnerung wieder erweckten, ganz tatsächlichen Spielvergnügen. Lehrhaft erhaben beobachtet und duldet sie das Geschubse Gekreisch der kindlichen Mitspieler, findet gewisse Gefühlsausbrüche eher unangemessen als beispielhaft, rettet sich in Namensgebung, ordnet das Unwillkürliche stabilem Begriff unter, so kommt sie zurecht und täuscht gute Laune, Spielverständnis vor mit Gesten, mit Ausrufen, mit scheinbar völligem Dazugehören. Ein solches Mitgefangen: Mitgehangen jedoch setzt den geschickt zwischen Arglist und Bluff balancierenden Spielverderber voraus. Der mit echter Strahlkraft von Lust und Aufregung nichts am Hut hat. Sie indessen toleriert bemüht, was eher als Belästigung, als unerwünschte Gefangensetzung wirkt denn als triumphgeladenes, von Verlustschmerz geplagtes, von emoti-

93

nalem Aufgipfeln begleitetes Abenteuern. Es schlägt
letzteres, alles andere ausschließend, das Gemüt der
Kindspieler in Bann. Indem der Gedanke ans Niege-
habthaben nur beschämt, bricht sie die Simulation ab.
Und indem etwa frühere Glücksgefühle beim Umgang mit Jungseelen sich nicht einstellen, droht ihr
das jetzige Dasein mit Kokonempfindung, ja, da heraus führt kein Fluchtweg. Tussaud! Wie kommt sie
auf Tussaud? Die Teilnahme am Talk tut ihr gut. So
lange allerdings nur, als Abrissschmerz, verursacht
durch den Spalt zwischen unzugänglichem Damals
und aufdringlichem Jetzt, ausbleibt. Immer wieder
entzieht er sich dem Tagesbewusstsein, um, durch
Stichworte aktiviert, sich jenseits tatsächlich Fassli-
chem, Wirklichkeit, überaus traumverzwickt als Phantom hervorzutun. Ganz überwältigend.

IV. FIGUREN IM TALK

NEIN, EIN BELIEBIGES UND LOCKERES Draufzu,
Drumherum ist der Talk nicht. Als öffentlich darge-
botenes Spektakel bedarf er gewisser Qualitäten.
Deshalb ermitteln Vorgespräche, was der in Aussicht
genommene Gast zu bieten habe, ob er interessieren-
de Inhalte sprachverständlich in möglichst einneh-
mender Sprechweise vorzutragen vermöge, ob er im
Frageantwortspiel mit Rücksicht auf Nachfragen, auf
Anstand und Gäste sich weiter zu entwickeln und
nach gebührender Ausbreitung dem Gedankenaus-
stoß wiederum Einhalt zu gebieten imstande sei. Und
dergleichen. Es werde also der Talk mit und unter
einander nur oberflächlich bekannten Personen zuvor
unterlegt von gewissen Garantien, die, bei Steuer-
mann Steuerfrau bereit gehalten, in plötzlich kippen-
der Lage als rettender Trumpf einspringen. Eine erste
Gewähr bietet die Namensbekanntheit des Redegasts,
immerhin sichert das den Zulauf eines größeren Publikums. Mit einer weiteren Gewähr warten Lebensgang Charakter Leistung des zu Befragenden auf. Seit
längerem stützt sich die Dompteuse auf Buchveröf-
fentlichungen ihrer Gäste, so dass bald die Häme
umgeht: Da kommste nur mit Schauspieltalent und
ruhmbekleckert und mit Buch rein. Eine dritte Gewähr entsteht durch eben jene Vorerkundung, mögen
demnach für die stets unberechenbare Improvisation
reichlich Kenntnisse zur Person, ein kerniges Frage-
programm und für dieses wiederum Weichenstellun-
gen, Zusatzfragen, Reizmöglichkeiten vorliegen. Dass
Mode und Zeitgeist kräftig mitmischen, dürfte nicht

verwundern. Heutzutag setzt man vermehrt auf allgemeine Lebensfragen und betreibt eine Art geistiger Amüsiermeile. In grauen Vorzeiten warf ein Team von Befragern gesellschaftspolitischen Zündstoff in die Arena, womit man die Gäste leicht in Streitlaune versetzte und sie veranlasste, einander unter Beschuss zu nehmen, sich nötigenfalls zu bespucken oder mit Wein zu übergießen. Während manchmal Erzürnte die Bühne räumten, geizten die Befrager selbst nicht mit kräftigen Breitseiten. Ja, damals ergötzte sich das Bildschirmpublikum an zirsensischer Sensation, liebte es, sich gladiatorischen Genüssen hinzugeben. Damals! Heute! Morgen? Die Dompteuse möchte nach erfolgreichen, leider die Fantasie entmutigenden Routinen die Szene und die Regie mit neuen Risiken beleben. Lädt für dieses eine Mal namenlose, von ihren Rechercheuren aufgestöberte Findlinge zu Gast, die sie im Vorgespräch dann auf die Probe stellt. Damit jeder der schließlich zum Talk Gebetenen etwas Besonderes einbringe, musste er talkzuvor irgend Ungewöhnliches, Spannendes versprechen, welches Angebot dann im Talk hervorzulocken und bestmöglich zu entwickeln war. Angesichts laufender Erfolgsquoten hielten die Fernsehoberen das Experiment für unnötig riskant, die Dompteuse, durch skeptische Bedenken, durch sachte Zurückweisung eher zu stolzem: Ich machs! provoziert, beharrte auf dem Vorhaben. Nun gut, dann probieren Sies halt. Obwohl sie im Verlauf der Gespräche nicht selten auf Dunkelstellen stieß, es mit sanftem Verweis, ebenso mit plötzlicher Aussageverweigerung und sogar mit totalem Blackout zu tun bekam, obwohl sie, ganz mit momentaner Reparatur solcher Bruchstellen beschäftigt, einer tatsächlichen Hilflosigkeit mit keiner belebenden Nachfrage aufzuhelfen vermochte, setzte sie ihre Investigationen hartnäckig fort. War der Gast etwa durch längere Abwesenheit, Reise Krankheit Urlaub, von der Wahrnehmung allgemeiner Dinge und Belange ausgeschlossen gewesen? Pflegte er Erinnerung an Kindheit, Jugend wegen damals schmerzlicher Vorkommnisse zu verdrängen undsoweiter? Allzu gern verweigerte sich ein endlich in Schwung geratener Austausch solchen Stützfragen, erst recht verboten sich Zweifel und Abbruch. Aus vergleichbarer Vorsicht heraus versäumte es die Meisterin vom Talk, eines Befragten Ausschweifung betreffs Liebesbeziehung beizeiten zu mäßigen, inzwischen dulden anspruchsvolle Überlegungen per se keinen Stopp. Man höre also und akzeptiere. Der betreffende Gedankenredner erklärt, er habe dem Gegengeschlecht seit längerem die letzte sexuelle Gipfelung verweigert. Obzwar jener Trieb aus fernen Winkeln unzugänglicher Herkunft und Grundlegung nachwievor auf ihn eindringe und ihm, dem weit Vorangeschrittenen, damalige Exaltation weiterhin empfehle, halte ihm Erinnerung mahnend jene existentielle Erfahrung vor, wonach er, von fraulichem Wesen zutiefst berührt, durch praktischen Umgang mit Frauen sich aufs höchste irritiert und zugleich sich selbst entfremdet sah. Dies sagend wendet er sich der Talknachbarin zu. Von deren füllig fedrig flaumlockendem Haarbusch überaus angetan, weiß er zu schwärmen, komme ihm Heimkehr ins Nest in den Sinn. Dass er selbstfühlsam gern sein Fingerspiel da hinein versenken wolle, zeige an, dass ein fern erinnerliches, fast unüberwindliches Begehr die benachbarte, nun errötende Erscheinung abzutasten trachte. Woher solcher Aufstand, dass der Mann in ihm dem urtümlichem Ruf eingeborener Triebe antworten müsse? Von weiterem Nachsinnen entführt blickt er nun auf Heerzüge, auf die unhimmlischen Heerscharen pubertierender Zöglinge, beobachtet, wie sie Blitz: Donner, Licht: Schatten, Gipfel:Tal zwischen Sex: Crime in hohen, in allerhöchsten Wellengang geraten. Als waffenlos unerfahrene Freibeuter versuchen sie blindem Verliebtsein die Regie zu entreißen, Küssen Ficken, versuchen dem ungestümen Ungetüm die Beine zu zertrümmern so die schmerzhaft zur Besinnung gebrachten Triebwerke auf den Kurs haltbarer Liebe zu zwingen. Schmerz überhaupt! Schon vermutet er, dass gewaltig erschütternder Sex den Bau von Kathedralen begünstige, worin dann eben geborene Lust auf ein besinnlicheres Leben eingeschworen, sozusagen getauft werde. Nur einen Katzensprung entfernt von der bezaubernden Erscheinung nebenan gehen Sex and Crime einander an den Hals. Werden die Triebe vom naturhaften Zweck ganz oder teilweise ablassen? Werden sie weiterhin blindlings dienen? Wie, wenn man einschlägige Energie aufteilte, so dass man die Triebwerke linkshändig öle, um rechtshändig den Kurs erweiterter Daseinsfreuden zu steuern? Magsein der wunderbare Haarbusch büßt an Pracht ein. Falten könnten die kusslockende Hautfläche furchen. Magsein alltägliche Geschäftigkeit missachtet momentanes Begehr, magsein Verlangen nach tieferer Beziehung rüttelt Leben aus der Einwegschneise, so dass in weit geöffnetem, neugierdienlichem Lebensraum der Trieb sich nach allen Seiten wendet. Wie er so redet, lässt es die Dompteuse geschehen. Was jemand sagt, dem hören andere zu, so ist das beim Talk. Zuhörer in der angespannten Situation öffentlichen Herausgefordertseins gestatten ihrem Aufmerken kein Erschlaffen, so dass, was da klug, schamfrei, ungeschickt, eitel, laut, leise zum Vortrag kommt, vom Ohr unverzüglich an neuronische Produkter in längst warm gelaufenen Maschinensälen weitergereicht wird. Hören. Sachverhalt klären. Einwände, Formen der Zustimmung, Ergänzungen, den Rückklang im Gedächtnis zubereiten, zwecks Weitergabe bereit halten. Den Ruf der Firma bestätigen, man könnte ihn aufpolieren, solche Gelegenheit verpassen, hieße, der Selbstachtung nötige Pflege verweigern. Auf internem wie auf ausländischem Markt steht man umso besser da, je rascher und ungebrochener der Zufluss, durch Nebenbäche womöglich genährt, seinen Weg vom Sprechmund zum Gehör, zu Rohstofflagern Sortiervorrichtungen, zu den Bearbeitungszentren zurücklegt. Anders gilt für die tägliche, zwar weltöffentliche, doch keinesfalls verbindliche Nachrichtenschütte: Es mögen die Rezeptoren nicht jeder Flutung dieselbe Neugier, Gastlichkeit angedeihen lassen, nicht mögen sie hemmungslos erliegen. Im Talk gilt: bahnfrei! Für jede personpeilende Zulieferung. Adresse einerseits unbekannt, andrerseits Postwurfsendung an alle Haushaltungen. Wär der Sprechmund dazu imstand, würde er seine Verlautbarungen mit der Durchschlagkraft von Geschossen ausstatten, serienmäßig inklusive zielschnappender Widerhaken. Im Fall des obigen Werbers für tiefere Liebesbeziehung bleibt das Geschoß im Fleisch stecken, da möge ein im öffentlich rechtlichen Talk betroffener Hörer die harmlose Verletzung vergessen. Verwundung: Wer übersähe sie so leicht! Reden drüber, Schmerz ableiten, den Schmerzeinsamen bedeutet Wortetausch: Erlösung. Wen der Text des Werbers belästigt, der öffnet die Maulschleuse, kein Essen hinein, drängt Rede heraus. Einwände? Hochgreifendes Nachdenken über Liebe vernachlässige gern jenen materialen Tatbestand, an dem die Sinne, danach Sinnlichkeit sich entzünden, es übertünche trügerisch heftigen Liebesbrand, den nichts, auch Verstand nicht, zu löschen vermag. Es erstaune sehr, wie die vielfach unbeachtete Psyche plötzlich so unabweisbar aufflamme. Nicht weniger verwundert, dass im Drangfalle einer den letzten Jeton, Leben, aufs Spiel setzt, kann man gewinnen, kann man verlieren. L'Amour et La Mort wohnen dicht beisammen, die Dramen, zumal die Opern sind voll davon. Natur! Ihr Vorrang sorgt für eloquente Fürsprache. Die Kreatur bedürfe liebemagischer Anziehung, um sich widerspruchslos, ja begeistert zu vermehren. Ölinsfeuer! wissen sich nun viele gefordert und tun ihre Einfälle kund. Vermehrung meingott hat doch mit Liebe nichts zu schaffen! Na, was denn sonst! Aber hören Sie mal, erst der Mensch hat, von sturer Naturgängelung frei, den puren Trieb aufs Niveau von Geist und Seele gehoben! Wiebitte? führt eine Dame handhoch ihren Schwertstreich gegen den Geist, mit dem sähe es in der Liebe bekanntlich schlecht aus! Die Dompteuse, um Ordnung und

Schlichtung bemüht, verspürt die Eruption einer Schulklasse, hier im vitalen Streit verhält sich, Disziplin adé, keiner so altersweise, wie er aussieht. Einer schüchtern die Lautdebatte untermalenden Leiserednerin kann sie kein Gehör verschaffen, lauthals ficht ein erregt aufgesprungener Schmalkopf gegen eine Emanze, vermag, in den Diskant getrieben, dem Quatsch vonwegen Liebegeistseele aber auch garnichts abzugewinnen. Dagegen die Freiheitliche hält sauertöpfischem Mannspack, Triebtätern, vor, die wahre Liebeskultur entstellt zu haben. Cembalesk verhalten untermalt Schüchternmadame dies und das Folgende mit dem Liebesleben ihrer Eltern, fragmentarische Lautbestände besagen, dass jene, ein Leben lang die Beziehung zwischen Körper Psyche Geist kultivierend, für problematische Situationen sich eine variable Konnektion banaler Realität mit bodenflüchtiger Emotion ausgedacht hätten. Beipiele davon, kommentiert ein geneigter Lauscher, legten es wohl auf ein Musterbuch liebebeständiger Verhältnisse an? Indem das beiläufige Stimmplätschern der Erzählerin den Psychengrund bespielt, unterstützt es, basso continuo, die auffällige Publikation einiger preisverdächtiger Solisten. Da will ein Sopran per giftender Koloratur ganz vorne sein: Wenn Mannstypen, im Frauenschoß wühlend, sich zu höchstem Ichgenuss aufgeilen, heiße das Liebe machen. Was für ein Handwerk aber, wenn dem Erfolgsrausch weiter nichts folge als ernüchternder Absturz, den es folgerichtig von Gipfel zu Gipfel jage? Welch gewalttätige Manie! bellen zwei Heteros ihre Abneigung gegen all das Gezärtel, all das Geschmeichel heraus. Von eheverschiedenen Partnern landesverräterisch in süßer Heimlichkeit betrieben, gräbts einer über Jahre erdienten Vertraulichkeit das Wasser ab, entzieht wegen paar reizvollen Extras aus dem Betrugsregister dem Wertzuwachs nötigen Nährboden. Groß in Druckbuchstaben etikettiert ein Denkdoktor, Spruchdekorateur die hiesige Aufführung namens Liebe mit: Letzter Aufguss von Weisheit. Dass Menschheit urtümliche Einsichten breittrampelnd entsafte, heiße statt Gewinn besser Verlustquote, nämlich der Kurswert der Aktie fällt. Halthalt! raubt ein Stimmgewaltiger der Talkchefin das Wort, als sie voriger Textmontage zum Hohen Lied der Liebe ein Ende bereiten will. Neulich sei ihm ein Tamagotchi in Gestalt einer stilisierten Puppe vorgeführt worden, ein programmiertes Kindsding, das bei seinem Besitzer per Klingelzeichen die Befriedigung gewisser Bedürfnisse anmahnt. Habe Hunger. Muss gestillt werden. Muss Pipi. Will schlafen gehn. Diese Signale für soziale Dienstleistung halten solange an, bis der Bedürfnisknopf gedrückt, der Alarm getilgt wurde. Derart ordnet die technisierte Puppe allerhand daseinvertrackte Belange einem mechanischen Taktgeber unter, stanzt in sonst unrechenbare Vorgänge, ins herausfordernd Lebendige, das Muster tödlicher Endgültigkeit. Apropos Muster! widerstrebt dem Abbruch der forcierten Debatte ein weiterer Stimmruf. Selbstbefriedigung Selbstverzicht, Haut Fleisch, Ausflug der einen Gier ins Lustgelände der anderen, Vergnügen an Wechsel Beständigkeit Reibung, rundum die Befruchtung von Person Lebensplan Alltag: was dort auseinander driftet, fügt hier patchworkend ein tüchtiger Schneider zum Flickenteppich. Hallo! hat auch die Dicke ein Nachwort in petto. Alles, was wir erwägen, stehe unterm Vorbehalt der Unwissenheit. Vorläufig demnach dürfen wir meinen, dass vorgeburtlich eingeprägte Muster die Kreatur wegweisen, dass bestimmte Vorstellungen naheliegen, dass unsere Annahme zum Bösen, zum Guten, zur einen, zur anderen Liebe, auf Geleisen laufe, dass ihr, beliebig anders zu wähnen, versagt sei. Unser Handeln sichern und schützen streng lebenspraktische Auflagen, im Reich gedanklicher Spekulation jedoch stehen wir auf eigenen Füßen, haben demnach Wahrheitssuche wie deren Ergebnis eigens zu verantworten. So im Ersinnen von Wahrheit erglänzt unsere letztlich einzige Freiheit. Zugleich vom hiesigen Bewusstsein erfährt man, wie das Ersonnene an uralten, nur immer neu eingekleideten Realitäten zerschelle. Was sagt die denn da! Denkpause. Obwohl nichts darauf hindeutet, dass der Zeitendehner angesichts unlenkbaren Meinungstauschs eine Auszeit plane, zerflattert überraschend das Studio samt Inventar. Die Talkgemeinde findet sich wieder in einem dunklen, leeren Raum, worin sie der einen Besinnung verlustig geht, um irgendwo auf ganz andere Weise wiederum Besinnung zu erlangen. Anders und irgendwo. Bildlich, jedoch hinter der Realitätenprojektion leinwandrückseits im Imagoraum der Einbildung. Erst nur Geräusch. Scharf gezogene Stillegrenzen. Aus Lautlosigkeit quellend die rasche Anhebung zu ohrenbetäubendem Lärm. Dem Lärm, der Stille entnehmen die Talker eine Doppelszene, hier im Musikrausch orgiastisch bewegte Leiber, dort lautlos einander liebkosende, lustverschlungene Nacktpaare. In ersterem Szenario

erfährt eine zu wildem Tanz getrommelte Figuren-
gruppe Zuwachs, immer weitere Tanzpaare reihen
sich ein, bis der lärmige Bildinhalt seinen Rahmen zu
sprengen droht und, als trüge die Musik daran schuld
und müsse bestraft werden, vom lauten Geleit sich
verabschiedend rasch zum tonlosen Silhouettenge-
dräng verstummt. Auch jenes Szenario stummen Ge-
schmeichels mehrt sich Nacktfigur um Nacktfigur zu
rahmenbedrängender Fülle. Für dabei nachlassende
Konturschärfe springt nun aufkommender Liebeslaut
ein, es könnte aus Schmachten, Stöhnen demnächst
Sturmgebraus hervorgehen, doch bevor Schwellung,
steter Bildwechsel der Wahrnehmung weitere Rätsel
aufgeben, plättet alles lichtleer tonlos zum Film, worin Figurenreste, Szenenrelikte alsbald verflattern. Die
Talker, ihr Benommensein abstreifend, staunen, dass
sie Hand in Hand stehen, nur noch einander erblicken. Einzige Umgebung: Zeitendehner, Dompteuse,
die sich nur langsam ihres Starrstands entledigen.
Währenddessen braut sich im Hirn ein Wohin zusammen, das dann von der freundlichen Auskunft
überrascht wird, man sitze sicher und wohlgeordnet
und gesprächsbereit im Studio. Regungen des Saal-
publikums, Hüsteln Flüstern Geknister, beenden et-
waige Zweifel, lassen die letzte Anmutung vom Ima-
goaufenthalt verstummen. Auffällig verhält sich ein
Rebell. Der hatte ruhlosem Fingerspiel endlich im
Jackenrevers einen Rastplatz verschafft, kann nun
reden. Mit Effet. Ihn habe der Beitrag zu Sexandcri-
me fasziniert. Kichert weibisch. Stürzt sich in Stimm-
bruch: Menschentöten sei sein Handwerk nicht! Dazu
Gesten und Grunzen. Sobald aber jemand oder etwas

seinem Auftrag, Kaisers Reich zu erhalten und zu mehren, entgegenstehe, räume er das Zeugs ab wie beim Schachspiel gegnerische Figuren. Astknorr knarrt seine Stimme: Verbrechen jederzeit und überall. Haben, suchen, finden alle ihre Erklärung, die dann dem Richter: Knurr raspel Kleinholz: zu schaffen macht. Gesetze sorgen für Recht, nicht für Gerechtigkeit, dergleichen Ansinnen hurzpurzeln durchs Wolkenkuckucksheim. Dem schniefenden Redemutz entwischt die Rasthand vom Reversplatz, unruhfingert sie Krokodilaugen zu Tränen. Trauriger Regen segnet die Blumen des Bösen, Blütenköstlichkeiten werden in die Welke getrieben. Rumsbums! Der Feldherr entscheide, krächzt Stimmwas aus dem Geäst, ob, wo, zu welch heiligem Zweck und zu welch unheilem Schwur der Gattung ein Blutzoll aufzuerlegen sei. Spricht da ein Hurdelwutz? Es sprach da der Hutzelrumpf! Gerettet wieder daheim unter heißem Studiolicht dörrts schrumpelwutzen dahin. Gerne noch hätt die kaisertreue Schwundsache in wildem Kusshaarfingerrausch - Kniebrecher, Schenkel auf - jenen ganzen Hurzwunkelschwatz Lügen gestraft.

KRISPKRATSCHESCHLUMPF! Hörtriechtschmeckt, vor allem sieht man Graugewölk, vom Horizont her anrücken Truppen soviel Staub keine Kleinigkeit. Erntearbeiter kaum Mindestlohn magsein tafelfreudige Heuschrecken für Null Euro der pure Kahlfraß. Heu oder Psyche. Durch Kursverfall vergrämte schleuderkurvende Börsianer, weg hier. Wie kommts? Woher kommen die? Entkommen Eigenheim, Höhle oder Villa, schwirrende Ängstlinge, ärmlichen Hausrat leiterwagende, schwere Tresore rollsroycerollende Kapitäne. Hosenscheißer Partisanen hatten sie in mängelbehafteter Stille Ruhe bewahrt, als Volk vom Führer Aktienschieber die Errettung aus medienmanipulierten Strömungen erhofft. Wären diese von High und Low erschöpften Konsumenten mit Essentrinken, Schlafenwachen, Kuschelnträumen zufrieden gewesen, hätten Dirigenten, Flaggenträger ihnen die Inanspruchnahme mit Steuernachlass, Urlaubsversprechen, Wohlstandsarien versüßt, fahrlässige Wunschbilder versauert, leider auch Gartenundhütte, Handvollreis das tägliche Verdienspiel versalzen. Da verbrachte man in Stundenhotels bei bettwarmen Lollys, schmeichelnden Trullis, versandenden Memorys große Bedenkzeit, ließ sich dann in Uniform stecken besseralsnix, in gottkaisertreuer Tracht die niederträchtige Armut, Schande, Todesangst gegen süße Unterhaltung eintauschen, kann doch nicht schlecht sein, weil bei Frosteinbruch kriechen auch lustfusselnde Tausendfüßler, Nacktfrierer in den die Herde warm anlockenden Verhüllstoff. Egalité, Fraternité, Liberté, kein bisschen Diversité. Im Massendepot übt man den Kugelwurf, will der andern egalbruderfreie Städte Länder Kulturen Sitten stürzen, solche dumm aufgestellten Kegel. Aus Inanspruchnahme wird Anspruch, kugelräumen Kanonen die Bahn frei. Denker, Dichter, Lenker, Richter, zupackmal die Welt ändern wär doch bloß geistbesoffen! Das Publikum voller Respublica einklagt öffentlich zustehendes Recht, fordern hungerhechel durstkehlentrockne Konsumenten ihr futtertägliches Brot. Da gehn Kommunisten, adaptiv kompatible Kleinkarrieristen mit lasziven

Machtbonzen auf Piste, gemeinsam schlägt man den Biss in Feindfleisch, ja, wo wär man denn besser dran als in feindgarnierter Unterhaltung? Ernst ist tödlich. Nur wer funmäßig Spaß hat - Jesus! Jesus - ist frei!

DER AUS QUALLBALLENDEN PLASTEN GETÜRMTE LEIB unterstreicht durch monumentale Sitzpositur ein besonderes Hochatmen, das nicht in Aufgeregtsein oder Gelaufensein seinen Anlass hätte, nein, grunduntertisch unsichtbar aus Zehen steigts über Schenkelmassive, Bauchtonnagen aufwärts zur Busenregion, wo freiland angebotene Fruchtballen erdhaft beben; das hält so an über die ganze Talkséance. Gleich ausdauernd balancieren Rückgrat, Halswirbel, fettpralle Muskelwülste kopfdroben ein Kindsgesicht mit weich lockendem Haarfall. Der Kopf pflegt aufrechte Haltung, denn unterm Kinn lagernde Ziehharmonika, Falten Falten, hält von Senken Heben Drehen nichts, so mimt man Königin, äfft nothalber eine verquer verruchte Person. Einspruch nicht erlaubt. Vom Angebot angeregt rüstet die Interviewdame zum Angriff. Gleich bekundet die von Falten umkräuselte Nasenwurzel der Angegangenen deutlichen Missmut, als Gast Dickmadame die folgende, vorsorglich mit Frageton versehene Behauptung der Angreiferin vernimmt: Sie sind doch die Tochter des berühmten: sackt hier der Hochton ins öffentlich rechtliche Bassgebrummel: Nudelfabrikanten Onathello? Bescheid wissen und dennoch fragen, da bleiben Spucke und Antwort aus. Da rangiert Keineantwort als umso treffendere Zurechtweisung. Solche Späßchen mit mir nicht! Leider kommt die Fragerin vom präambelnden Konzept nicht los. Vater Fabrikant. Für die Tochter Reichtum Reisen Abenteuer. Schonraum Ausbildung, Initial für Karriere. Wie also stehts mit Kindheit, Jugend? Wird die kindköpfige Königin den Ball annehmen? Oder wird ihr Schmollmund solches Dummgetu weiterhin ächten? Hallo, da blitzt aus dem Unschuldsgesicht zweilippenscharf die Wortklinge: Kindheit! Jugend! Wer denn nicht! Arm Reich Glückundsegen, bin doch kein Roman, habe dergleichen nicht zu bieten! Hörbar ist die Klappe gefallen, Szene Eins geschmissen. Irritiert beendet die Frageperson ihren Versuch, das Fass derart anzustechen. Wendet sich dem Abgesang gewisser Methoden zu, blättert im Handkonvolut der Notizkarten. Falls die Talkmeisterin Wasser wär, hätte die Königinklippe sie völlig zerstäubt, müsste jene folgend ihre Verluste tropfenweis einsammeln, das Selbstbewusstsein in kleinsten Portionen wieder herstellen. Ja, mitten in der Schlacht richten Niedergeworfene sich auf, spucken in die Hände, packen es an. Hurra! die einen Freien gegen das Hurra! der andern immer noch Freien, wie sichs vor Gott und Natur für jede Kreatur gehört. Falls nicht siegen, dann, so Rilke, wenigstens überstehen.

FILM ZUENDE, LICHT AN! markiert der Talkbefragte derart Vorgestellte die letzte Station seines Retour ins damalige Leben. Der Anwartschaft auf Ruhm Ehre Vergangenheit entledigt verweist er auf das, was er jenseits einst hoher Statur, kaiserlicher Montur noch darstellt: zwischen Wachsimitat und anonymer Präsenz ein zu Null geschrumpftes Neuronenfossil.

Klein: nichtig: vernichtet. Offenbar hat die Vorführung ihr Thema noch nicht völlig abgehandelt, also Licht an! geht die Prozession der Bilder, virtuelle Ausgeburt eines Computerprogramms, weiter. Anwesende finden sich tief in die Furchen eines Ackers gedrückt. Käfer Würmer Raupen. Diesen ins vegetarische Angebot folgend knabbert man hier und nascht da, dem Ackerbauer verraten Blätterfall, Gilbe, Stängelfraß, dass Schädlinge am Vernichtungswerk seien. Schon sprüht ein Irgendwer milchige Nebel, werden demnächst chitinröchelnde Käfer hundertweis aus Tafelgrün stürzen. Raupenkrümmlinge gesellen sich verwesenden Wurmkörpern, die Großaufnahme von zuckendem Gebein, eindellenden Rümpfen, verzitterndem Flügelschlag macht im Detail die Vertreibung aus dem Futterparadies und anschließenden Todeskampf deutlich. Empfindsame im Publikum pressen ihren Teddy untern Herzschlag: mein und dein und unser Puls: wenn man so stürbe, wärs ein elendig inhumanes Verrecken. Inzwischen lenkt der Film den Blick zu düstrem Urwaldwall. Vor dessen Wand draußen im Ackerland und im Buschbewuchs schattet Bewegung, Leute eilen hin und her, drängen zu konfusen Gruppen, die dann den Waldschutz suchen und dort von Dämmerschwärze verschluckt werden. Aus deren Dunkeltiefe tönen Trommeln, hinzugemischt Geschrei und Knüppelschlag von Treibern. Dem Tonschwall entgegen marschiert aus offenem Feld eine Jägerkette, die blutfiebernden Schädlingstilger werden alles Wild zwischen sich und dem Waldauftrieb vernichten. Ohnehin verwirrte, nun völlig aufgescheuchte Jagdopfer wühlen Gruben für ihr Habundgut, bedeckens mit Geäst und Blattwerk, Mütter schicken lianengeübte Kinder in hochliegendes Laubversteck, pressen kleinere meingottnichtschrein! in den Spalt riesiger Brettwurzeln. Die Filmkamera huscht mit, um in der Saumzone verdichtendes Leibergeklump dokumentarisch festzuhalten, ist das längst kein stummer Haufe mehr, sondern angstbebend gliederknüllend ein Fleischgericht mit darüber soßendem Gewimmer. Dem Mahl letzten Glanz geben Knüppel. Einmal in Takt gekommen regnet solcher Trommelschlag verschwenderisch todspendend übers Leiberfeld, bis zum Abend mampfen Stiefel der Lustköche durchs Geschlacht, schließlich mit lahmen Armen schmerzenden Rücken besetzen zum großen Reinemachen bestellte Söldner das blutächzende Territorium. Bis alle Gedächtnisse schweigen. Doch nie lang auf dem ruhlosen Globus dauert Mucksmäuschenstille an, the show must go on hält man die Geschäfte am Laufen, nach Abendruh tickerts quer Nacht, schon wieder fadenziehn, netzspinnen Nachrichtenmaschinen ihr Geflecht über Städte Stadträte Konzilien Gremien Parlamente Gerichtsakten. Gewohnheitsmäßig kommt Empörung auf. Rasch plant man die Sühne für neuerliche Schandtat, die geschäftige Gattung muss bestraft, soll Leidtragenden unverzüglich geholfen, mögen im Nachtrag zur Totentrauer die Gedenkreden in allerhöchst humanen Rang gehoben werden, Halleluja. Das dem Schlachtfest folgende Reueritual quittiere Blutspendern, ihre Gabe lustvoll angerichtet, Toten und Leidtragenden, dem Sinn des Lebens gedient zu haben, Halleluja hoch zwei.

ZUM MITTWOCHSTALK ZAPPEN: das haucht den Routinen der im Alltag schlappenden Bürgerpsyche neues Leben, eine Brise plötzlichen Erstaunens ein: was für Daseinsaufrisse! Nicht weniger als der bürgerliche Alltag mürbten lange Berufsjahre im Fragejob jene Spannung, welche der Dompteuse Schwächegefühle überstehen, das ursprünglich heißhungrig angegangene Format überzeugend fortsetzen half. Inzwischen lassen Notate ins Merkbuch, kunterbunte Beispiele, Pläne, Nachhergedanken voller Abwechslung, in der Motivation nach. Woher käme die nötige Auffrischung? Diese Besorgnis begleitet die Meisterin vom Fach auch durch den jetzigen Talk. Obwohl als fragende Instanz, als Kommentatorin, als verantwortlich Leitende überaus in Anspruch genommen, nährt sie während der Prozedur jenen Bewusstseinskern mit Beifall, Staunen. Fürchtet insgeheim das Ende dieser wunderbar anregenden, aufregenden Begegnung mit außerordentlichen, heutzutag hierzuland kaum zu erwartenden Personen und Schicksalen, während sie wegen Konzentration und Atem raubender Anstrengung eben dieses Ende herbei sehnt. Zugleich, zugleich. Im Vorgriff auf spätere Eintragung ins geheime verbale Gewissen gibt sie dem Gedächtnis - Was für ein zuverlässiger, was für ein unzuverlässiger Fotograf - zwei ins Blitzlicht gerückte Fragmente zu bewahren auf ...

DER RICHTER TADELT ES ALS VÖLLIGEN DUMMSINN. Den wegen Suizidverdachts requirierten Gürtel hat die Zellenaufsicht dem Angeklagten für die Dauer einer hastig anberaumten Vorführung auszuhändigen

vergessen, nun unschicklich um das rutschende Beinkleid bemüht steht der Mann entnervt und unkon-
zentriert vor dem Gremium von Anklägern und auf
Strangulation geilen Geiern. So findet der Richter das
nicht gut. Als bei einer weiteren Anhörung der übli-
cherweise gürtelbewehrte Beklagte gewisse Teile des
Publikums mit: nennt es die Anklage: rotzfrechen
Antworten amüsiert, ordnet der Richter für nächste
Male eine wiederum gürtellose Vorführung an. Die
erste offizielle Verhandlung vor geladenen Gästen
und voreingenommen volksnaher Hörerschaft absolviert der Angeklagte in schon routiniertem Umgang
mit dem Rutschobjekt, die beabsichtigte Demütigung
kommt zu kurz. Mit wesentlicheren Dingen befasst
lässt der Richter Klagestand und dessen aufsichtfüh-
rendem Rattenschwanz freie Hand, man legt zusätzlich Fesseln an, Händenachvorn erzielt gute Effekte,
besser wirkt Händenachhinten, der Angeklagte jedoch entwickelt rasch entsprechendes Fingerklam-
mern. Fingerlose Fäustlinge müssen her, da schwinden letzte Chancen zur Beinkleidbalance, zusätzlich
lächert und demütigt dann unentbehrliche Hilfeleis-
tung vom Saalpersonal. Um seine grundsätzlich aus-
sichtslose Lage mit einiger Würde zu überstehen hat
der Todgeweihte sich eine sachlich aufklärende Haltung auferlegt, die angesichts Hohn, bösartiger Hetze
seitens der Anklage und angesichts heuchlerischer
Einwürfe der Verteidigung - Irren Sie da wirklich
nicht? - kaum durchzuhalten ist, zusehends reagiert er
heftiger, wehrt verzweifelt aber deutlich unzulässige
Angriffe ab, rebelliert offen gegen ein Verfahren, in
welchem Anklage und Verteidigung eher foltern als

befragen. Unerhört! Man wirds dem Widerling zeigen! Es fällt zwar niemandem ein, ihm die von Beisitzern empfohlene Narrenkappe zu verpassen, doch findige Wachbeamte schaffen aus der Henkerskammer eine Blick und Laut hindernde Kapuze herbei. Handgefesselt, mit langstulpenden Fäustlingen und blicklos unterm Kapuzenschutz schleppt man das Opfer zur Anklagebank, heißt es dort unangelehnt: hosenrutschend: erbärmlich wehrlos stehen, so die Angriffe vom Richtertisch erwarten. Warum noch irgendwas verlautbaren! beschweigt der Erniedrigte alle Fragen, Befehle, Verleumdungen in der Hoffnung auf ein umso rascheres Ende der Schauprozedur. Immerhin meinen Wächter, ihm ein tuchersticktes Ja oder Nein mittels Fausthieb, Stockstoß entlocken zu sollen, der Richter, inzwischen weitab jeder Gerichtswürde, findet das gut.

NEIN! GEPREIST WERDEN WILL ER NICHT. In seinem Ablehnungsschreiben fällt ihm ein, dass man zu damaligen Notzeiten, als Staatsohnmacht, Mangel an Nahrung, Gebrauchsgütern herrschte und daraus folgendem Währungszerfall nicht abzuhelfen war, urtümlichen Haltungen verfiel. Auf erblühenden Schwarzmärkten übte man geldlosen Handel, indem man Naturalien, Objekte unmittelbar tauschte, das eine fürs andere in Zahlung gab. Um den Wildwuchs willkürlichen Preiswuchers zu begegnen, legte man die kleine Währung von Hühnerei und Zigarette als stabile, jedermann einsichtige Werte sonst frei schwebenden Gewinnspekulationen zugrunde. Hinzu trat überraschenderweise die Briefmarke. Zuvor ein dem Liebhaber vorbehaltenes Sammelobjekt, jetzt ein transportables, im Notszenarium fast die ganze Volksmasse aktivierendes Nutzding für den praktischen Zweck. Geldersatz, der zugleich Vergnügen und Spielspannung verbreitete. Letztere Werte jedoch verschwanden mit abnehmender Not, mit dem Wiedererstarken üblicher Geldwährung. Wie ebenso die gepowerte Zahlkraft dahinschmolz und so den Leuten die Sammellust verdarb. In dickleibigen Katalogen präsentierte niedrige und ausschweifende Kaufkraft schrumpfte von hundert auf zehn Prozent oder floh aus weitoffenem Handelsterrain retour in die magische Region von Liebhabern. Um diese Insel explodierten neue Wertmächte längst Weltmächte, Geld, Aktien, Immobilien, Investitionen und mehr überbauten unumgängliche Existenzsicherung mit paradiesischen Gewinnhoffnungen. Orden und andere Auszeichnungen, Werte mit doppeltem Gesicht. Unvermeidbar haftet Ordenundsoweiter Ruf und Geltung des Gebers an, der kann in der Regel einen Werbeeffekt erwarten, der gelegentlich den Empfängernutzen übertrifft. In Notzeiten vermag dann seltene Ehrung dem Empfänger dringlichen Respekt und Selbstbewusstsein, übers Dürftige hinaus Wegfreiheit und Unterstützer verschaffen, ganz praktisch das Leben verbessern. Geben indessen im öffentlichen Raum Sensationen, Hahnenkämpfe, Exaltationen des Luxus den Ton an, überdeckt Wahlwerbung der Repräsentanten und anderes Getu aus dem Kreis namentlicher und vergesellschafteter Bestimmer den stillern Wert geistiger Bemühungen, schwillt infolgedessen das Prinzip der Belobigung über Lobbyismus, Sponsoren, Schaustellung an zu orgiastischer Selbstdarstellung, erlischt im Doppelgesicht von Dotationen der Wert des Empfängers zugunsten ununterbrochener Dauerbeleuchtung der Geber. Hätte sich der kleine übersehene Held freuen wollen, spürt nun aber den Druck zentnerschwerer Geberhände, wird aus dem kurzen Spot der Medien und anderer Claqueure in doppelt finstere Einsamkeit verstoßen. Unter Tausenden ein unerhebliches Beispiel hat er den Wert eines Regentropfens, während die Geberseite durch die Nässe ihren alten Glanz auffrischt, Orden um Orden. Falls ihm jemand einflüstern wolle, dass bei allem Richtigsein gewisser Erscheinungen auf dem Markt der Lobpreisungen er bitte nicht unerhebliche Ausnahmen bedenken und sich zunächst einmal als unerwartet Beschenkten betrachten möge, halte er das Nein aufrecht. Es beruhe ja nicht allein auf negativen Verläufen außerhalb seiner selbst. Vielmehr beim Umschauen in betreffender Szene entdecke er nicht wenige, welche die Auszeichnung mehr als er verdienten, zugleich durch sie eher als er einen Vorteil hätten. Ihnen vorgezogen zu werden, vermutlich absichtsfern unbewusst, beschäme ihn. Wenn nicht vor anderen, so vor dem eigenen Gewissen. Letzteres ertrage schlecht, ohne wirkliche Vergleichung mit dem besonderen Rang ausgestattet zu werden, der aus einer Belobigung folgt. Nicht nur von Neidern, sondern ebenso von urteilsfähigen Beobachtern wisse er sich voll Misstrauen und zweifelnder Wertschätzung ins Auge genommen, und da er sich keinem Wertbewerb gestellt habe und einem solchen sich zu stellen keinesfalls beabsichtige, da desweiteren geeignete Maßstäbe Messwerte für seine und irgend anderer Qualität, die echte Vergleichung erlaubten, fehlen, höre sein Gewissen nicht auf, seine eventuelle Hervorhebung zu monieren. Es bleibe, so oder so, ein schlechtes Gewissen, so ein durchaus ungutes Gefühl. Das er sich ersparen wolle.

MIT DER ABSICHT, AUF DEM BODEN LIEGEND sich als zweidimensionales Objekt präsentieren zu wollen, überrascht er die Runde. Lässt sich in deren Mitte dann auf kleinem Bodenbleibsel nieder und dirigiert mit ausgebreiteten Armen, lang gestreckten Beinen das für seinen Platzbedarf nötige Stühlerücken. Und hat eben diesem Vorhaben Genüge getan, da erscheint er schon, in Worten eines Beobachter ausgedrückt, flach wie ein Zeitungsblatt. Diese Formulierung des Teilnehmers korrigierend definiert er: zwar platt wie ein Blatt, nicht jedoch zu Geistlosigkeit verflacht. Weil man in der Runde zwecks besserer Wahrnehmung sich nach vorne beugt, geht dem Studiopublikum der Einblick verloren, etliche verlassen ihren Platz, um vorsichtig näher zu treten, sie versuchen dann, über die Schultermauer der Talker gelehnt und nur noch deren Hinterkopfreigen vor sich, in die verschattete Tiefe zu spähen. Auf der Länge mal Breite reduzierten Plattfigur macht man alsbald spurige Abdrücke aus, die, wie der Liegende meint, die Spur seines Erlebens darstellen, und da er sie ohne Hilfe eines Reflektors kaum wahrzunehmen vermag, ernennt er den Zuschauerring zum Spiegel und erbittet erstens Beschreibung der Zeichen, zweitens deren jeweilige Interpretation. Die Beschreibung genaues-

116

tens, die Interpretation nach bestem Wissen und Gewissen, ihm könnten die Markierungen auf seinem mantelflach hingebreitetem Körper womöglich Aufschluss geben hinsichtlich einer dem Gedächtnis entrückten Vergangenheit. Während die Leute noch mit dem Sortieren momentan überwältigender Eindrücke beschäftigt, so zu raschem Antworten kaum in der Lage sind, dreht die Talkchefin den Spieß um, kehrt ihn, um wieder Oberhand im Spiel zu erlangen, gegen den Flachmann am Boden: Ich! stelle hier die Fragen. Unbeeindruckt wendet der die Speerspitze gegen die Respektdame retour. Es spreche ihr deutlich von Blutandrang gerötetes Gesicht für lebhafte Hirnaktion, möge sie bitte diesen Energiestoß nützen für ein zugestanden mühsames, doch ergiebiges Ausloten seiner umständehalber geplätteten, derart aber zugänglich ausgebreiteten Innenzonen und Tiefen. Zur Verdeutlichung dieses Ansinnens flappert er den Flachkörper, wellt, beult das Blatt und ebnet es wieder ein, offenbar zusammengehörige Prints nehmen, um Auskunft zum Verlauf einer Fährte zu geben, die gleiche Tönung an. Manche queren die ebene Flur in strikter Gerade, kurzundbündig, andere irren weichkurvend oder zickzackend und sich überkreuzend umher. Unter je längerem Hinblick verdichtet das Ganze umso mehr, das unleserliche Geschnörkel vage zu entziffern gelingt nur mit Hilfe jener Färbung, welche, wie zufallsweises Kontaktieren eines Pfads verrät, im Berührungsfall stärker aufleuchtet und so betreffende Lineamente und Netzwerke hervorhebt. Sogleich nimmt die Dompteuse den Job einer Spurtipperin für sich in Anspruch. Als ein Publikumsmensch bei einer nachfolgenden Anrührung ziemlich überrascht ausruft - Das kenn ich doch, wenn das nicht meine Geburtsstadt ist - fixiert sie den Auslösepunkt mit fingernachdrücklichem Stopp. Worauf jene zwischenrufende Dame, ehemalige Einwohnerin, weiter fabuliert. Hier die Bahnlinie. Der Reisende verlässt die Zentralstation und marschiert richtung Dom. Den er umkreist. Schließlich betritt. Danach aus mittelalterlicher Dunkelstille taucht er ins lärmige Stadtgetriebe, dem er sich ins nahe gelegene Museum entzieht. Nach kurzem Aufenthalt in nun aufgehellter Stille wandert er kopfvoll Bilder zur großen Brücke, die verschleppt ihn im Sog von Zügen, Autos, Passanten flusshinüber ans andere Ufer. Unterwegs, wo es ihm gefällt, hält er inne, schießt Urlaubsfotos. Nach der Brückenpassage malt die Spurzeichnung ziemliches Krickelkrakel, offenbar schlendert jener jetzt durch die mit Weinstuben gespickten Gässchen der Altstadt, mustert vergangene Baustile und Handwerke, er könnte da gusseiserne, geschmiedete, holzgeschnitzte, schließlich handbemalte Schildereien studieren. Hinterm Gebröckel von Stadtmauerresten liegt ein Park, er wählt den zentralen Durchmarsch, plötzlich endet die Spur am Rand der Blattfigur. Mit einem Aufschrei tut die enttäuschte Stadterklärerin ihr Missfallen kund. Worauf Madame Conference den Druck auf die Wegmarkierung erhöht, sogleich rückt die Spurinformation vom Umriss des Liegenden ins Flächeninnere zurück, heißt: erwirbt Platz für weitere Bewegung. Die im Ostteil geborene Führerin scheitert mit ihrer Beschreibung an einem wilden Wegegeknäuel der Westzone, diesen

118

Part der Stadt hat sie nie betreten. Der Flachmensch hatte diese Nacherzählung einer Spurenleserin nicht nur aufmerksam verfolgt, sondern zudem mit Augenrollen begleitet, ihre Darbietung kommentiert er jetzt mithilfe mobilisierter Denkkräfte mindestens innerlich, so jedenfalls möchte man die lebhaften Faltenwechsel seiner Stirnhaut deuten. Ja und ach! dringt ihm bei Nennung von Dom und dessen so bezeichneter Dunkelstille ein Wortstich ins Herzland, öffnet verborgene Wunden. Ein leise blutpulsender Strom befördert winzige Mosaikpartikel, welche das Gedächtnis nach Vermisstenanzeigen ausfragen, um sich, im Falle einer passenden Leerstelle, darin einzunisten, derart eine Partie verlorener Heimat wieder herstellen zu helfen oder auch neu zu begründen. Auf Dom folgt - mit Museum voller Bilder - ein weiterer, funkenschlagender Worthieb. Schon meint er um ein Arrangement von Gemälden postierte Plastiken mit Händen zu greifen. Schaukästen voller Miniaturen, Skizzen, Schriftproben sind ganz nah, beim Abgang durch die Vorhalle erstarren Museumsbeamte, lebentauen dagegen in Sandstein gehauene Figuren, eine derselben bietet ihm die Steinhand, eine andere schulterklopft den Flüchtigen in Gestalt eines bärtigen Zeus, als inmitten steintoter Fürsten, Heiliger ein bekannter Stadtrat ihm erst zuwinkt, ihn dann aus dem Kulturtempel weist. Der wildbachrauschende Verkehr vertreibt ihn zum sachteren Fließen am Fuß der Brücke, hinüber oder nicht, vom Geländer auf den Strom, auf das von Regenschütten verschmutzte, weit übern Pegel geschwollene Wasser hinunter blickend empfängt er Dampfschwaden, hier und da im wehenden Gewölk konzentrieren Flügelschlag, Herumgeschwirre, aus strudelndem Wellenwurf blinkt mitgeschlepptes Zeug, ein Ball, ein Kinderärmchen. Fürs Talkpublikum interpretiert die ortsvertraute Führerin seinen stummen Murmeltext. Es falle sein Blick von der Brücke hinunter auf den Fluss, er beobachte Lastkähne, ein altmodisch dampfendes Ausflugsschiff, hier futterhaschende, dort im Wasser kreiselnde, dann hochschwirrende Entenpulks, am Ufer drunten und auf der Brücke oben spielen und spaßen Kinder. Einmal an diesen Angelfaden geraten spinnt der Flächige ihre Einbildungen fort. Entdeckt in wischwasch Gedächtnisnebeln präzisere Formen, so am Flussrand gereiht, mal brustimwasser mal aus grünbunten Vorgärten winkend, putzige Häuschen und in Schmutzwässern fast undeutbar gespiegelt einen Hauch des jenseitigen Ufers. Diese lautlose Beobachtung wiederum restauriert die aufmerksam zuhörende Einwohnerstimme. Wortpinselt über den Außenschein hausinwendige Installationen, beschreibt, von Erklärfreude fortgerissen, die Interieurs mit engen Fluren und Räumen, mit verwinkelten Gängen, Treppen, häufig steil holzknarrenden Stiegen. Hier hätten einst Fischer gewohnt in uferansehnlichen, doch hinter stadtinnerem Bürgerreichtum weit zurückstehenden Bauten, deren steindick dem Wasser trotzenden Fundamente leichteres Fachwerk mit Tonziegelfüllung tragen, zeitgemäß fortschreitend ersetzte man die brandgefährliche Binsenbedachung erst durch Schiefertafeln, später durch Pfannen aus hochgebranntem Ton, im übrigen blieb man bei Holz. Geldgoldjahre befürworteten die Aufstockung ursprünglich eingeschossiger Gehäuse, was solchen im Uferbereich schlecht bekam, denn Wasserdrang, Überflutung, Sturm setzten den Fundamenten auf eh mulmendem Untergrund so zu, dass mancherlei ins Schwimmen, das senkrecht-waagrechte Gerüst aus der Waage geriet. Aufgrund Alterung, Fäule neigten auf festerem Stadtland die Fassaden sich gassenwärts, in der Uferzone lehnten sie, gottseidank, zurück, so dass beim Besuch der Fischeroma in oberen Stockwerken es Mühe bereitete, auf schräg ansteigenden Dielen den Fensterausblick und den dort platzierten Sessel zu erreichen. Gern alberten die Kinder mit Kugeln und anderen rollfähigen Dingen, einmal losgelassen widerstanden sie jedem Halt! Halt! und begrüßten den Neuankömmling an der Türschwelle mit Gepolter. Die Fischersfrau, allgemein Oma Königin genannt, residierte vom hochstehenden Sessel aus, hatte das Flussgeschehen jederzeit fest im Griff. Wusste über Steigwasser Bescheid, kannte Wellengang, Strömung, Trockenzeiten, nannte Namen, Herkunft der Schiffe ob Lastkahn oder Ausflugdampfer, erklärte Regeln der Flussschifferei, referierte über Zeiten des Hochbetriebs und der Flaute. Wer neben ihr saß, wurde von manchem Hastdugesehn? aufgestört, ein Motorboot, einsame Paddler, schlagsichere Rudermannschaften zogen vorüber, den flussquerenden Schwimmer übersah sie wo wenig wie wassergleitende Schwäne, lufttaumelnde Möwen, und aus der Eisschollendrift las sie wie aus einem Buch die Länge und Härte entfernter Winter. Dem sommerlichen Niedrigwasser würden Schlammfluten im Herbst folgen, Hochwasser im Frühjahr hätte mit Schneeschmelze und irregeleiteten Wolkenbrüchen zu tun, so ist das, könnte aber auch ganz anders sein. Ihre durch Alter und Körperschwäche erzwungene Sesshaftigkeit pflegte Oma Kingsize mit Damalsgeschichten zu beleben, aus einsamen Gedächtniswanderungen rekrutierte sie Stoffe fürs Vergleichziehen, nämlich allerlei schiefe Ebenen, sagte sie ohne an den Dielenboden zu denken, luden zur Weltbetrachtung ein, zum Anlanden an philosophischen Gestaden. Bei Tagesnachrichten, Zeitungslektüren rief sie aus ihrem Gedankenfenster - So geht das schief - oder riet krumm gelaufenen Geschicken, den Geschichtsgang am Fluss zu betrachten: Zuerst Not. Dann karge Fischerhütten. Ärmelhoch gestatten bessere Zeiten die Aufstockung. Verarmte Gewerbe sterben aus, am Fluss legen neue Kräfte transportgünstige Betriebe an. Leider stören Überflutungen, Kriege, aus Stadtenge flieht man in Landweite, das Ufer besiedeln Gemüsebauern, Obstplantagen, auf fruchtbarem Traumgelände erbaut man Villen, es geht weiter und weiter, man gibt dem Enkel, der sein Abitur vermasselte, ein Kopfhoch! mit auf den Weg, Amerika Australien, die Zeit wirds richten, so oder so. Und wo ist man jetzt? Was will uns der Flachmann zeigen? Etwa eines ausgefallenen Senders Rieselrauschen auf der Mattscheibe? Aber nein! Sinds auf der Vogelinsel hochgeschreckte, nun himmelfressende Millionenschwärme? Nein! Obwohl der weiße Fleckerlschaum in sich vibriert, gilt Schwerefall, erdwärts sackt es sacht, es muss Schnee sein! Scheiße, murren die Autofahrer. Wunderbar! freun sich Hunde und Kinder. Erdkleid aus weißem, flauschigem Samt, oder so, was nicht senkrecht ragt, bekommts dicke ab, Pfähle, Wandungen spuken düster über Schneeland, stehn auf einsamem Posten oder sind zum Aufmarsch gruppiert, zur drohenden Kulisse versammelt. Kinderpixel am Flussufer. Wann friert das endlich zu! Die Schlittschuhe liegen bereit und alte Klamotten fürs Fest der kratzenden, knirschenden, girrenden Kufen. Ein Kopfschlag wars, der Licht aus! alles finster machte. Sturz aufs harte Eis, nach Schneeflausch nun Nachtsamt. Schmerzlos doch schwerschwer belegt Stille das Gehör, Ohnmacht, die weitläufige Uferszene mit gepixelten Figuren, pixelfiebernden Details benötigt fürs Abtauchen ins Schwarzmeer länger, so lang aber nicht. Kaum deckt Ruß das Auge, tafelschwarz, schon zappt was drin. Der Präsident bedenkt beim Auslandsbesuch die Reichen, die Armen unterschiedslos mit Wortpaketen. Man schätzt das zuhaus nicht, weiß der Kommentar. Derselbe verschweigt auch gerne, dass der Präsident den ganzen gestrigen Tag mit Ordensverleihungen zubrachte. In einem Filmdokument zeigt die Reportage, wie die Präsidentenhand beim Defilee durch weiße, schwarze, inkarnatvariante Hände wandert, es tut gut, den Druck befreundeter Machtfinger zu spüren, was sonst wär Gutes dran. Zapp. Stöhnmundiges, ziemlich ausgezogenes Fleisch replikt: Zapp: replikt: Zapp: replikt bluesigen Song. Cry Baby. Stoppt das Monster, Zapp. Zapp! Geschniegeltes Interieur, kein Film noir. Was für Zeiten, Muttertier Tochterzippe schnattern werbedumm ums Firmenlogo, beste Suppe: beste Mode: beste Büste, besser gleich das Markenprodukt, was man da zahlt, das zahlt sich auch aus. Zapp.

In windgebeuteltem Boot, Sturm Blitz Donnerwetter, kämpfen Silhouetten gegen Widerschein. Wo denn ein Ufer wär, das man in Talschneisen einbrechender Wogenkämme sekundenkurz auftauchen sähe, dann wüsste man: Drama, mach Zapp. Okay, Zapp bestätigt. Ein Affe in roten Socken, mit schwarzer Schambedeckung, mit gelber Augenbinde rupft und futtert das gesäßherum wuchernde Grün. Augenwütig zahnknirsch muskelwild ziehen weißgekleidete No:Hells:Angels am großen Richter vorüber. Echte Hells stehn nicht auf Schuld, als weiße Engel tragen sie den Unschuldsbeweis auf bloßem Leibe. Ein Staatsanwalt sucht, findet Schuldige, erhebt Anklage. Verteidiger, bestallte Schlauredner gut bezahlte Ausredner, geben weder Vater Affe noch der Anklage recht. Stattdessen spähe man Mehrheiten aus, überantworte einer solchen, ob Gelb Rot Schwarz oder Grün, die Entscheidung. Weil mehrheitlich spricht man schuldjenseits ganz ohne eigene Schuldgefühle die anderen schuldig. Beim Affen liegts. Er führt den Vorsitz. Nie tragen Vorsitzende irgend Verantwortung. Schuldpflaster bleiben da kleben, wo Schwache nicht mal ein weißes Taschentuch zwecks Kapitulation besitzen, jede weitere Spekulation erübrigt sich, weil, weiß ja jeder längst Bescheid. Zapp. Papst beschwört Kardinäle, obwohl Berufene lieber frei entscheiden würden, müssen sie sich fügen, nicht weniger ungern lassen sich Kinder, Ehegatten, irgendwo Ertappte, Neuankömmlinge, Vereinsschranzen, Freigeister, Pioniere dreinreden, es will die Bowlingkugel, einmal ins Rollen gebracht, nicht gestoppt werden und die Idee will laufen. Zapp. Abertausende verkrümeln sich. Zapp. Ein Dichterunddenker sucht die Einsamkeit, wer wills ihm verdenken, aber haut er auf den Putz, gehts ihm an den Kragen, Dementia war nicht ausgemacht: Zapp! Zapp bestätigt. Obs klappt? Sextoll zueinander gelockt, gezogen, getrieben gehn den Opfern Poren, Augen, Lippen auf, da knutschkleben lustzüngeln Fischmäuler ineinander. Zapp. Igel Hase Eskimo, Puder stäubende Perücken, gärtnerisches Begießen, Kloster, Zellendoppel, oh Boccaccio, solche Outdoorleckereien sind bekannt. Wenig inspirieren Bauer, Buschwerk, Eiszeit, obwohl Busch Blattversteck Bastard einiges versprechen, ziehe man aus dem Nachrichtenstapel die Invention über außereheliche Krüppel und Genies: Zapp. Maschinen in Sicht. Übergang von Handarbeit zu industrieller Produktion. Es gingen urgrobe Riesen, Walzen Hebel Hebewerke, den superkleinen Giganten, Touchscreen Computer, vorher. Das Kulturmilieu belüften hochglanzpolierte Minima und nanogespickte Jahrhundertwerte. Zapp. Werte? Was für Werte Worte Werke? Zapp. Wild gewordene Bilder Blicke Beuten? Zapp. Wild mal Bild mal Zapp, was denn, sapperlot, Sicht weg, Licht aus, Zappenduster! Der Schlag vor den Schädel war ein Astprall am Kopf der Schlittschuh laufenden Meisterin, die, das Dunkel hinter sich lassend, nun erwacht. Man hat sie nachhaus getragen, Gehirnerschütterung diagnostiziert, rasch heilt die vom Ast verursachte Kopfwunde, so dass die Geheilte - Zapp! Miese Erinnerung - auf krumpeligen Filmstreifen, Kufen Kufen, diensthalber ins Studio gleitet. Wurde irgendwie aus dem Konzept gerissen, ach ja, da liegt er ja noch, der Flachmann, redet, lässt sich aus der geogeschriebenen Psychokarte vorlesen und alles gemäß beigefügter Legende interpretieren. Zapp, liebe Leute. Macht endlich Schluss mit dem Gezappe! Wo ist denn Euer angeblicher Flachmann, der kartenflache Bodenlieger? Wer fragt da? Die Dompteuse? Man sitzt in der Runde blickaufs Publikum. Talkhalber ganz brav.

ALLES SEI KLAR! Aus der Not, in der Not rettet nur klare Antwort. Weiß der Soldat, was er tut? So manches war ihm selbst eingefallen, das Haupsächliche aber, Uniform Informationsgepäck, vermittelt ihm ein Auftrag seiner Regierung. Dem Wähler, damit er Bescheid wisse, flötens Kandidaten ins Ohr. So viel Geflöte im Weltverkehr! Der Umworbene soll zum Chirurgen. Der hat, um das Bescheidwissen zu lernen, studiert, voll Vertrauen darauf taucht der Patient in Narkose. Wenn er wieder zu sich kommt und merkt, dass er lebe und das Übel beseitigt sei, weiß er, der Handwerker mit dem scharfen Messer hats in Ordnung gebracht. Neugierig spielt der Patient Mäuschen bei Pflegern und Lexikon, sieht das simple Weißbescheid sich auflösen in vielerlei Überlegungen und Maßnahmen. Lernen, wissen, probieren, Wissen erweitern, Fehler korrigieren, das Konvolut wird dicker und dicker. Auch der Präsident, hofft man, möge Bescheid wissen. Der weiß, was in Patient Chirurg Pfleger vorgehe, nicht. Und vom Wähler hat er nur jene amtliche Vorstellung, welcher gemäß er als des Bürgers Vertreter um dessen Wohl-undwehe sich zu kümmern habe. In der Runde der Protagonisten ist noch Platz. Stühlerücken. Pastor und Psychologe ge-

hen in Stellung. Diese beiden wissen um Wohlundwehe Bescheid. Während sie Hirn und Zunge warm
machen, ergreift ein Wahlkandidat unaufgefordert das
Wort. Nicht viel Zeit bleibt bis zum Stichtag, der
Werbezug steht unter Dampf, Reden Plakate Partei-
programm treiben Keile in den Volksstamm, je hand-
licher gespalten umso besser, wer dann vom Spaltgut
das meiste einsammelt, darf sich Sieger nennen. Dagegen rebellieren Pastor und Psychennavigator: Unsinn! Irreführung und Vergewaltigung! Der Präsident,
von Chirurgie und Pflege unterstützt, sieht es anders,
denn ob es den Gewählten mehr ums Wohl der Wähler oder mehr ums eigene Machtwohl gehe, bringt die
von Taktik korrumpierte Wahl kaum an den Tag. Da
schlägt sich kopfschüttelnd und waffenklirrend der
Soldat auf die Seite des Kandidaten. Erst müsse gesiegt werden, dann bereinigt man die verfahrene Lage. Worte Worte Worte. Spezialisten des Deutens
und Bedeutens erkennen die Absicht hinter Buchstaben, Sätzen, Statements, notieren Hintergründe, bemerken Abgründe. Wohl und Wehe schweben, behaupten Seelenhirt und Psychomanager einmütig, als
große Fragezeichen über allem. Deshalb reklamieren
die Repräsentanten, nur für ein ganz spezielles
Wohlundwehe verantwortlich zu sein. Nachdrücklich
stempeln sie dem Wähler ein Staatsbürger auf die
Stirn. Bitte nichts X-beliebiges und kein Larifari!
Durch Operation eingeschüchtert und geschrumpft,
durch Information kräftig gebläht versehen Wähler:
Bürger: Patient das allgemeine Bescheidwissen mit
einem Appendix, fordern, das jeweils Gültige sei unter den Betroffenen abzusprechen. Auch den Chirur-

gen drängts aus der Reserve. Er plädiert für einerseits Vertrauen und andrerseits stichwortartige Aufklärung, weil: dem Bescheidwissen des Fachmanns werde der Patient vergeblich nacheilen. Pastor und Psychologistiker, zum Aufstören von Hintergründen und zu heilendem Eingriff gestimmt, meiden grundsetzende Reden, mögen jedoch von dem Grundsatz, dass Reglungsversuche jenseits Vertrauen nur scheitern können, nicht abstehen. Eben das interessiert den Uniformierten. Begreift er schon manche Anweisung der Vorgesetzten nicht, wie dann sollte er den Überlegungen der Staatslenker zu folgen vermögen. Allerdings, kämen ihm Bedenken, seien solche durch den Treueschwur getilgt, weil, man gehört jetzt dazu. Halt! Halt! Halt! gehts dem Bürger, dem Wähler, dem Patienten von der Zunge, man gehört zu so manchem, oft wider Willen, nimmts meist auf die leichte Schulter, gerät unversehens mit dem ganzen Verein untern Schuldspruch und - Der Präsident unterbricht ihn. Wolle man hier vom allgemeinen Schicksal talken, über dessen Tunundlassen man keine Macht habe, oder zielt unsere Betrachtung auf etwas, worin wir eigenständig agieren, worüber wir im Rahmen des Möglichen mitbestimmen, beispielsweise auf dem Sektor der von Menschen verfügten Verfassung? Hier nämlich funktioniert und entwirft der Mensch die allgemeinen Grundrechte, Gesetze, Spielregeln, entwickelt Sitten und Gebräuche, also eine Organisation daseinspraktischer Verfahren. Da steht keiner allein, alle sind hier untereinander verabredet, und wo unübersichtliche Menschenmengen, Staat Volk Gemeinde, im Sinn einig leben und handeln wollen, da überantworten die Vielen ihre jeweilige Einzelmacht einem Repräsentanten, damit der in ihrem Namen das Nötige sage und ausrichte. Lärm. Vielleicht hätte man einen anderen Ort wählen sollen, ständig herrscht hier Unruhe, gehen Leute aus und ein, von draußen dringt Straßenlaut, Werkstattgehämmer, Maschinenlärm großer Industrien, weltweite Geschäftigkeit einer verdammt ruhlosen Gattung herein, keine Frage, dem Erdball geht die Puste aus. Niemand übersieht einschlägige Probleme. Neben entsetzende Naturkatastrophen treten katastrophale Gattungsspiele, Machtringen Hungerkämpfe, in deren massivem Wüten die kleineren, alltäglichen Dramen fast unbemerkt mitlaufen. Fast unbemerkt auch sickert jetzt ein stiller Haufe ins Verhandlungsmilieu, erweitert stühleklappernd die Runde, eine Dame, offensichtlich Regulatorin, sorgt für friedliches Unterkommen. Eine Weile hören die Neulinge nur zu, scheinen allerdings über vorige Beiträge gut unterrichtet, denn ein struwwelborstig überdachtes Altershaupt traut sich die Gedanken des Präsidenten fortzuspinnen. Man wisse Bescheid. Worüber denn? Eh eine Sache nicht definiert ist, wer wollte darüber angemessen Auskunft geben? Agiert der Präsident nicht unter einem ganz bestimmten, keinesfalls beliebigen Auftrag? Wie immer er sich auskenne im Psychenmilieu, er betreut keine einzelnen Bürgerfiguren. Nicht unterliegen persönliche Sorgen und Belange seiner Obhut. Vielmehr kümmere er sich ums große Gebinde. Um allgemeine, alle betreffende Bindungen. Kennt er den Bürger? Dessen Name, Adresse zu kennen, reicht nicht aus. Beachtliche Distanzen liegen zwischen Präsident und Bürgerperson, was zu respektieren wäre. Als Charaktere undsoweiter weit voneinander beruht ihre und ihr Verbundensein auf einer Sache. Staatsundbürgersache. Die jedem Bürger gewidmete Staatssache. Respekt! Im Bewusstsein von Sache und Distanz möge keiner unangemessene Forderungen gegen den anderen erheben. Staat keine Person, Sache keine persönliche, da muss Persönliches aus dem Handel heraus gehalten werden. Hatte den Soldaten erst Blutleere dann Blutröte befallen, steht er jetzt - Präsentiert das Gewehr - vor seinem Stuhl, vor dem Präsidenten, vor dem Struwwelborstigen stramm. Was das denn solle! Er verstehe nicht. Er halte seine Ehre sauber. Wie er ebenso die Ehre der Nation verteidige und deren Namen sauber halte. Jederzeit. Und überall auf der Welt. Ihm sei sein Auftrag, die sogenannten Sache, klipp und klar. Bitte abtreten zu dürfen. Ein Notruf, klar, muss man helfen. Nothalber mit Waffengewalt. Tritt ab, erst holprig stolprig, dann in zunehmend sicherem Marschtakt. Wobei er zum Riesenschatten aufschießt. Dem struwweligen Aufklärer kommt endlich die Sprache wieder. Die war ihm beim Auftritt, beim Anblick des, wie er den Soldaten nun nennt, einzig Wissenden im Lande von der Zunge gedorrt. Ein Seufzer netzt des trockene, nun dürstende Wortinstrument. Wenn alles so einfach wär wie das Gehorchen! Über die Wahrheit nachdenken bedeutet, dem Ungehörigen Bahn brechen. Weltaußen lauern endlos Zwänge, innenher setzen die Triebe unter Druck. Letztere, kaum mühsam zurecht gewiesen, rächen sich durch verdeckte Angriffe. Für Sekunden immer nur währt des Dompteurs Erfolg, sein kreatürliches Potenzial überm Abgrund frei auftanzen zu lassen, schon bald folgt der Absturz, aus dem sich hoch zu rappeln, erneut die unmögliche Balance anzugehen, nur befristet gelingt. So geht das Tag für Tag ein Leben lang. Deshalb begegnet er dem Ansinnen, seine abgebrochenen Ausführungen doch bitte zuende zu führen, mit merklicher Unlust. Dereinst in Schwung geraten hatte man sich von demselben erst hoffnungsvoll voran tragen lassen, und kommt dann die große Emotion zum Stillstand, frischt nur ein Anstoß anderswoher sie auf. Ich bins müde! begräbt er alte, trauerschlaffe Gesichtszüge in der Handschale, um nächstens nicht mehr aufzublicken.

V. GRAFITTI AUF DER ZEITMAUER

EINE NAGELNAHT AM LINKSOBEREN ECK hatte entweder innerer Spannung oder äußerem Andruck nachgegeben. Nicht so sehr, dass man ins Kastenobjekt hätte hineinschauen können, durch die Platzwunde aber machte die bunte Fassade geltend, dass hinter ihr womöglich Interessantes verborgen läge. Rät zu Neugier. Die kastige Kulissenfigur, bereits solche Neugierblicke verspürend, fingert am Leck und verdeckt es mit Handbewegung. Dadurch wähnt sich ein Arzt zum Hilfsangebot gerufen. Die verletzte Kreatur weicht zurück, bitte nicht. Einen Handwerker mit Werkzeugkoffer Zangen undsoweiter lässt sie an sich heran. Allerdings - Vorsicht! - duldet sie, als er dem Schaden zuleibe rückt, nur provisorische Maßnahmen. Geschickt improvisierend ersetzt jener das betreffende Stück Nagelnaht durch eine Drahtschnürung, doch kaum hat er die Flickarbeit mit einem Okay abgesegnet, macht sich eine erkennbar innere Spannung Luft und sprengt die Frontverkleidung komplett ab. Dass sich dahinter Interessantes verbergen könne, steht nun außer Zweifel, unterkulisse präsentiert sich ein wirres Gemenge von Röhren Gestäng Zahnrädern Kästchen Kabelsträngen. Aus der Verlegenheitspause sozusagen Erstarrung rettet sich die Interviewerin in eine Hilfsaktion, bietet dem verletzten, verspätet eingetroffenen, vorläufig nur Verwirrung stiftenden Gast einen Stuhl an, auf dessen Vorderkante wegen brustoffener Schädigung vorsichtig niedergehend jener sogleich zu reden beginnt. Kein Gutentag, kein Dankesehr, keine Bitte um Entschuldigung wegen ziemlicher Verspätung, auch antwortet er nicht talkgemäß auf eine gestellte Frage, es scheint ja sein kleiner Unfall Unklarheit genug erzeugt zu haben, um in alle Gesichter der Talkrunde ein Fragezeichen zu zaubern. Redend, erklärend klappt er zwecks besseren Einblicks die bereits lose Front zur Seite, verweilt, hier hin da hin fingertippend, nicht lange beim elektronisch-mechanischen Komplex, öffnet in dessen mittlerer Installation eine Türklappe, dahinter trifft der Blick auf eine lebendig wabernde, eher düsterfarbene Schicht. Deren innere Regung bezeugend tanzen darin hellere Rotflecken. Redend erklären: scheinbar mundlos beantwortet das Kastengebilde stumme Nachfragen der Talkgemeinde in gleich stummer Weise, schiebt, den Einblick vertiefend, ein Stück Gewaber beiseit. Was das düstere Wabern zuvor ungleich fleckend durchleuchtete, sticht nun als weißgelbrot brodelnde Glut ins Auge. Stummem Erklären folgt ein hörbares. Man erblicke die im Kern aktive Energiezentrale, welche alle Körperregionen mit Lebenskraft versorge und der unter Kulissenschalen angebrachten Technik gestatte, Nachricht von draußen in Empfang zu nehmen, zu bearbeiten, ans Gedächtnis weiterzuleiten, welches arbeitsame, zentral energieversorgte Institut sein Deponat schließlich in Art einer sinnenfasslichen Gestalt nach draußen reiche. Inkasso Lebendfutter für ihn als Kistelkastelkulisse, Sinndotation sodann fürs globale Geschick. Es mit dem Erklären bis hier hin geschafft zu haben, löst beim brustoffenen Gast einen tiefen, kastenrüttelnden Seufzer aus. Sendepause. Vernehmliches Ansaugen von Atemluft zeigt an, dass es weitergehe. Jetzt ist die Rede von einem Tauschhandel. Zwischen Innen und Außen. Die Gewohnheit eines solchen Hin und Her verschleiere, dass der Handel in ungleicher Sprache erfolge, er also durch Übersetzung und Dolmetschen bedingt sei. Der gemeinte Handel verlaufe nicht im Milieu üblicher Sprachen und Sprechweisen, die sich auf ein zuverlässiges Gerüst von Begriffen, Definitionen stützen, sondern ganz wortfern treffen da einerseits sprachlose Dinge, Wesen auf andrerseits sprachlose Reflexe, Bedürfnisse, demnach verhandelt da über Objekt, Preis, Gegengabe das eine mit einem ganz anderen Anonym. Während eine technische Empfang-Sende-Durchgang-Station ihrer Nachricht definierte Gestalt verleiht, so nach außen wie nach innen nur eine uniform definierte Information zur Verfügung hält, also mit komplexen Umständen, unrechenbaren Zufällen nicht Schritt zu halten vermag, müssen dem lebendigen Status verpflichtete Sprachen Ungenauigkeit und Missverständnis einkalkulieren. Hier wurden ja der Verbindung Innen:Außen keine akkuraten Formen und Normen auferlegt, deshalb dauert trotz Anpassung, trotz steter Eroberung der Terrains die gegenseitige Anonymität an. In derweil definierte Bestände schleichen immer neue Störungen, welche dann Linguisten, Psychologen, Therapeuten einerseits in Atem halten, um ihnen andrerseits die endgültige Beseitigung aller Barrieren zu verweigern. So bleibt Sprachreparatur ein wesentlicher Akt jeder lebendigen Sprache. Ihr hinken formalisierte Sprachen weit hinterher, mögen sie freiwillig oder gezwungenermaßen vom Anschluss zurückstehen, letztlich agieren sie auf begrenztem Terrain. Ihrerseits reicht die bestens reparierte Sprache an jenen unmittelbaren Tausch der Anonyme nicht heran, es fehlen ihr für den vom Klardenken unlenkbaren Handel eine echte Magie, so nötige Rituale Assoziationen, welche mit keinem besten Willen sie aus sich heraus zu begründen vermag. Ein weiteres Mal beschließt der Stummredner seine Deklaration mit einem Seufzer. Der am Kastenbestand nicht nur rüttelt, sondern durch sich steigernde Schüttelbewegung zur Aufgabe solider Figur nötigt, die, sieht man jetzt, materieferner Einbildung eines Konstrukteurs entsprang und nicht der realen Erscheinung eines geladenen Gasts entspricht. Die Dompteuse entschuldigt sich für den unangemessenen Gedankensprung bei ihren Talkern, die, wie aus Sekundenschlaf geschreckt, ihren zurückgestauten Beifall nun nachholen, während zwei Bedienstete, real oder eingebildet, die Trümmer des gescheiterten Traumbilds entfernen. Leider nicht die Rösselspringerin! Nicht wie sonst im Fall abwegiger Ausflüge, abgelegener Zwischenlandungen klammert sie sich an gewisse Kärtchen, worauf rettende Maßnahmen, erinnernde Stichpunkte notiert wären, sucht nicht einszweidreivier im Bündel blätternd den verlorenen Faden wiederzufinden, sondern bittet eine Fremdfigur in den Kreis. Die zu kühnem Sprung einlädt. Raketenschnell saust Madame im Geleit einer lockenwirbelnden Gestalt übern Globus, geht auf einer Inselgruppe nieder. Alles ist dort wie auf dem Prospekt, vorläufig. Bis die von Kindern, Frauen, Altmännern erwarteten Fischer völlig erschöpft ihre karge Beute anlanden, für ärmliche Hütten genug, für den Markt zu wenig. Die geschwätzige ach goldgelockte Reiseführerin fädelt ihre Touristengang übern Strand und ums beutezählende Fischervolk herum. Wunderbar, wie die im Korb schnalzenden Schuppenleiber glänzen, wie auch diese angereisten Fremden in fernem Wohlstand leben. Wunderbares haben die Insulaner erzählen hören, aufglänzt in hiesigen Augen solcher Traum! Und schon macht sich jene von Goldsandlocken gerahmte Stimme auf große Fahrt, denn die Weltausstellung in einer Vielmillionenstadt überbiete alles je Gesehene. Indem die Touristen ihren Pack Ozean: Himmelblau: Fischfang entladen, saugen rastlose Hirnschwämme sich mit Neuem voll, wunderbar, den zuhause Gebliebenen wird man diaphane Schnappschüsse unter lebhaftem Glücksstöhnen vorführen, wird erlebnisleere Augen zum Leuchten bringen. Nur ein mitgereistes Dummerchen beklagt, dass die Sensation ausgerechnet im Armenrevier inselt, dass närrisches Elendsvolk an kostspieligen Feuerwerken sich nicht sattsehen könne, dass die Vielenvielen auf einem Fundament von Verzicht wahnwitzige Traumtürme errichten, die dann mit den kühnsten Architektenbauten konkurrieren, nein nein nein, angewidert und unsanft deponiert die Dompteuse ihr Realgewicht im Regiestuhl. Entschuldigung gefällig? Sie schweigt. Das Publikum klatscht Beifall. Das Sprungrössel dampft und stampft im Stall. Merkbuch her! Mitten im Sturz packen Denker ein plötzlich aufgetauchtes Stichwort an der Gurgel, wer auf Sprungkraft setzt, riskiert Fehllandung, die aber belebt prozessualen Schneckengang mit allerlei Omelettes Surprises. Oft zwischen Frage und Antwort stockt die Zündung, da wär besser per Flohhupf provozieren, als langwierig Sand aus dem Getriebe kramen, schreibs auf, nützt eh nix, ermutigt aber zu spontanem Zugriff, den Vorsicht stets platt walzt. Die Talkministrantin schlafrudert in zerebralen Altwässern. Kreiselt. Stoppt. Floated, unschlüssiges Treibgut, durch unstete Strömungen. Der Talk quert private Gedächtnisse ebenso wie öffentlich gehegten Bestand, landet nicht selten in der Lotterietrommel, die, in Bewegung versetzt und befragt, von dem, was Irgendwers hinein sammelten, loswillkürlich Irgendwas herausgibt. Mosaik Puzzle Fragmente: wer kennt das Gesamt? Einer karg bestückten Schatztruhe entnahm der Urmensch das Passende, per Gesellungswahn angeschwollene Folgegenerationen entdecken im Vorratsgekastel vor lauter Angebot den Sinn nicht mehr. Immer mehr Verunsicherten sprengt ziellose Gedankenraserei den Schädel. Angesichts Sammelhysterie hilft nur noch, den Geschichtsgang rückwärts schalten, abgerissene Fäden aufspüren, dieselben neu knüpfen, es werden zwar nur Vorschläge sein, doch immerhin besser, als aufs unbekannte Passwort ewig warten. Ein Leben lang. Alle gewesenen und kommenden Lebensgänge entlang darauf warten, das wär der zuverlässigste aller Fehlversuche. Warum nicht durch unerschlossene Regionen traumdriften, anstelle bodenloser Neuronenfässer den soliden Rumpf mit anonymer Energie aufladen, derart schlafdotiert ins Wachsein retour tauchen? Madame entsteigt dämpfigen Wärmen ganz körpernass. Sitzt Bettkante. Betastet noch schlaffe Schenkel. Was schmuggeln diese vom Alb betäubten Wachsmodelle übern Tagnachtstrich, um sich dann im taghellen Schlafgemach als Denkmal für unterbrochene Rekreation zu präsentieren? Unmut! Jenseits der Grenzlinie kam sie jenem Stalker in die Quere, der ihrer nicht unhübschen Gefährtin Karlina nachstellte und der, von Tagschicht zu Nachtschicht wechselnd, jene zum Objekt eines Nachtsichtgeräts machte. Im Glauben, das begehrte Wesen aufgespürt zu haben, trat er an eine Figur heran, die als polyesterstabil unterformtes Wachsimitat nicht erwartungsgemäß erschrak, die zugleich von der schlafwandelnden Talkmeisterin als höchsteigenes Abbild entlarvt wurde. Keine Spur von Karlina. Auch der Weiberspion erkannte den Missgriff, untertitelte die Stummfilmszene mit dem Ausruf: Ach Sie sinds! Meinte nun, im Talk zu sein, wunderte sich aber nicht über sein bodenlanges, leis klirrendes Kettengewand, nahm am metallischen Laut, den sein Eisenhut beim Antippen abgab, keinen Anstoß, hielt eine schokoladenbraune Kutte, die von Ritter Hölle Heidenblut zu predigen begann, für einen talknormalen Teilnehmer. Im Szenarium seiner Erinnerungen sah er einen mönchischen Schwertträger übers Schlachtfeld stapfen, sah ihn Tote, Sterbende, vielleicht noch zu Rettende mit der mächtigen Klinge einmal längs, einmal quer spalten, agierte so gemäß nachträglichem Ritterschlag und nachgetragener Bluttaufe. Wahrlich gottesdienstlich eine perfekte Bekehrung von Heiden! Die erhabene Seligsprechung dahingegangener Mordbrüder! In der Folge zeitschrumpfte das Kettengehäng auf Kurzmantellänge, ledernem Beinkleid wurden Eisenschienen angetan, der Helm visierklappte Mundschutz, entsandte oben hinaus ein Federbuschsignal. Mittig gürtelgerafft verstieg sich das Oberkleid zu einem Metallkragen, während das Schwertgehäng gegens emblemverzierte Schild baumelte. Was solls! Zuhaus kein Freund von Bluterguss hundeschnüffelt der Krieger hierzuland nach jedem Spritzer, erschnüffelte sich Sold und Orden, wer tötet: der rettet, trompeteten Bußprediger ein heimatliches Geheiß überland, heidengeile Schwertlinge ankrächzen gegen engelzüngigen Chorgesang mit gickerndem, plusterndem, röhrendem Tierlaut. Wo wär sie, was sieht sie? Da war er wieder: der Stalker! Da frohlockte sie wieder: Karlina. Werden Wachs, Polyester nicht schmelzen in aufkommenden, Schweiß treibenden Angsthitzen? War die Prüfungsleitung abgetaucht, hat sich die Dompteuse bereits entschuldigt? Nicht umlullt und verhüllt wollens die Talker, sie wollens clean und nackt, nackte Wahrheit soll das heißen, demnach zeige man Nacht, Historie die kalte Schulter, lade stattdessen die Menschenrechte zum Mahl. Kein Traum, kein Dämmerschluck, kein Sekundenschlaf, grau grau ist es der langweilige, regelhaft pendelnde, tödlich nullpunktende Alltag. Lieber küsst man, alles was recht ist, dem Zeitgeist aufs Sexmaul. So traumwurkelnd gedacht landet das Rössel im Stall, entspannt die Dompteuse ihr Sprungbein. Wo sind wir stehen geblieben? Entschuldigen Sie meine Absenz! Übrigens. Muss ich Ihnen erzählen. Kennen Sie diese Schreiben zwecks Bewerbung? Schlau! Ohne gehts nicht. Durch ein Promimagazin blätternd im Vorzimmer warten, Plan um Plan schmieden, wie sich vorstellen, anpreisen, unentbehrlich zeigen, hoppla, die bekannte Managerperson sieht mir ähnlich. Hui! in deren Personalie schlüpfen, das wär ja perfekt, hautdrunter der und der, hautdrüber jene andre Person, also mimisch gestisch memorymäßig hab ich das drauf. Zugang zum Talk über einen Strohmann erlangen, Name plus Ruhm bekämen mir gut, ich unbeschriebenes Blatt wär auch fürs Medium einträglich. Das Büro schlägt ein, tatsächlich will Madame mich kennen lernen, jenseits Verdacht findet sie das Angebot überaus ansprechend. Kommen Sie, bieten Sie, kommen Sie sofort! Als in der Runde verheißungsvoller Kandidaten die berühmte einleitende Frage - Wer bietet als Erster? - gestellt ist, gehts ihm wie geschmiert von Zunge und Lippen. Vorläufig bemerkt niemand den Abdruck des Kettenpanzers im Ausschnitt seines modischen Hemds, da könnt er, holla!, im Gewand eines Zeitgünstlings das Spiel seines, freilich kurzgestrickten, Lebens machen. Pokert hoch, täuscht vor, erzählt. Charakterliches vorweg. Zu Zeiten der Jugend schon kein Ängstling wusste er sich in Kampfspielen tapfer, ausdauernd, widerständig zu erweisen, und das vorm Lauerblick staatsverbindlicher Organisation. Waren unter Mannskerlen Schwächen gar Tränen verpönt, mimte er, um für sich einzunehmen, dreist den Helden, doch weil Frechheit nicht immer siegt, geriet er gelegentlich unter die Räder. Ortswechsel der Familie nötigten zu Anpassung an verschiedene Milieus, indem er Prügel bezog, mehr Niederlagen als Erfolge kassierte, lernte er, Angst Vorsicht Dreistigkeit List immer besser aufeinander abzustimmen. Einmal in Erwartung von Prügeln versuchte er es bei Kerlen der Vorstadtbande so: den Verblüfften die Hand reichen, Gutentag wünschen, nach ihrem Vorhaben fragen, falls sie ihren Häuptling suchen, ihn gesehen haben, da hin einen irrwitzigen Weg beschreiben: hats diesmal geklappt, werden sie ihm das nächste Mal die Knochen brechen. Weniger gelungen der Mutsprung in eine Sandgrube: Hose voll, dennoch springen, leider zwecks geschicktem Abrollen im Gefälle nicht schräg genug, es prallen die Knie untern Kiefer, jetzt bloß nicht vor Schmerz aufschreien. Blamage, die sich verschweigt. Die anrät, künftig derlei aus dem Weg zu gehen. Anders sein wollen, als man ist, dem nicht wirklich derben Charakter misslingt die Angebershow, fällt auf kulturelle Tradition, auf mitmenschliche Regung zurück, lehrt rasch den Angsthasen, Ängste nicht merken zu lassen, dafür bringen ihm gelegentliche Mutproben im Kreis der sanften Zögerer nur wenig ein. Weil die Prüferin empfohlen hatte, anlässlich motivierender Augenblicke auf die Bühne zu springen und selbst einen werbenden Beitrag zu liefern, packt ein männlicher Achtziger die Gelegenheit beim Schopf: Angst? Weshalb Angst immer dem Körper allein zumessen? Der hauptsächliche Adressat heiße doch Psyche! Sie als Erstempfänger veranlasse einschlägige Körperbeben, und neuronenflink berate sie sich mit Erfahrung, Bewusstsein, mit dem Organisator von Abwehr namens Geist. Demzufolge erklärt sich anonymes Gären dadurch als Angst, dass Denken dazu den Begriff formt, welcher die Beängstigung als Objekt zu greifen, ihre Ursachen zu erkunden, betreffenden Ankündigungen gewappnet entgegen zu eilen erlaubt. Nicht wie die stets nachhängende Tröstung kommt das zu spät, verkriecht sich auch nicht in irgend Heilversprechen, baut vielmehr aus Einbildung, Einsicht solche Schutzwälle, die den Charakter stabilisieren, ihm die schwierige Lage wenn nicht beheben, so wenigstens überstehen helfen. Theorie und Praxis, Bildung und Training. Gebannt vom Schlangenblick warten die einen dem Malheur entgegen, beten den ganzen Rosenkranz von Erlösung, von ärztlichem, religiösem und anderem Ratschlag herunter, verpflichten aktionsmatt anlehnungsbedürftig schließlich Politik, Staat auf unmögliche Hilfen. Da haben sich andere, Einsichtige, längst aufgemacht, schicken dem Beängstigenden einen aufmerksamen Mutblick entgegen, wollen gern Hoffnung hegen, darf man aber nicht den Schattenwurf des Heilverlangens übersehen. Sicherheitsmaßnahmen fressen Freiraum. Panische Ängstlinge locken durch ihr Geschrei nur immer weitere Ohnmachten auf den Plan, wer würde da noch lustvoll mitspielen wollen! Redepause, Beifall. Die bisherige Darbietung des Achtzigers genügt der Prüferin vollkommen. Setzt einen vorläufigen Schlusspunkt. Erteilt einem jungeifernden Fingerschnalzer das Wort. Der Aufgerufene geht mit naivem Schwung in die Vollen. Wie einerseits der alte Mann recht habe! Wie andrerseits im Zeitalter von Fernsehen, Computer, Handy, angesichts gigabytener Informationsmassen derartige Überlegungen fad, ganz hutzeltrocken erscheinen! Was Politiker dem zahlenprächtigen Angebot nicht entnehmen, schnappen die Fische. Schlapphasen mit Angstvision stopfen und dopen: für welches Wahlrennen? Vakante Hirne furchtfüttern, so zur Implosion bringen: wozu?

Ohnehin hievt der Staat alle Doofen anbord! Schon dieser kurze Ausbruch ist der Meisterin zuviel. Dem jungen Tiger drohen Publikumsnachbarn mit der Peitsche, drücken den Satyr auf dem Sitz nieder. Er, von der allgemeinen Empörung überrascht, gibt nach, wills mit der Mehrheit nicht verderben. Dieser Verzicht ermöglicht einem Kuttenträger, den nun frei gewordenen Redeplatz in Anspruch zu nehmen. Der ältere Herr Philosoph habe sich für den Geist stark gemacht, hört, hört. Muskeldiener entlohne man für Treuedienst mit Sold. Die mögen nun geistbefreit im Auftrag körperferner Institutionen metzeln. Söldner verteidigen im Namen von Kaiser Kirche Kultur deren Pfründen, vertreiben alles, was neuer Landnahme entgegen steht, schichten auf erweitertem Territorium immer höhere Scheiterhaufen, um störrische Eigner flink der Hölle zuzuführen, da mögen Ketzer Hohlköpfe Dickschädel sich anschließen. Waffenlos geborener Geist indessen klimmt nur mithilfe der Körper aufwärts. Unterwegs foppen mit Muskeln bedachte Konkurrenten, stoßen und drängen beiseit, da ist er genötigt, Handlangern mit kriegerischem Kraftvermögen zu schmeicheln, er muss in Umgehung von Körperritualen sich per List, per Illusion zum Machtasyl hochrackern, erst dort gehört ihm, falls gekrönt, das Szepter. So erfahren wie überlegen regiere er danach das Volk mit Weisheit. Endlich! begrüßt die Prüferin aufatmend, dass der Kuttenmann die Hände in den Schoß, weiteres Reden auf Eis legt. Scheinbar. Denn lustvolles Seufzen, welches einen nächsten Traumsturz der Vorsitzenden ankündet, stört ihn aus momentaner Besinnung, lässt ihn den Faden energisch wieder aufnehmen: Halt, halt, das Wichtigste kommt noch! Durch solche Eigenmächtigkeit ins Reale zurückbeordert bestreitet ihm die Leiterin jedes Rederecht, um dann, verdrießlich und vom leidigen Prüfgang erschöpft, erneut den Notausgang zu wählen. Auszeit. Notwendiger Stimmungswechsel. Bestenfalls ertrüge die Chefin jetzt den heiter gelockerten Erzählton, so was wie denkferne Ergießung. Da schnüffeln ringsum im Publikum freche Nasen, möchten unter blinkernden Augen die Mundwinkel gern Wangen schlitzen, Lächeln und Lachen, da geben Parfums, Odeurs, Geraschel, Stuhlknacken, diese und jene winzige Geste etwas bekannt, dem nicht als Rätsel nachzusinnen wäre, fürs Erlebnis reicht, auf die kleinen Verlautbarungen zu lauschen, in deren sinnenhaftes Beben einzufallen, Echo folgt Echo. Noch mal - Entschuldigung - stiehlt sie sich aus der Szene, um gewichtlos schwebend ins pure Nichts zu vergehen. Man verliert sich selbst: welche Lächerlichkeit! Man findet sich wieder, aber wo! Die Dompteuse hatte, einen Moment unachtsam, den Auftritt der Kandidaten mit kleinem größerem Peitschenknallen zu dirigieren versäumt. Nun herrscht Stau im Talk. Kaum ins Kielwasser verbindlichen Erzählens eingeschwenkt war man, der gedanklichen Spaltkraft des Wortetauschs zufolge, in eine Falle geraten, musste sich die Entführung in eigenbewegliche Vorstellungen der Talkgäste, Streuung, Konvulsion, Ballung von Meinungen, gefallen lassen. Interessant, interessant! Hatte man Unkrautwucherung im verbalen Garten zu spät bemerkt. Vorsicht - Vorsicht - droht Madames Schwebeglück auf turbulenten Spielplätzen, im lärmigen Schwimmbad unterzugehen. Lärmpegel steigernd sich dem Schreizwang hingeben: beschwatzen Masselenker ihr Publikum, gießen inkontinente Medien ihr Nachrichtenmelo, den Infomix ins Volksgehör. Lichtverzaubert überführt Musik in tanzstampfenden Bodysoul, hey Girl! hey Boy!, hier erhält nicht Geist, hier erhält der geil muskelzuckende Leib den Zuschlag. Im Stau, im entgeisterten Luststau! Aus Röhren Kanälen gekrochen: über Autobahnen Schienen Flugrouten zum Tatort geschleust: auf Wiesen Sportfelder Arenen gegossen: ist man empfängnisbereit. Alltag Arbeit Lebenot Drogen Rausch, im Steilflug, im Sekundenkuss suchen Sehnsucht Hoffnung Liebe die Erfüllung, massenhaft erstrebt man Selbstbefriedigung. Erzählen, erzählen, wer im Talk verlöre sich nicht in abwegige Geschichten? Klumpatsch, Leben, Leute, so viele Figuren, teile mans auf und teile man mit. Ein Mann. Mit seiner Frau, einer biederen, kochkünstlerischen Mammi, hätte er drei Kinder, erwachsen inzwischen ein weiblicher, zwei männliche Nachkommen. Die Nachhut hält essenhalber spielhalber geldhalber zum Erzeugerstamm Kontakt. Das mammenregierte, zwischen Affenliebe und Eifersucht pendelnde Milieu, wird dem Zeuger zu eng. Zuflucht findet er, und längeren Unterschlupf, bei einer sensiblen, mit Tochter alleingelassenen Dame. Als geübter, freilich unauffälliger Regent säumt er nicht, nun getrennte Parts in gleicher Weise zu umsorgen und einander bekannt, teilweise sogar vertraut zu machen. Eifersucht, Neid und Streit inklusive. Doch hält der um Frieden ringende Grenzgänger die explosive Mixtur mit magnetischer Kraft

145

zusammen, sowohl die verlassene wie die Asyl gebende Familie klammert an ihn. Währenddessen geschieht, dass jenes vom fremden Samenspender geerbte Tochterkind, erwachsen wie die eigene Brut, über erst dornige Strecken sich ihm so sehr nähert, dass uneingestandene Sehnsucht nach einer Vaterfigur bei der Jungfrau umschlägt in mit der Mutter rivalisierende Mannesliebe. Mit Mühe wahrt der heimliche Regent zur verliebten Lehntochter Abstand, umhegt die ältere Herzdame mit einem Schutzwall, möge derselbe feindselige Ausbrüche ihrerseits hindern, zugleich die Mutter gegen Eifersuchtsgesten der Tochter, schließlich auch gegen solche der Stammfamilie schützen. Selten und nur infolge krasser Spannungen schlagen Wogen übern Damm. Während dem Mann als wanderndem Zentrum grenzüberschreitende Beziehungen anzubahnen gelingt, steht die erstrebte Verschmelzung der Partien zur eineinzigen Familie aus. Ein Fest zu Ehren des Mammengeburtstages möge dazu einen weiteren Grundstein legen. Alle sind eingeladen. Dem letzterschienenen Dametochterpaar schwappt lebevergnüglicher Lärm entgegen. Umarmung, Küsschen. Rasch mal Befinden abfragen, vor die küchentätige Jubilarin zerren, zum großen Umtrunk nötigen. Noch später, und mit Nachwehen eines Streits, treffen auswärtiger Sohn mit Gattin und Kindern ein, die würzen turbulenten Freudentrubel mit gewittriger Stimmung. Auf den schwangeren Bauch platschend beklagt die junge Gattin des Gatten Weiberauftrieb, sachter Tränenfluss eskaliert zum giftenden Schrei. Zu mimischgestischer Bastonade des Männerpacks entflammt verflucht die junge Frau ihr Schicksal und das ganze Scheißleben. Verdammt! hat sie jetzt den Bogen raus, schlimm! schlimm! die Untätigkeit des Schwiegervaters, das affige Gewurstel von Mom Schwieger, bornierte Gleichgültigkeit von Verwandtschaft und Freunden! Die Regisseurin der Jammerszene säumt nicht, äußerste theatralische Mittel einzusetzen. Presst die Unschuldsköpfchen von Babysohn, vom lütten Gör an den geburtsträchtigen Bauch. Wenn das nichts ist! Doch die Tischrunde bestätigt nur Nullwert. Ins Maul, dies nonstop Nachrichten sprudelnde Organ, stopft man längst Kostproben von Fleisch und Beilagen. Wo bleibt Mammi, die Köchin, was für ein köstliches Mahl! Was denn fällt der Stammtochter ein, plötzlich die befreundete Damentochter zu beschimpfen, weshalb keilt sie gegen die zutisch eilende Kochmamme, wozu in unvermuteter Einigkeit mit der Schwägerin erteilt sie der Vielweiberei des verheirateten Bruders weitere Abfuhr, und warum eigentlich kühlt sie den hitzigen Ausbruch ab am ausdruckslos erstarrten Gottvater? Streiterprobte Gäste ducken derweil überm Mahl, nützen jede Windstille zum Quatern, Gestikulieren, wägen Köstlichkeit von Braten und Zulagen, und indem sie Abgebissenes klein halten, vergeht ihnen das Schmatzen. Stoisch vermeidet der Regent, ins eh lodernde Feuer weiteres Öl zu gießen. Wen interessiert, dass am Ende leere Teller, Schüsseln das Mahl segnen? Nachkömmlinge lecken kaum nach Gewesenem, sie lecken im Hinblick aufs Kommende die Finger. Und - Aijaijai! - richtet die Prüferin, geflohene Dompteuse, auf dem Bettschragen ihren schweißnassen Körper auf unterm haarwirren Brummschädel. Muss man dem Wecksignal Genüge tun, wird man aufstehen mehr sollen als wollen, wird man leider, Sekundenblackout, kopfmüd ins Schlafloch zurücksacken, da hat man wieder mal alltagsüblich versagt. Meingott, wenn sie nun am Steuer eines nachtrasenden Cabrio gesessen hätte!

DIE GRUPPE VERLÄSST DAS TUSSAUD. Hatte man sich drinnen nahezu wortlos dem Betrachten hingegeben, setzt sich internes Wandeln zwischen ausgestellten Figuren jetzt extern fort als gesteigertes Hin und Her zwischen den Gruppenmitgliedern. Offenbar will und kann niemand stehenbleiben, so dass der auf Entfernung vom Museum aliter auf Heimkehr bedachte Auszug und Rückmarsch der Gruppe zusätzlich in sich rotiert. Derart innere Unruhe anzeigt. Ein Passwort dafür vermittelt die füllige Dame. Mühsam den Fußstand wahrend heißt sie Fingerzeig an kreisenden Armen einer Drehung des Oberkörpers folgen. Bringt, aus der Puste geraten, entgegen gewohnter Leichtigkeit nur sehr gepresst hervor: All das hier macht mich ganz fertig. Wo kam ich her, worauf wills hinaus, bleib ich hier oder wär ich besser im Studio oder in meiner Wohnung aufgehoben. Wirklich, ich kenn mich nicht mehr aus! Die Rotation in der Gruppe nimmt zu. Worüber aber wär zu klagen! Hinter einem liegt die abenteuerliche Begegnung mit wachskreierten Figuren. Straßen! Welt voller Verkehr! Leitplanken sorgen für Abgrenzung, sichern den Fluss großer Strömungen. Bahnlängs reichlich Signale, Idole Ideen, Stationen von Geist und Bewusstsein, Wahnpläne, warnende und belebende Vorbilder. Die

Vorzeit belehre, so der Auszeit leitende Zeitendehner, wie man gemeinem Brei entrinne, dem Chaos sich entwinde, labyrinthische Beliebigkeit endlich abstreife. Herkunft? Alle aus Studio und Stadt Hergeeilten scheinen an vergleichbarem Ort gleichzeitig geboren, vermuten dort ihr letztliches Herkommen, Geburt. Verschwiegen echolose Mauer. Selten fragt man darüber, dahinter hinaus, denn immer schallt dorther dieselbe Antwort wie von einer entgegengesetzten Schweigewand, an deren Fuß jedes Leben erlischt. Im Museum beim Anblick eines glänzenden Juwels entführt ein Sog gewaltig strudelnder Bildpassagen die beleibte Dame zum vermutlich einstigen Ort des Schmuckstücks. Imitiert es da auf wamsverhülter Großherrenbrust deren Atemgang, nötigt männliche Betrachter zum Kniefall, Betrachterinnen von Adel zu respektvoller Beuge und, wie es der historienreisenden Dickmadame jetzt geschieht, zu scheuem Aufblick, ob der Herr denn hersehe, ob er ihrer achte. Hat sie etwa geknickst? Täuscht ihr Empfinden, eben den schweren Leib hochgestemmt zu haben? Stiegen jenen damals, steigen ihr jetzt tatsächlich heiße Röten ins Gesicht, als hätte der Hochstehende nicht bloß tief ins Decolleté und noch tiefer in die Augen geblickt, sondern zudem ihr mit freundlicher Hand aufgeholfen? Gewiss eine Täuschung. Der geschichtlich rückführende Strudel produziert Einbildungen, man kennt das, stets gegen Irritation ankämpfend ist der Neuronenhort voll davon. Indem Madame nach musealer Ergehung in unbestimmbarer Umgebung körperdreht, wird sie von der Gruppe in Obhut genommen. Heimreise, zumal Ankunft im vertrauten Studio und, nach aufregendem Talk, Einkehr ins noch trautere Heim werden die Bergung, das Geborgensein also, vollenden. Doch daheim ist man noch nicht. Der Zeitendehner und zumal die Dompteuse scheinen es nicht eilig zu haben. Im Gegenteil gestatten sie jenem Mann, welcher sich gern flächiger Ausdehnung bedient, ein größeres Stück Boden zwecks Demonstration in Anspruch zu nehmen und sich gemächlich darauf auszubreiten. Nämlich als Landundseelenkarte. Inklusive einer Kartographie des Nachsinnens und der Erklärversuche, und, falls letztere fehlschlügen, des probeweisen Ordnens. Die Mannsfläche dunkelt. Aus Randzonen streben Lichtspuren zur Mitte, wo ein Leuchtpunkt sie einsammelt und mit jeder Ankunft von Spur sich weiter aufhellt. Zwecks Hilfestellung für Betrachter illustriert der Kartenmann seine schwer verständlichen Zeichen, indem er die Leuchtstelle sowohl dehnt als auch durch filmische Abbilder erläutert. Letztere zeigen die Gruppe beim Gang durchs Museum, zeigen ebenso, dass ihr museales Befinden mit dem Augenblick ihrer Ankunft sich hinter einer dunklen Wand verschließt. Eingeschlossen wie ungeborene Küken in der Eierschale mögen sie drinnen, ohne heraus zu können, sich frei bewegen, unbeantwortet die Frage stellen, wo sie herkämen, wo es hinaus ginge, richtung Vergangenheit erweist sich hinter irgendwie lockender Nachtschwärze der Einschluss als besonders dicht. Gerade hier aber drängt es die Museumstouristen nacheinander zum Ausbruchsversuch. Der dringliche Anlass dazu scheint in einem eben in Betracht gezogenen Wachsimitat, in dessen Charakter oder irgendeinem Utensil zu liegen. Denn nicht ungewappnet streben die Besucher in eben jene ausweglose Richtung, vielmehr im Geleit eines leuchtenden, durch die Betrachtung angeeigneten Objekts machen sie ihr obskuren Schritte. Einer beispielsweise lässt sich von einem Buch leiten. Der so Beauftragte blättert die großen Seiten, hält inne bei einem Kartenbild. Zeigt das den Globus in flächiger Abwicklung. Offenbar ein sehr früher Versuch, dem zwar Einsichten zur Darstellung des Kugelmantels nicht ganz fehlen, der sich aber ziemlich unerfahren mit damals erhältlichen Daten zur Erderforschung herumschlägt. Im dargebotenen Bildnis rücken damalige Beschreibungen von Ländern und Gewässern zu einem mittigen Klumpen zusammen, den ein einziges gewaltiges Meer umfasst, und dessen Seewege als vom Klumpen ausgehende, wiederum am Klumpen anlandende Expeditionen markiert werden. Ganz mühsam und widersprüchlich verorten sich von reisenden Händlern und Forschern beschriebene Landrouten auf dem krumpelig fast kompakten Kontinent. Nur zu gern möchte der Buchbetrachter die Vergangenheit um nähere Erklärungen bitten, die Situation des Kartenmachers kennen lernen. Doch die Wand mit dem scheinheiligen Versprechen, trotz Nachtdunkel dennoch offen zu stehen, bietet auch heftigstem Nachdruck tastender Hände steinharten Widerstand. Verbleibt demnach die Nachfrage, ob da Ungeschick oder Informationsmangel oder den Mangel kühn überspringende Fantasie am Produkt mitgewirkt habe, beim hilflosen Betrachter. Den folglich die Antwortlosigkeit zutiefst verstört und mit der anderen Frage nach der eigenen

Positionierung im Geschichtsbild konfrontiert. Derart zwischen Wand und Ratlosigkeit eingeklemmt möchte er nun den einzig denkbaren Ausweg wählen, den zurück in den Talk. Und herrsche dort noch so belangloses Geplauder, wärs ein dennoch in Gewissheit verankertes, ans reale Dasein gefesseltes Tun. Indessen gelingt derartige Befreiung nicht, vielmehr haftet der Betroffene am Standort vor Wand und Buch. Betreffende überaus eingeschränkte Bewegungen, etwa Blättern im Buch, darüber den Kopf neigen drehen wenden, sich die Stirn wischen undsoweiter, erzeugen den Eindruck, jener müsse vorerst einen für alle anderen unverständlichen Auftrag erledigen. Gelegentlich sprüht von seinem Kopf ein Funkenheer, was ihn vermutlich veranlasst, beharrlich seinem Fluchtwillen Ausdruck zu verleihen. Bearbeitet also er Krallentier die Wand mit vermeintlichen Pranken, stößt Kopf Knie Ellbogen Füße gegen unsichtbaren Widerstand, gibt jedoch nach wenigen Augenblicken auf, weil, man kommt nicht heraus. Wie es alle anderen dann ähnlich am eigenen Leib erfahren. Ein weiterer talkzugehöriger Wachsinspizient entledigt sein Objekt einiger Kleidungsstücke und Utensilien, legt diese an, um nun als geistlicher Würdenträger der sturen Nachtmauer nahezutreten. In seinem Fall wandelt sich ein Stück mauerfester Undurchdringlichkeit in bewegte Materie, erblickt man Gerichtsschergen, deren Hände zupacken, ihn hin und her zerren, einiges vom Leibe reißen, um ihm am Ende ein weißes Sackgewand überzustreifen. In solcher Weise erbärmlich und zusätzlich unter Dornenkrone und vom Foltern reichlich blutbefleckt muss er vor seine Richter. Ähnlich einer Filmillustration des Kartenmanns simulieren das vor der Wand spielende Erscheinungen, welche man sich als Einbildungen des Betroffenen vorzustellen hat. Erst eigener Identität, dann der Würde und Insignien jenes Wachsimitats beraubt, wird er figura des letzteren trotz höchstkirchlichen Rangs der Ketzerei beklagt und zum Tod auf dem Scheiterhaufen verurteilt. Dem Besucher widerstrebt dies Verfahren, so dass er kopfschüttelnd händeflehend Einspruch erhebt, das mit dem Effekt einer kurzen Retrospektive auf das Leben des Verurteilten. Ein Knabe aus bescheidenen Verhältnissen, dessen überraschende Intelligenz nicht zu unbezahlbarer Ausbildung, stattdessen zur Eingliederung in einen Mönchsorden rät, welcher den Heranwachsenden möglicherweise der Familie entfremdet, ihm aber hinsichtlich Ausbildung größte Chancen einräumt. Der Zögling entwickelt sich alsbald zum Klerikalen von zugleich überragendem wissenschaftlichem Rang. Während Zeitumstände das Bauernvolk unter Mühen ihren Zehnten und dann rasch weiter anschwellende Abgaben für Luxus, Kriegswut ihrer geistlichen wie weltlichen Herrschaften erackern lassen, während mörderische Seuchen so erfolgreich wie pfründensichernde Schlachten den Volksbestand dezimieren, während wenige ganz große Plünderer von amtswegen mit Scharen kleiner Beutemacher konkurrieren, während allgemeine Moral zwar dies und das verbietet, doch zugleich im Namen von Gott und Kaiser die Verfolgung kleiner und kleinster Sünden, nicht jedoch wirklich machtdreister Raubzüge, gebietet: rette man Seelen und Finanzen! Ja, die Seele, Gottes wahre Welt-

gabe, vor Schaden zu bewahren, rangiert so weit
obenan, dass ein umso höher positionierter Retter
beim Abstieg in die verderbliche Gosse umso weniger auf dreiviertel-, halb-, viertel-Wertiges achthat,
zugunsten Ohnmächtiger die Untat Mächtigerer
übersieht, so, aufrichtige Sünder ins Auge fassend, die
großen Täuscher gottzuliebe laufen lässt. Denn: letztere entrichten aufgrund ihres Vermögens für jede
Schuld entsprechende Sühnegelder. Der hier verurteilte Geistobere bietet nur Worte, verfügt nur über
Verstand, dessen Peinlichkeit den weniger Klugen
Unruhe und Sorgen bereitet. Weg mit solchen! Der
Himmel wirds lohnen. An dieser Stelle der Sünder-
hierarchie passiert es, dass sich ein unterstes gesell-
schaftliches Glied in die Debatte mischt. Eine Blon-
dine mit bäuerlich grob geschnittenem Gesicht
gleichwohl bestechend eindringlichen Augen, mit
derbem Umgangston zugleich herzlicher Zuwendung,
will endlich erfahren, von welchen Weisheitshäuptern
sie als vermeintliche Hexe erkannt und zum Feuertod
verurteilt sei. Nicht in derselben Weise verlautbart
sich eine ebenfalls blondhaarige, jedoch feiner gebil-
dete Talkteilnehmerin. Der Auftritt jener Hexe genannten Figur indessen berührt sie zutiefst, so dass
sie, als eine den Würdenträger umgebende Menge
Hexe! Hexe! zu rufen beginnt, selbst wie unter Schlä-
gen zusammenzuckt. Beobachtet mit aufgerissenen
Augen, wie jene Blonde, den anderen zum Tod verurteilten klerikalen, leider allzu wissenden Geist ver-
drängend, in dessen Sterbegewand einrückt. Folglich
vor der undurchdringlichen Wand nebeneinander
sehen jetzt zwei Besucher und Objektfolger im selben

Beispiel tödlicher Bestrafung ihre vom Tussaudmilieu veranlasste Inanspruchnahme zuende gehen. Einander überrascht zunickend wissen sie, mehr zu erfahren steht ihnen nicht zu. Während die Dunkelwand weiterhin umschließt, ist im Innern des Museums sich frei zu bewegen ihnen wieder gestattet. Ihr Film blendet aus. Um anderswo neu zu beginnen. Und das mit Schwierigkeiten insofern, als die vorgesehene Widmungsperson kein solches Objekt heranträgt und anbietet, wie es etwa dem Kartenmann gut zu kartographieren und zu illustrieren gelänge. Denn infolge Berührtseins von ihrer wächsernen Bezugsfigur produziert die Dame derart innenhaltige Motive, dass diese für Showzwecke und bildliche Präsentation außer Reichweite liegen. Da erscheint egal, ob sie am Ort ihres Betroffenwerdens, zu Füßen auslösender Figur also, oder samt Innengepäck unmittelbar vor der Wand hockend ihr Gesicht wider Näherung Ablenkung in die Handschalen vergrabe. Dringe nichts vom Gelärm damaliger Zeit, wie es ihr todgeweihtes Meditationsobjekt umgeben haben muss, lähmend ins jetzige Dasein, Kriegsgeschrei nämlich und politische Allüren, oder das Getön ihres Milieus, dessen rastloser Feierlaune zu dankender Feste, so auch nicht die Klage hungernder, krankleidender Armer, etwa landflüchtiger Industriesklaven und derangierter Heimarbeiter. Die auf einem Erklärschild als Wissenschaftlerin große Entdeckerin ausgewiesene Wachsvorlage hat von dem allem kaum Notiz genommen, beharrte stattdessen auf ihrem selbst gewählten, mühsamen und entbehrungsreichen Weg, welchem, ein gewichtiges Ziel erreicht zu haben, erst nach dem Tod der

Autorin bekanntzumachen gelingt. Scheinbar unberührt vom Zeitgetös regen sich vergleichbare Dramen in ihrem Inneren. Ihre vom Tagesgeschehen abgewandte Forschung, die nur wenige interessiert und die umgebende Gemeinde stets irritiert, erfährt durch Tragik, Opfermut, Beharrlichkeit, durch verspäteten Erfolg den menschenwürdigsten Beiklang. Keller, Schuppen, kalteinsame Laboratorien, darüber hin trampeln grob ungefüge Gattung und Zeit. So etwa sinniert die introvertierte Besucherin. Mit einer anderen Talkkandidatin zusammen hatte man übrigens in Vorgesprächen auf dafür ungeeignete Ausstattung und auf mangelndes Interesse an öffentlicher Selbstdarbietung hingewiesen. Beide mochten der Unternehmung nur deshalb zusagen, weil die ladende Speakerin, in Verlegenheit um neue Gäste, äußerste Rücksichtnahme und bescheidenste Erwartungen versprach. Umgekehrt würden die beiden Bewerberinnen, erklärte man übereinstimmend, auf zwar stets begrüßte, doch nie erlangte Zustimmung des Publikums verzichten, welche ja in der Erwartung gründet, über eine menschheitsdringliche, leider schwer zugängliche Sache reibungsfrei unterrichtet zu werden. Kommentierte die Talkprofessionelle: Eine Hand wäscht die andere. Nachdem alle Talker ihr Tussaudprogramm absolviert haben, öffnet sich das bislang ausganglose Gelass für den Abgang richtung Heimat. Beendet also der Kartenmann seine Projektion. Schrumpfen die provokanten Einbildungen zum minimalen bonbonentleerten fingergemantschten Wickelpapier. Welches man dem Papierkorb oder anderem Wegwerfschicksal anvertraut. Hatte man schon die tussaudjenseitige Schweigemauer nicht durchbrechen können, scheint nun auch die zwischen Tussaud und Neugeburt, quasi Fluchtnachlass damaliger Wachsfiguration, liegende Vergangenheit dem Vergessen zum Opfer zu fallen. Die aufgrund starker Suggestion des Zeitendehners durchquerte Zwischenzeit wird, fürchtet man, die Erinnerung an die eben abgelaufene historische Exkursion preisgeben müssen, ist nichts, war nichts, wird nichts gewesen sein. Möglicherweise bereuen Dompteuse, Zeitendehner, dem Kartenmann so ausführlich Gelegenheit zur Demonstration seiner speziellen Qualitäten eingeräumt zu haben, und der ganze Zirkel könnte, von musealer Hypnose und kartographischer Projektion über die Maßen in Anspruch genommen folgend überfordert, in zerebralen Landschaften hilflos umherirren. Möchte sich etwa anstelle Aufklärung große Irritation breitmachen, so in den Teilnehmern ein furioses Durcheinander anrichten. Käme dann zwischen schwarznächtens bildschluckenden Kulissen eine müllartige Schütte aus Erinnerbarem, Eingebildetem, willkürlich eingefahrenem Kram über sie, um dieses Pack, Provokateure! Provokateure!, unter sich zu begraben. Und wer hülfe dann den Unrat abräumen und nach Wert, Unwert sortieren? Jederzeit auch im Talk, weiß die Dompteuse, lauert tückisch Gefahr. Droht eine Ansammlung wilder Elemente, die in Talkers Gedächtnis zwischen überbordender Fülle und kargem Ertrag unsicher wankende Bilder müllwütig überschwemmen. Da wäre Notwehr gefragt. Da sollte man im Nachtrag zum Talk das Wertmögliche herausfiltern, nachträglich mindestens einiges

ordnen, der Kritik anheimgeben, fragmentarisch Ge-
bliebenem aufhelfen. Schließlich probeweise alles abräumen, das Lagerpersonal durch Schuttzufuhr zu
Selbstreinigung provozieren, auf dass in Form kleiner
Explosionen aliter Assoziation der Neuronen doch
noch der eine oder andere Gewinn sich zeige. Der, an
die Rampe tretend, rufe: Hier bin ich!

WARUM KEINE LEICHE, fragte sich der auf Stoffsuche
befindliche Krimiautor, und: Warum keine Leiche!
hatten sich Fußgänger gefragt, als sie im Waldstück
neben dem Stadtpark die Brosche entdeckten. Wenig
Glanz im Gold, in aufgesetzten Rubinen, viel Staub
und Laub der Umgebung, gleichwohl showprächtig
präsentiert kuschelte sie in einem bloßen, von Gras-
grün modrigen Blättern gerahmten, ziemlich hellen
Sandstück, man konnte das schwerlich übersehen. Zu
Fundbüro und Polizei gebracht beschwor die Brosche keinen Verlierer, einem Kenner, Juwelier, vorge-
legt, löste sie helles Entzücken aus, das Stück war
sowohl historisch faszinierend als auch mit Gewissheit von einem Meister gefertigt. Da mussten Exper-
ten ran und sich näher mit der Preziose befassen. Rascher als erwartet ließ eine Nachricht aus England
vernehmen, dass es sich um ein bekanntes Stück
handeln müsse, mithilfe einer exakten Beschreibung
und einer verbesserten Ablichtung würde man einen
aufkeimenden Verdacht entweder bestätigen oder
ausräumen können. Nach Angaben und betreffenden
Dokumentationen eines Museums müsse es sich um
jene Brosche handeln, welche eine gewisse Lady besessen und auf ihrem Mieder getragen habe, in dieser

Ausstattung sei sie im Museum Tussaud, wegen weiterer Kostbarkeiten in einer bruchsicheren Glasvitrine geborgen, als bekannte Wachsfigur ausgestellt gewesen. Muss man ergänzen: bis vor kurzem; nämlich vor einigen Monaten sei die Figur mit mehreren anderen auf unerklärliche Weise verschwunden. Geraubt! wollen die einen wissen, doch nach Aussage von Aufsehern, Augenzeugen hätten diese Aussteiger aufgrund eigener Initiative sich davongemacht. Unsinn! Trotzdem durch alle Kanäle und Blätter gegangen hats heftig Staub aufgewirbelt und Museum samt Hütern in schreckliche Miseren gestürzt. Künstlich hergestellte Wachsfiguren laufen doch nicht weg! Flufla Flügelschlag kranikeilts gen Süden! Was glauben die Leute nicht alles! Aufklärer sagen Nein. Mythengläubige mögen sich ausmalen, dass die im Tussaud blasphemisch dargebotenen Lebendimitate wider die Anmaßung ihrer Erzeuger rebellierten, es möge der unglaubliche Abgang jene Konsorten bloßstellen. Klar, dass unsere berühmten Toten irgendwo weiter existieren! Kunsthalber totgeborene Abkömmlinge aber verdienen nur Nullen genannt zu werden! Haben die Rebellen ihrem Kreator erstmal in den Hintern getreten, kanns nicht lange dauern, bis im Tussaud verbliebenen Figuren der Spaß an wächsernen Ewigkeiten vergeht! Werden sie demnächst ausreißen, krakrakra weit offene Himmel suchen! Tussaud unterdessen erhebt Anspruch auf die Brosche. Sobald alle Formalien geklärt sind. Beflissene Rechercheure ermitteln einen vor etlichen hundert Jahren tätigen Goldschmied, dem das gute Stück aufgrund unzweifelbarer Ähnlichkeiten mit anderen namentlich gekennzeichneten Arbeiten zuzuschreiben wäre, im betreffenden Verzeichnis, das ein erbfolgender Kollege in seinem Archiv unter Verschluss hielt, findet man tatsächlich Datum der Fertigung und des Verkaufs, eine nebenstehende Skizze mit stichwortartiger Beschreibung beendet alle dieserhalb aufgeworfenen Fragen. Der Käufer, reich und von Adel, vererbte die Brosche über mehrere Stationen jenem Mann, der sie dann der Lady als offenbar so geliebtes Stück an Bluse oder Kleid heftete, dass sie es wie ein Kennzeichen ihr Leben lang trug. Ein amouröser Dichter meinte sie denn auch als die Damemitderbrosche ansingen und verewigen zu sollen. Hatte der Krimiautor diesen Stoff zunächst als vagen Keim für eine nun zu entwickelnde eigene Schreibidee betrachtet, fühlt er sich jetzt in seinen Inventionen mehr und mehr behindert durch medienverbreitete Tatsachen. Obwohl dortige Verlautbarungen nicht jede andere Vorstellung ausschließen, hat eine von ihm erhoffte Dimension sich verflüchtigt, dass er nämlich nach erster kräftiger Zündung eine freieste Erfindung ins weite Feld der Spekulationen einbringen könne, so ureigenen Impulsen nachgeben dürfe. Als die Brosche aus irgendeinem Nichts zutage trat und ihn, wie vermutlich andere auch, neugierig, dann nach weiteren Dreingaben hungrig aufs Spekulieren machte, verstellte ihm nichts Hinderliches den Weg. Ihm, muss man betonen im Unterschied zu leicht mit Mayo, Ketchup beeindruckbaren Schwätzern, als einem von lebengierendem Gestaltungswillen herausgefordertem Ghostwriter. Inzwischen geriet die geheimnisvolle Angelegenheit zu einem öffentlich fürs bestmögliche Angebot ausgeschriebenen Auftrag, wodurch vormalige Bezauberung einer hemdsärmligen Aktionslust geopfert wurde. Das wiederum machte seiner ernst gestimmten Zuneigung den Garaus, für ihn gabs da nichts mehr zu holen. Wie gewonnen so verzischt! bedenkt er die Blume frisch gezapften Biers vor sich, durch welche ein erster Schluck richtung Halsundmagen als Glücksmeldung geht. Frohbotschaft für die Dauer einiger Schlucke, laufende Wiederholung allerdings wandelt die eindringliche Nachricht in jene allbekannte Durstempfindung, der nur per routinemäßiger Bierschütte abzuhelfen ist und welche dann rasch lahmendem Alltagstrott anzuvertrauen wäre. Biergold gegenwärtig Goldherbst. In glutenden Laubseen so was wie Edelmetall der Brosche, das Ding kriegt er nicht aus seinem Fantasieschädel heraus. Auch nicht, als er innenstumme Herbstsäle verlässt, stattdessen einen stimmenbelebten Bazar betritt, der milden Schmuckglanz mit rauschender Farbpracht überbietet. Schiergrau tröschiebe Schieferkolosse. Elefantropte paroli. Je mehr man vom Konto herunterlebte, umso größer der Einsatz für desto geringeren Gewinn. Welch letzterer dann umso mehr zählt. Längere Zeit schon blickt der Krimiautor durch ein Rahmenwerk auf ein leuchtstark bildwechselndes Feld, hofft dorther Anregendes, wirklich Aufregendes zu erfahren. Täglich Stunden veranschlagt er für die unermüdbare Schaustellung, empfängt oberflächliche Anstöße, die von nachfolgenden Eindrücken getilgt werden. Selten berührt ihn etwas so, dass die einmal Gedächtnis ein andermal Psyche noch ein andermal Denkbereitschaft genannte Empfangsbereitschaft das Gebotene mehr als nur vage reflektiert. Hallo, was ist da drüben los bei euch? Verbrecher, nichts als Verbrecher! Überall reichlich krumme Wege. Menschen krümmen sich, einbuchtende Leinwände lassen sich unterm Sog darüber hinweg eilender Filmstreifen kaum straffen. Falls es jemanden nach mehr gelüstet, bohre derselbe wurmgleich durch Scheibe aliter Bildwand, um die endlose Aufzeichnung uralter, seit Ewigkeit kurbelnder Rollen zu lesen, Zeit Zeit, um angesichts gebetsmühlenartig von vorüber streifenden Händen Windböen wiederholter Szenen nie und nimmer zur Ruhe, so nie ans Ende irgendwelcher Zeitspur zu gelangen. Wer denn hier oder woanders erfasst dergleichen, niemand, indessen Raum, Universum verspotten aufgrund unerschöpflichen Fassungsvermögens jedes Mega und Giga, auch jederlei nanomäßig mit Lichtjahren vollgepfropftes Neuronengehäus, ja, der winzigste Sternenabstand schlägt menschliche Vorstellungskraft um Längen. Gleichwohl rückt der Krimiautor dem Zeitfluss aufs Gewelle. Wie immer er in seinem Inneren tätige Triebwerke so deren stets wachen Hunger zu stillen gedenke, ihn begleitet, solang er am Stillen ist, der Eindruck, selbst mit Nährstoff gefüllt zu werden. Solche Empfindung übertönt die sein Inneres bedrohende Leere. Ob nur momentan oder für längere Zeiträume, keinesfalls darf er innehalten, etwa jenen Hunger vernachlässigen, nein, er befüttere ihn als solche Kreatur, auf deren Geleit er angewiesen bleibt. Nicht nur momentan, sondern für immer. Touristan supsapper zucksacker obsherzugemüte, denke man übers kleine Ich hinaus. Wie war

Euer Urlaub? Wir gastierten dies Jahr zuhaus. Kommt mal auf ein Glas Wein vorbei und zeigt Eure Dias! Fabelhaft diese Sonnengrüße abends und morgens! Bänker fingertauchen ins monetäre Geström. Werden Kurse steigen, werden sie fallen, wer weiß wannwowarum einer klettert und andere übern Klippenrand stürzen. Irgendwo im globalen Schatten zündelte wer, hat prächtige Feuerwerke gezündet, kehren himmelverstiegene Werte, von Explosionen versehrt, ins deprimierte Saldo zurück. Des einen Bauern einzige Kuh, der Aufzüchter viele Rinder, Schlachthof Handel, liefern ausländische Konkurrenten den hirnkastrierten Konsumenten laufend Billigware, Hühner, Schweine, Gänse und weiteres Personal für krumme Geschichten, in deren Gespinst sehr wenige Gewinn machen auf Kosten zahlloser Verlierer. Kennst Du Dein Elend nicht und merkst nicht die Ursache, dann lass die Finger vom Gewerbe, lass ab von Kauf Tausch Erlös. Ich Bänker sage Euch, dass Ihr nichts versteht und dass auf mich so wenig Verlass ist wie auf die Umstände. Auf welche sich kein Schlaukopf jenseits Glauben Hoffen verlässt. Wie denn! Manche bemühen Religion, andre scheffeln Herzschläge also von Natur veranlagtes Hoffenglauben ins Gemüt! Öle das die Triebwerke mit Beat oder gröberem Techno. Das betäubt den meckrigen Verstand, auch meineigenen, schon Babys, Ladies verhalf List zum Erfolg. Schweigt mir von Brüdern, Nepoten, Päpsten und Königen! Habt Ihr schon mal echt gerades Gradaus gesehen? Alles ist krumm. Das Universum krümmt sich, verkrümmen sich hochfahrende oder niedergeworfene Kreaturen in schmerzhafter Ohnmacht. Jeder erstrebt das Gute, der clevere Mephisto, allein ums Böse bemüht, bewirkt Gutes genug, um seine Idee krummkriechen zu sehn. Die Leute meinen auf gutem Weg zu sein, reiten munter auf dem Rücken der Zeit, welche zwar ausgiebig beschenkt, doch am Ende all das fürs gehabte Leben in Zahlung nimmt, basta, na danke. Der Krimiautor späht immer noch durchs Rahmenwerk, um was! auf flimmerndem Schirm zu erblicken? Eine Talkrunde? Heißt das dumme Fragen stellen, kluge Retros erwarten. Die mehreren Gäste haben dagegen nichts einzuwenden. Ist ein Spiel. Eine Spielart des Kennenlernens. Es zischen, trudeln, kullern ins Gerüst stabiler Meinungen Flugundschleichbälle, ebenso werden allerlei Gedächtnisobjekte in den Ring geworfen: was wissen andre dazu zu sagen, benenne man die vom Objekt gezündeten Assoziationen, mein:dein:unser Feuerwerk am Talkhimmel. Ach Talkhimmel! Gegenwärtig atelierplaudert ein Künstler. Hält zwecks Rundsicht eine Zeichnung hoch. Wehrt aufkommendem Beifall. Die Steuerfrau der Talkshow hakt nach, bittet um Erläuterung. Der Kunstautor offenbar verfügt über Lichtgewalt, denn seiner Gestik zufolge weicht die grellheiße Studiobeleuchtung einem machtvollen Nachtdunkel, in das hinein Scheinwerfer nicht weniger grelle Schneisen schneiden. Anstelle erklärender Wortlaute inszeniert der Maler die Stummsprache seines Metiers. Lässt sehen. Hier nun Hell und Dunkel in scharfem Kontrast. Eine wegen drängender Termine auch nächtens lärmtätige Baustelle erscheint im Bild. Die Szene blendet mehr, als dass sie verrät. An bereits bestehende Gebäude fügt man seitliche Flügel, so sieht es aus, die visuelle Darbietung legt allerdings wenig Wert auf Kenntnisnahme gegenständlicher Motive, fasziniert die Sehorgane stattdessen mit Helldunkelsensation. Scharfe architektonische Kanten, schattenhaft aufragende Säulen, von umstehenden Bäumen, Büschen gebotene, reichlich diffuse Umrisse gliedern unauffällig die Bildfläche in kontrastierende Zonen, worin feiner gliedernde Details für Abwechslung sorgen. Der Bildmanager lässt dabei den gemäldestabilen Eindruck derart ins Filmische hinüberwechseln, dass man unwillkürlich meint, das Motiv werde von bewegten Betrachtern wahrgenommen. Folgerichtig entfalten jeweilige Kontrastverhältnisse Formzustände ein dynamisches Angebot, das zur vergnüglichen Unterhaltung wanderfreudiger Augen bestimmt scheint. Bitte erlebe man die Szene nicht erstlich als Rastort von Kontrasten und Formen, sondern als deren munter abenteuernden Wechsel. Etwa belebt weichere Grauflutung mit unversehens schwarzweiß verdichtenden Arrangements die Einbildung, beschwört mit ganz unrechenbaren, folglich überraschenden Effekten die Augenlust. Wo bleibt Rembrandt? könnte jemand einfallen zu fragen. Solcher Ruf, ins Ungefähre, ins ohrentaube bald Ohren spitzende Dunkel entsandt, weckt Echos. Herr Ober, ein Bier! Wo bleibt meine Bestellung! Die zuvor auf Nacht gedimmte, nun aufhellende Stimmung lässt eine museale Installation erkennen. Vor einem goldgerahmtem Bild drängelt, Augen und Ohren weit aufgetan, eine Besuchergruppe, die sich Rücken an Rücken dem Vortrag eines unter modischem Barockbarett tänzelnden Hermes, Botschafter der Kunst, widmet. Wer ist Rembrandt. Zwischen kessem Schnäuzer und geckenhaftem Spitzbart sprudelt er Nachrichten hervor, wonach ein bescheidener Müllersohn als bald begehrter Porträtist es bis in oberste Ränge der Amsterdamer Bürgerwelt schaffte. Welcher Emporkömmling sich vorzüglich vermählte und eigene kleine Habe durch die Mitbringsel der Dame kräftig aufstockte, das Aufgestockte seinerseits mehrte, vom Gemehrten schließlich fast alles durchbrachte. Bei Caravaggio, Honthorst, Swanenburg sich belehrend, bei Lastman meisterlich belehrt, war der muntre Naturbursch flott voran gekommen, erklomm, das Eingeheimste überbauend, rasch den Gipfel der Zeitkunst. Eine: drei: siebzehn und immer mehr Millionen, zum Ersten, zum Zweiten, zum Letzten, der Zuschlag ergeht an undsoweiter. Heuzutag entschwebt der Müllersohn in unrührbare Fernen. Wer einen Rembrandt haben will, wende sich an Mafia und solche Genossen, die am Steuerfond unbetuchter, jedoch massenhafter Finanzopfer zutscheln. Sieh! Beim Reden gealtert buckelt ein zahnlos unter kümmerndem Barett grinsender Hermeneut durchs Bilderland, hat Bart, Vermögen, Familie verloren, würde von Morgenstern verspottet als Vielfress leider kein Haltefraß. Doch je weiter vom Mühlenherkömmling abrückende Zeiten werdens ihm umso grandioser entgelten. Bewundernd ausgebreitete Arme wiederum einziehend beschwört der Redegeist den Aufmarsch einer Garde klappertanzender, von Trommelschlag Trompetensound gesponserter Gerippe. Unser Dessert, meine Damen und Herren! Gönnen sie sich einen Schluck und reanimieren sie blickauf Rembrandt die stets schlappende Fantasie! Sodann schrumpelschrumpft der Museumspropagandist. Zugleich in seiner hutzelnden Mimik verdorrt die Proklamation geistigen Genießens. Welches, wie falsche Predigt versprach, jeden Kollaps von Aktien, Finanzen und anderen materiellen Werten überlebe. Was das nun auch gewesen sein mag, es verröchelt am Boden: Die Nachspeise, meine Herrschaften, die Nachspeise! Kaum setzte der Rembrandtexperte diesen seinen Schlusspunkt, meldet die Dompteuse sofortigen Anspruch auf Stoff und Regie an. Ich übernehme! Ein scharfes Hallo aus ihrem Mund lässt die Schwatzgemeinde aufhorchen. Unverzüglich folgt man ihrer wegweisenden Geste. Unter solchem Nachdruck verlässt der kleine Trupp die kunsterfüllte Szene, um sich im Studio wieder dessen Lichtmacht und Hitzeflut auszusetzen. Derart geht der zum Diskurs nicht geladene Krimiautor weiterer Teilhabe verlustig.

NIE WIEDER! NOTIERT DIE DOMPTEUSE, Madame-Talk, ins Merkbuch. Meint damit die Ladung von Gästen, die zwar momentan äußerst interessant erscheinen, doch als öffentlich wie auch letztlich der Talklenkerin unbekannte Personen ein unrechenbares Gesprächsangebot nur versprechen, geschweige eine publikumswirksame Entfaltung im Talk garantieren. Über Jahre hatte man nur allgemein bekannte Figuren auftreten heißen, die als Garanten erfolgreicher Befragung, ebensolcher Darbietung von Leben, Lebenserfahrung, von mehr oder weniger sensationellen Stoffen, Schicksalen es würden an Spannendem und

Aufregendem keineswegs fehlen lassen. Und das im motivierenden Reigen zum Austausch bereiter Redepartner! Durfte man in letzterem Fall das Hinterland der Gäste als weit geöffnetes Theatrum betrachten, worin also der Gast gerne auftreten und das Seine als öffentlich Taugliches präsentieren werde, weckt der vage Hintergrund erstgenannter Kandidaten die Sorge, die Anbieter könnten unversehens in befremdliche Zonen abtauchen, böten aus Dunkelwelten, aus absurden Situationen in verqueren Ausstattungen ganz Unverdauliches. Oder es sähen sich sogar aufmerksamste Zuhörer über die Maßen herausgefordert durch Anmerkungen, die von unbekanntem Realgrund oder aus wenig vertrauten Situationen abheben, um in unzugängliche Reflexion zu entweichen. Bestenfalls wäre die Teilhabe an derartigen Ausflügen denkbar, wenn man deren Veranlassung, deren Zielsetzung und die konkreten Umstände kennte. Die aber ruhen verschwiegen im Humus dann sichtbarer Ausblühungen. Die Dompteuse ist durcheinander. Schreibt es hin. Dass die seltsamen Gäste die ihr eignende, ziemlich definierte Weltschau weiten, kann und will sie nicht leugnen. Da wird sie vom gewohnten Trampelpfad fort ins Abseits gelockt, per Traumpost aufregend bedient, fühlt sich in windanfälligen Einbildungen nach Irgendwo entführt, doch derartige Gewinne, falls es welche wären, vermag sie in die bisherige Daseinschronik kaum einzutragen, weil deren sorgsam angelegte Gestalt die Aufnahme verweigert. Merkwürdig! drängt es sie zu formulieren: dass sie sowohl verwirrt werde, als auch starke Belebung spüre. Jedoch fürchtet sie: liest man im Merkbuch deutlich unterstrichen: es werde das sie Belebende einem darauf nicht vorbereiteten Publikum ziemlich zusetzen. Anstatt dem unerwarteten Aufbruch ins Nachsinnen zuzustimmen, werde es, in der Hoffnung auf gängige Unterhaltung getäuscht, resümieren: Nie wieder! Nie wieder Talk! So die enttäuschten Besucher. Anders als diese hatte die Talkmeisterin reichlich Gelegenheit, betreffende Gastpersonen im Vorgespräch kennen zu lernen, und wenn sie auch nach dieser Prozedur immer noch gewisse Besorgnisse hegt, hat sie gegenüber dem Publikum einen großen Vorsprung. Nun, inzwischen ist der Talk in vollem Gange und entfaltet seine Besonderheit. Stöhnlaut aus der Zuhörerschaft. Die Dompteuse denkt ans ohrengrelle Quietschen von Schienenfahrzeugen in schlecht geölten Gleiskurven, und wie das dem Widerstreben überforderter Psychen gleiche. Möwengegeire. Als drehe das Gieren nach sensationeller Beute enttäuscht ab vom eben sinnlos gewordenen Angriff. Blamage im Gerangel von Konkurrenten, deren jeder sich den geschickteren Schachzug, den gezielteren Sturzflug, einzig den Erfolg erhofft. Es gibt ja im öffentlichen Drama keiner leicht auf, nur falls Gewinn ausbliebe, wäre man im Nachhinein, voriges Lauern, Warten, Jagen, Zittern zu belächeln, bereit. Talk! Der gegenwärtige Sprecher setzte sich nach freundlicher Beantwortung leichter Fragen von der Truppe ab, taucht nun, eigensinniger Marodeur, in der ungedeckten Flanke des Heerzugs wieder auf mit stupenden Nachrichten. Quatert was von Kunst. Schimpft. Politikaster labern von Gestalt. Was außer paar Fragmenten, paar unerheblichen Details hätten die denn vom

Ganzen in der Hand! Fahrlässig unbedacht spielen sie Kleinzeug aus, erbärmliche Joker, verblüffen den Wähler, beeindrucken Unerfahrene und schlecht Unterrichtete, geben unterm Titel Gestaltung vor, Größeres und Umfassenderes im Sinne zu haben. Niemals hörten sie aufs Gesäusel kleiner Gefälligkeiten, brüsten sie sich vor dem Schnellgericht der Verbalisten. Und wie agieren Künstler? Beispielsweise ein Maler. Der zeugt in liebevoller Einbildung kostbare Ordnungsgebilde. Tritt von der Staffelei zurück. Übersicht schaffen! tilgt er Störendes. Reduziert verwirrendes Allzuviel. Zieht pinselbewaffnet in die Schlacht, um aufkommende Konkurrenzen, Bedürfnis nach Sicherheit, Ansprüche zurecht zu rücken. Widersteht, wo Kleckergeister Atome zählen, ein zwei vier zwanzig hundert mal dreihundertfünfundsechzig Tage, das reicht gerade mal für eine Handvoll Staub. Staub begehrt mehr zu sein, Element, Arrangement, Welt, materielle und darin bewegliche Ordnung, Leben. Nur Anmaßende übersehen: Staub allein genügt nicht. In ihm möge etwas umtreiben, Anbindung suchen, Beziehung eingehen, im Dienst für andres, für Größeres das dürftige Ego aufgeben, so dass das Einfache, Atom Baustein, vom Selbstzweck zurückstehe, stattdessen seinen Part einbringe in komplexe Gebäude. Die fallen in sich zusammen, wenn man Atome zu zählen beginnt. Über Anzahl triumphiere Gestalt. Die Anzahl, die Mehrheit: Phrasen des Wahlsiegers. Endstation. Wirklich? Eben wühlte sich Politicus Rex durch Staub Staub, um vermeintliche Gestalt am Kragen zu packen, da schon rebelliert Realität. Behauptet, nicht von einer einzigen, sondern von unzählbar vielen Gestalten bestimmt zu sein. Ordnungen Ordnungen, die, je eigenes Beziehungsgeflecht ins andere hinein erstreckend, sich mit dem anderen aufs Umfassendere einigen müssen. Wächst kleine in größere, in womöglich alles umfassende Organisation hinein. Griffe man das einzelne Atom und zöge daran, käme Zug um Zug Ich:Du:Wir, Individuum Ehe Familie Verein Kommune Land Staat Menschheit, kleinste:nächst größere, kämen immer umfassendere, schließlich universale Qualitäten zum Vorschein. Ob man es erreiche oder nicht: allein die Vorstellung davon führt zur Idee des Gesamt. Der Showmaster peilts an per Illusion. Zum Erfolg verdammt aktiviert der Politiker sein Sprucharsenal, bittesehr, allzeit grob verschmutzte Realitäten polieren mit griffiger Spruchwolle. Wie das funkelt! Nur Besessene gehen die schmierige ewig schwierige Realisierung mit Geduld an, hieße das doch in der Endlosreihe minimaler Resultate Schlange stehen, um vielleicht, und dann nur wenig, voran zu kommen. Längst verstorben mit totem Blick aufs Unerreichte. Mindestens hätte man lange zuvor jedes politische Ansehen verspielt. Da lachen zwei überragende Mitspieler, Schicksal und Zeit, reichen den Umständen dreimal täglich ihr Kraftfutter. Unruhemasse: Leben. Naturmasse: Kosmos. Evolutionsmasse: Materie. Im Zufallsreigen stets Form, Struktur, Beziehung wandelnd zeugen und bezeugen sie in wilder Kreativität die große Unbekannte. Nie rechnets der menschliche Ordnungstrieb aus, dennoch lässt er sich, zu Erstarrung neigend, von jener kreativen Dynamik: wie von den eigenen Niederlagen: wie vom

Auf und Ab der Generationen, vom Voranschreiten der Zeitgebilde immer wieder in Schwung bringen. Neue Anfänge befürworten erneuten Gestaltversuch. Dies Triebwerk zermalmt Sprüche und Ordnungskonserven. Politiker Philosophen Pädagogen wären schlecht beraten - Halt! Seit Minuten steckt die Dompteuse im Stau unterdrückter Gesten fest. In ihr lärmen Zwischenrufe. Stirnwellend verrät Hautgefälte Zweifel und Verzweiflung, Madame kreuzt schlechten Gewissens im Phantomsegler des Zeitendehners durchs Publikum, hält Ausschau nach jenen Fragezeichen, die auf Überfordertsein deuten. Hier bearbeitet einer Hohlräume im Gebiss mit Zunge und schlürfendem Sog, man hörts. Daneben fischt eine Dame im Spaziertäschchen, Deodorant Lippenstift, Ausweis mit peinlichem Passbild total überflüssig, gut dagegen ein Tupfer Parfüm an die Schläfe, Duften wär besser als Einschlafen. Dem Redner wie seiner anspruchsvollen Ergießung vermag die Gesprächsaufsicht offenbar kein Ende zu setzen, stellt die Täschchenbesitzerin, von der Duftprobe ermuntert, fest. Nebenan kämpft die Nachbarin mit Gähnanfällen. Uninteressiert am Erguss beflüstert rückwärts eine Männerstimme das Ohr der mitgebrachten Dame. Von niemandem bemerkt verschleppt der Zeitendehner, wahrer Raumöffner, seine Meisterin ins Hinterzimmer einer Händlerseele. Wachträume werden dort gehandelt. Atome zählen? Dem gewinnsüchtigen Eros auf der Spur Geld zählen? Wie wärs mit einem Bankraub, wie mit Aktienkauf, Immobilientausch, in der Traumrunde zu pokern macht Spaß, doch Poker voller Not ist verdammt riskant. Krach: Fußtritte!

fliegt die Tür des Hinterzimmers auf. Mündungsfeuer mehrerer Pistolen. Aufschrecken, um sich gucken, wo bin ich, die Zähmerin der Talker nimmt, den Zeitverdreher zur Hand, die Verfolgung der Schießprügel auf. Dunkler Gang, Treppe lang lang abwärts, jetzt quer Hof Garten Gasse, das Publikum kettelt längs Fluchtweg, scheucht die Entkommer mit imitiertem Hundegebell. Mama, Papa, Tante, Onkel! was ich heut erlebt hab, das war vielleicht spannend! Die beiden Erforscher des Publikums eilen von Hinterzimmer zu Hinterzimmer, in einem referiert Frau Tasche über Lippenstift, Männercharme, Treulosigkeit, verschiedene Dämlichkeiten klatschen Beifall, dann füllt sich der Raum mit eiferndem Schwatz. Beispiele Beispiele, jeder kann da mitreden. Eine Spindeldürre dekretiert, dass im Talk toll was los war, die mit der Tasche bekennt, nichts kapiert zu haben, eine in blauem Samt mit Dauerhut und Dauerschal wundert sich über nichts, die Vorsitzende spinnt ja. Und dass sie sowas zulässt, Kunst! kann keiner was mit anfangen. Nun bringt jemand Ermanno ins Spiel. Wer kennt ihn nicht. Intim wirds und schwül. Die Tuschelbotschafterinnen rücken aneinander. Ermanno macht, Mannomann, auf Muskel und Protz. Stolze Beine, bombiger Body, wer möchte von dem nicht bombardiert und hingeschmissen werden! Lustgetrümmer am Boden! schmiert Lachgeröchel im Kreise, kein bisschen roter Kopf, aber in Hitzewellen verpackt ganz schamlose Fingerzeichen. Rot: heiß: verlegen die verantwortliche Aufseherin, unterm Tisch herweht ein Hauch feucht werdender Schöße. Weg hier! landet per Zeitsprung Madame Rakete samt Raumpilot in einem Atelier. Der Professor ist ausgeflogen. Männliche, weibliche Malschüler nützen die Abwesenheit zur Imitation von Sexszenen, dazu indische Lektüre, Bilder von Tempelplastiken, die waren nicht prüde. Die Zeitausflügler jedoch wollen von Sexmulm im Publikum nichts mehr hören. Noch mal: Weg hier! wählen sie als Ziel eine leere, grautönige, geheimnisvoll wirkende Zone, nein, noch eher gilt die Aufmerksamkeit einem dunkelgrün gepolsterten Berghügelwiesenland dahinter. Enter. Nur paar Sekunden bleibt die wohlige Futterlandschaft unbehaust, dann flippert was Winziges, Weißes, tänzelt auf die Fremden zu und um sie herum. Vogelwas ohne Gezwitscher. Nein, Zähne sinds, irgend Lächelmündern entflohene Gebisse, die ohne Andeutung von Körper, nur mit einem Anflug von Lippen, trippeln, kurven, beliebig den Luftraum beanspruchen. Scheint sich da was sammeln zu wollen. Während einige Gebisse per Lippenschluss Versteck spielen sozusagen grüne Neger im Wiesendunkel, führen andere Beißer zur Belustigung der Fremden ein Theater lächelnder bis hellauf lachender, sacht zahnschlitzender bis zorngeöffneter, so oder so grimassierender, strahlend bis wechselhaft zwitschernder Elfenbeinfallen auf. Das ist betörend! Und lenkt vorläufig von jener Sammelbewegung ab, die aber schließlich im Luftraum verdichtet, ihn von hoch oben bis in Bodennähe füllt mit Weißvarianten, mit Rüsseln Schnäbeln, da sind Details und Zugehörigkeiten schwer auszumachen. Insgesamt drängt dieser Klumpen zum grünen Bewuchs gen Boden, um ihn als kaufressgieriger Rasenmäher zu bearbeiten. Beißend züngelnd zerrend schnäbelnd rüsselnd den Hunger stillen. So, als gäb es nichts andres, natürlichem Verlangen Rechnung tragen. Allmählich dann verklingen Geschmatz Gerülps Zahngemalm Schnabelgeklapper Rohrsaugen Bodenstochern, auseinander kriechen, fliegen, huschen Kreaturen, die den Klumpen auflösen und nur im Fliehschatten eine Erinnerung ans Maulwerken hinterlassen. Einige Malmer verharren am Ort, imitieren überm entgrünten, öden Grund die Position von Neujahrsdiplomaten, welche in Reihe geduldig den Handschlag, vielleicht ein Lächeln oder den Segenswunsch des Ortsheiligen abwarten. Kanzler Präsident Botschafter, mögen sich Zeitendehner, Dompteuse geschmeichelt fühlen. Letzteren ganz zufällig Anwesenden gilt allerdings kein Interesse, unbeobachtet verharrt die noble Zahnreihe nicht ehrfürchtig stumm, vielmehr vertreibt sie sich die Wartezeit mit Geplauder, wie man das angesichts lippenbeweglich umspielter Elfenbeingarden schließen darf. Wo bleibt Zeit? Zeit ist keine. Die beiden zugereisten Fremdlinge beobachten den Auftritt des Diplomatenimitats jenseits Unruhe und Uhrenschlag, bilden sich aufgrund Mundstellung, Gebissgröße, Lage des erwählten Gesichtsteils jeweils die vollständige Figur ein, merken erstaunt, dass alles auf die Teilnehmer des Talks hinweise. Die Imitanten: wer wäre nun wer: scheinen als Zuhörer eines Talkbeitrags oder selbst im Vortrag befindlich fragend herüber zu schauen und die Meisterin um Aufmerksamkeit zu bitten: Spielen wir unsere Gesprächsparade nicht gut? Gut! Natürlich gut und ganz vorzüglich! beglückwünscht die Dompteuse das Defilee der Zähne. Das müsste

Dickmadame sein, interpretiert der Zeitendehner ein mausezähnelndes Etwas, das gewohnt lebensmunter aus rundgepolstertem Lippenrahmen redet. Sie ist doch gar nicht dran! bedeutet die Dompteuse per Kopfschütteln und versucht der launig Redenden abzuwinken. Vergebens. Den Regelbruch unterstützend hiphoprhythmet das Zahnwerk des griechischen Drahthaarwuschels eine Apologie der Dame: Noch nie was Dummes gesagt. Immer nur Kluges aufs Kluge gepackt. Den Dummen Schwatzzeit abgezwackt. Ihr Zwischenruf gibt uns den rechten Takt! Sokrates kennt sich da aus. Bestenfalls dürfe man ihr mehr Zurückhaltung deshalb anraten, weil durch ihren lebhaften Drive unbeholfene Herausgeber noch brüchiger Meinung ins Schweigen vertrieben würden. Akzeptiert! so der Kommentar der Meisterin. Wen entdeckt man noch? Seinen Betreiber verrät ein nicht sehr hoch gelagertes Mundwerk dadurch, dass es die Zähne meist verschweigt. Beim seltenen Reden geben die Beißer nur ganz kurz, zudem verschattet, Zeichen, um sogleich wieder hinter strengem Lippenschluss zu verschwinden. Maulhöhle. Todgefährliche Hölle. Den Zeitendehner kommt die Lust an, das Verlies des kleinwüchsigen Heimlichtuers zu öffnen. Per Gedankenskalpell schlitzt er die unsichtbare Visage, im Luftschnitt durchs Imago tritt nun das Heldenporträt des kleingroßen Franzosen hervor. Schaut unterm Zweispitz grimmig. Ein weiterer Tiefenschnitt offenbart den Uniformträger, Feldherr Soldat, der für die Ewigkeit: rechte Hand auf dem Säbel: posiert und der noch haltlosen Linken ihr zustehende Ewige-Ruhe-Position am Revers verschafft. Die

Dompteuse meint einschreiten und abwinken zu sollen, doch der Zeitregulierer setzt nach dem senkrechten Erstschnitt bereits an zur waagrechten Sektion. Weit aufklafft das Imago. Brustbild, es brilliert nach soldatischer nun mit höchst kaiserlicher Montur. Das Unterteil, militärisch verblieben, doppelt, dreifach, mehrt sich unaufhaltsam zur Endlosparade von Beinpaaren. Nun oben prunkt einzig Kaisers Herrlichkeit, unten streitbar ein Heer von Beinsklaven, marschbereit. Auch einen dritten Schnitt des Zeitschnipplers hindert die Talkwächterin nicht. Schärfer, tiefer als zuvor seziert er in mehreren Zügen die kaiserliche Büste, scherbt und schnippelt das Gesicht zum Kaleidoskop, so dass man, wie im Geschichtsbuch blätternd, anhand jeweiliger Scherbenspieglung den Auftritt großer Potentaten, Reginen rekapituliert, von Urzeit bis heut. Während nacheinander die Denkmale militärischer, fürstlicher, königkaiserlicher, kirchlicher, revolutionärer Machtfiguren aufleuchten, zeigt im Takt des Bildwechsels eine Tafel betreffende Zahlen an, Untertanen Sklaven Schlachtopfer. Auf dem seines satten Grüns beraubten Grund sprudeln, nein sprühen gemäß Pulsschlag feinstrahlige Blutgeysire, mustern als von Usurpatoren gehandhabte Spritzgeräte das Bodenreich. Scheint Zeichnung des filigran ästelnden Gerinnsels erst nur wunderhübscher Dekoration verschrieben, geben die Geysirdüsen bald verdickende Linien ins zarte Netzwerk ein, wären das erwählte Territorien markant umschließende Grenzen. Besitztümer. Bislang zufallgelenkte Geysire gehorchen willentlichem Plan. Der, von anderen Planern angefochten, mit heftigen Blutduschen

angegangen wird, teils tilgen Blutseen gewisse Mus-
terbestände, teils zerfurchen dickere die anfänglichen
Markierungen, große Reiche werden zerteilt, die Teile
sehen sich verschiedenem Zugriff und heftigem
Kampf ausgesetzt. Streit um Bluterbe, Mitgift, Pfründe. Der den Kaiser imitierende Talkgast scheint besonders betroffen, blutrötet unterm Zweispitz, während die staunenstarre Dompteuse darauf wartet, dass
auch die heutige Welt im Blutbädern vergehe. Während der keinesfalls entmutigte Zeitendehner mit einem vierten Skalpellstreich die Furcht erregende Ansicht traktiert. Wie, wenn nun ein Blutsturz Land und
Besucher ertränkte? Wenn dem Blut hinterher eine
Schütte goldgleißender Lichtwogen sich über die Leichen ergösse, wenn dann im rettenden Anschein
Papst, Propheten, politische Granden lebhaft
spruchbänderten, armruderten, palmwedelten: Alles
wird gut? Albdrücken. Die Sprengkraft von Angst
zerreißt den Zeitvorhang. Gleich ums Eck lockt
Neunanfang. Retourniert etwa die Landschaft vom
Rotfluss zum Kahlschlag zum dunkelschönen Grün,
kriechen schlängeln galoppieren fliegen vollgefresse-
ne Kreaturen ins vormalige Versteck? Zerflattern die
Gestalten in Ordnungspartien, in Fragmente Elemente Atome, verkrümelt sich jeglicher Anschein ins
Nichts? Wie dürfte man der geistmobilen Weltma-
schinerie noch vertrauen, wenn sie die kleine Talkrunde dehnt, überdehnt zur riesigen, von Millionen
Dummbarden überfüllten Schwatzbude? Ewig pro-
duktiv wird das Dingens von wildernden Evolutionen
und Bedürfnissen, von schwindenden Rücklagen ewig
deprimiert. Hungrige Kreatoren koten auf Schulden-

berge und in leerfallende Depots, unersättlich nagen sie demnächst am Gebein der Nachbarn, schnitzeln ein Filet aus eigenem Leib, letzte Fruchtböden sind abgegrast. Irgendwo durch die grausige Hinterlassenschaft der Menschheit genannten Gattung spaziert, Sokrates zur Seite, Madame Tussaud. Leider erweist sich Sokrates kaum als hilfreich. Von urtümlichem Jagdtrieb beseelt verfolgt er merkwürdige Flugschatten und überlässt Madame ihren ungeordneten Gedanken. In denen spielen Mädchenwünsche eine Rolle. Etwa dem Henkersvater guillotinierte Schädel abluchsen. Nein, aber nein, mein Kind, der Job und der Anblick womöglich unschuldig Enthaupteter ist schlimm genug! Mit Deinem Eifer, mit Deiner Neugier trittst Du bereits in die verhängnisvolle Spur der Ahnen, die erst aus Not, Hunger, sich über andere Kreaturen hermachten, die dann, leibessatt, ihren Trieb auf die Verfolgung Besitzender richteten, dann auf Geheimnisträger, Täuscher, zu Macht Gekommene. Wer denkt noch an Hunger, längst zielen Neid, Missgunst, Verdacht auf Mitlebende, zumal auf Erfolgreiche. Da muss etwas schief gelaufen, da muss doch was zu holen, da muss jemand krumme Wege gegangen sein. Beute, mein Kind, der Jäger riecht die Beute und macht sich auf, um das finstere Angebot wahrzunehmen, Blut und Schande. Du magst Totenmasken fertigen auf Geheiß, von allem anderen lass die Finger! Guck Dir das Jägerpack an! Da lacht man über birnenköpfige Potentaten, karikiert das Mordglück von Helden, hetzt Minister und Huren, schreibt Schurke! an Haustüren, belauert Großkopferte und Verbrecher, denn Gerücht und Strafgericht zahlen sich aus, in Ruhm und barer Münze. Hast Du noch nicht bemerkt, wie Neugier, Jagdfieber auch um unser Haus, um meinen Beruf schleichen, wie man mich wegen des von jedermann geforderten, von wenigen respektierten Handwerks verachtet und zum Teufel erklärt? Das Pamphlet keines Schreibers erreicht diese Wirkung, und man rechnet sich leicht aus, dass in weiteren hundert Jahren das Geschäft mit der üblen oder sensationellen Nachrede voll erblühen und den dann entbehrlichen Henkersberuf mühelos ersetzen wird. Erinnert sich Marie Tussaud, Henkerstochter. Inzwischen kehrte Sokrates von seiner Verfolgungsjagd zurück mit einer Anzahl angeleinter: was wär denn das? Fliegende Hunde? Tatsächlich, es sind angeleinte Münder. Vormals vorrangig präsentierte Zahnwerke überlassen nun den Lippen, den Zungen, dem Sprechvorgang den ersten Platz. Gleich übernehmen die nun Erstplat-zierten, in der Nähe der Tussaud von der Leine gelassen, Regie und Spiel. Bieten Leinenherrchen Sokrates keine Rolle. Wichtige Protagonisten sind dagegen die als Zeugen berufenen Zuschauer, Talkgäste. Nicht zu entbehren auch die zu den Mündern gehörigen Leiber. Die losen Sprechorgane fliegen hin, vereinigen sich mit den Körpern zur kompletten Figur, um nur dann, wenn die Maulwerke ihrem sprachlichem Handwerk folgend zu reden beginnen, wieder in Mund und Gestalt zu spalten. Vor jeweiliger Figur flugschwebend üben einige Sprechwerkzeuge die Stummsprache mundentsprosser Textbanderolen. Andere als luftige Taumelobjekte verweisen leibhaftes Zubehör in den Hintergrund, um weit davor als unabhängige Redner zu agieren.

Längere Beobachtung ergibt, dass dem Leib verbundene Münder zunächst die Aufgabe wahrnehmen, dessen geplante Aktion zu verkünden, dass sie jedoch, wenn Leibestat auf sich warten, schließlich auf irgend Exekution nicht mehr hoffen ließ, vom Leib ablassen, um unabhängig vom Handeln den auferlegten Meinungen und Absichten wenigstens verbal Ausdruck zu verleihen. Das Tun vom Wollen zu sondern, darin sind Bandarolentexter allen anderen weit voraus, indem sie mit Aktion, mit verantwortlichem, angestrengtem, womöglich scheiterndem Handeln ihrer Figur nicht rechnen, folglich im großbuchstabig goldletternden Text den repräsentativ vollwertigen Ersatz fürs schwierige Tatgewerbe erblicken. Während handlungsorientierte Münder angesichts ausbleibender Tat ihre Verlautbarungen aus lichtvoller Einsicht in den Schatten schlechten Gewissens tauchen sehen, immerhin Gewissen, empfinden jene Textmanager weder Spaltung noch Scham. Sie halten die im Druck veröffentlichte Meinung für einen Beweis der Überlegenheit, und sie werden, das vor Gericht zu beschwören, nie und nirgends sich scheuen. Sokrates, nicht faul, sammelte inzwischen bündelweis angeleinte Schwätzer, Prediger, Gewissenshelden, Zauberlehrlinge, Schuldunfähige und Schuldlose, kaum vermag er die Menge bunter Schmetterlinge zu halten. Von der Fessel gelassen anlanden letztere für kurz oder lang bei der zugehörigen Figur, bilden, wieder von dieser sich sondernd, recht ausgedehnte Gewölke. Im Feuerwerk von Hin und Her kollabierend, dann aus dem Nichts wieder explodierend verglühts in gewaltiger Redewelle. Selten, nur ab und zu, schreitet ein Trupp, gar eine Armee von Leibern zur Tat. Das nur nothalber, etwa aus Bedrängnis zur Revolte getrieben oder, willenlos vom Redemund getrennt, auf das Niveau niedrigster Befehlsempfänger abgesunken. Dort unten erhält man Weisung vom Konsortium der Banderolentexter, danke danke, man wähnt sich auf den rechten Weg gebracht, der zudem, mit Sprüchen fußgenehm gepflastert, keine besonderen Einsichten verlangt. Wiegenlied. Von prominenten Psychenflüsterern genuschelt ein wohlig schläferndes Lügenlied. Niemand merkt, dass man geradewegs ins Unheil schlittere, weil schlafend abgehts in Todes Schlaf. Ort der Sammlung. Von Merkbuchnotat, Tagesgeschäft, Gezeitenbrandung verwirrt sucht die Dompteuse Orientierung beim Zeitendehner, der müsse den Sammelort und, bedenkt man den laufenden Zugang von Milliardenmengen, dessen ungeheure Erstreckung kennen. Vielleicht Lager nur für Felle, Häute, um ihren Inhalt reduzierte Hüllen. Vielleicht das sagenhafte Nirwana, worin sich vom Dasein Erlöste ins Nichts auflösen. Es kommt selten vor, aber angesichts totaler Ungewissheit bricht auf der Stirn der Talkmeisterin, gescheiterten Wortführerin, Schweiß aus, salzig feucht staut sichs im Hautgefält. Der in einer Auszeit gefangene Blick möchte sich aus der Traumzelle stehlen, möchte wenigstens durchs Schlafgitter ein Stück der hinterm Alb deponierten Realität erhaschen. Während ein Rest Wachhirn mit seinem ausgedehnten Schlafschatten debattiert, flieht flüstert flutet geträumte Totenmenge, geheimnisvolles Treibgut, hinüber in den Lebestoff. Dem folgend rast die Auszeitdenkerin ihre Ahnengalerie entlang, listet von wenigen Urzeitkeimlingen über kleine, terrainfädelnde Haufen zu am Glücksort klumpenden Zivilisationen alles auf, was dann als gewaltige Giermasse übern Globus schleimt. Das Zeug will leben, will endlos sich mehrend alles erobern. Keine Bremse, keine Grenze, im Wettlauf mit dem Sterben triumphiert das Gebären. Gleichzeitig dehnen sich Lebzeiten, Jugendphasen wie Altersimperien. Die mörderische Dehnung drängt Schwache massenhaft an den Rand der usurpatorischen Prozedur, wo sie, dem Zentrum des Mutterkuchens verpflichtet und dienlich, ein ärmliches, notdürftig genährtes, oft eingekürztes Dasein führen. Geburtenexplosion. Wohinaus denn will der Urknall? Die Dompteuse bohrt Fäuste in die Augen, mag nicht hinsehen. Man darf solche Unmöglichkeit nicht mal denken! Ja, sogar das Denken dehnt und streckt sich, berührt an vielen Stellen bereits das Unausdenkliche! Sie muss das notieren. Wenn sie zurück ist. Falls sie jemals zurückkehrt. Bislang war auf den Zeitendehner Verlass. Leider, spürt sie in allen Traumknochen, löscht er jeden jetzigen Hirneintrag. Im Wachhirn verbleibt vom Schlafabenteuer nur ein bunter Reigen missverständlicher, real scheinender, tatsächlich absurder ganz undeutbarer Zeichen. Und schon passiert's. Sowas wie Zeit, macht der Zeitendehner klar, sei nie gewesen. Wie vordem sitzt man in der Runde und erwartet die nächste Frage der Anleiterin. Klar, das Publikum im Studio und draußen muss unterhalten werden, nehme man also den Leuten jeden Eindruck von Zeit durch sachte, notfalls kräftige Betäubungen.

Nein, der Sender lässt sich nicht lumpen! Ebenso nicht der Autor.

MÖWENGEGEIRE. Krischt was hoch oben. Regenwurmtief ameist es unten. Hier flyerts werbewirksam, dort schleimts schnalzts tapperts spurlos, besucht ungesehn Gänge Kammern Salons, huscht von Toilette zur Schlafzelle, verschont treppauf treppab keinen Fleck, ob Landezone im Mückenreservat, ob Milchschütte auf der Staubinsel, nichts bleibt unberührt. Kein Herzkrümelchen, kein Fünkchen Verstand bleiben davon ungerührt. Auch der Bus ist voll davon. Sokrates, im überfüllten Personentransporter gangmittig stehend, wähnt sich von Hörfäden umsponnen, von Informationslassos wortfeuernder Handys gekäscht. Indem er hiesige Quellen und Textgeber leicht ermittelt, jedoch die Verursacher fernher eintreffender Hörzeichen nicht auszumachen vermag, denkt er sich ein Herkommen aus Luft, aus Häusern Gärten Landschaften Städten, denkt sich eintreffende abgehende Hörfäden so dicht gewoben, dass ihr Netzwerk sowohl unterirdisch als auch oberweltlich zur einigen Fadenmasse verdichtet. Jeder Ort, der ganze Globus lagern, spürt er, in derartigem Wellenmatsch. Und es wären all diese sichtbaren Handys samt angeleinten apportierbereiten Neugierhunden nur nadelspitzwinzige Akkupunktierorte in einer Information käuenden menschheitlichen Psychenmasse. Brei Droge Dosis für injektionsbereite Schlaraffen. Wie sichs für unzufrieden voran eifernde Weltgewinnler gehört, dehnen die Wellenreiter ihr Imperium aus bis in Allfernen, spannen zwischen alle errcichbaren Materiestationen ein Informationsnetz, das, für jeden zugänglich, nicht nur Ansprechpartner, sondern auch jederlei Wissen bereit hält, jedermann zum Nachschlagen in gigantisch anschwellenden Lexika einlädt. Rasch entstehen Foren und Portale. Spieler, Disputanten können ihren einsamen Auftritt sowohl zur Selbstdarstellung nützen als auch zur distanzierten Begegnung mit anderen, schließlich mag man auch miteinander von hier aus dies und das inszenieren. Dem Einsamen genügt oft schon die Präsentation banaler Daseinsumstände. Anspruchsvolle entwerfen Weltbilder oder spielen in fiktiven Welten veränderte Rollen oder nützen den anonymen Ort für virtuelles Ausloten der Fantasie oder erhöhen die Normaltemperatur ihres Spieleifers um exotische Grade. Forsche Eroberer, ganzundgar Dieb und Gangster, plündern fremde Besitztümer, brechen Siegel Schlösser Passworte, um aus gestohlenem Gut, Wissen, tückisch Vorteil zu ziehen, Erpressung und dergleichen liegen nahe. Das ungreifbare Versteck ermutigt zu boshafter Entblößung sonst schutzbekleideter Bürger, sexuelle Ausschweifungen, Spionage und anderes kommen vor, kaum installiert entfaltet das Internet die menschüblichen, von gut bis bös, von beglückend bis fatal, von spektakulär bis banal reichenden Qualitäten. Diesem chaotischen Treiben hinterher eilend versuchen ihm, wiederum gattungstypisch, gesetzliche Regelung und moralische Schutzvorrichtung den Rang abzulaufen, vergeblich. Derart entwickelt sich die Mitte des Personentransporters, zufälliger Standort von Sokrates, durch dessen Meditation zum Treffpunkt dynamischer Weltverhältnisse.

Alles ist möglich. Ängstliche umgehen das provokative Terrain, während kühne Gesellen dort eine Liegenschaft abonnieren, manche irren und verwirren sich im verlockenden, leider zu großen, vor allem täuschenden Angebot, opfern ein Zipfelchen Land, ein Stück Charakter, andere machen glückhaft oder gewieft Gewinn, welchen sie sogleich im Buch ihrer Erfolge unter besondere Erwerbung, heißt als wertvoll, verbuchen, heißt ihre Tatkraft noch besser auf Profit achten lehren. Während dieser Besinnung spotten umgebende Handyhörstücke dem sokratischen Gedankengang. Etwa ein seifenglattes Ichliebedich schiebt sich zwischen Streitkulissen. Unentschlossen etwa palavern zwei um den richtigen Treff, langwieriges Gedöns um Unterhaltung, Kleidung undsoweiter mäandert um andernorts rasch getroffene Vereinbarungen. Jetzt keine Zeit, morgen besser, vielleicht Kino oder gemeinsam essen oder Party bei Scilla, bis dann. Schlupp! geht Intimes von den Lippen, oder man kuschelt mit dem Partner, wie gehts Dir, tut mir leid, Oma gestorben, Otto im Krankenhaus, was ziehst Du zum Ball an, der Döner bei Ükzück ist der beste, Marini macht supertolle Pizzas, falls es dich interessiert, Ina hat nen Neuen, was, meingott, die wechselt aber oft. Obwohl sich derart Verlautbartes in Sokrates Ohr verunklarend mischt, kommt offenbar alles gut beim Empfänger an, man übte das, man kann das, nur Ungeübte geraten ins Schleudern. Weitere Fremdhörer, vermutet Sokrates, werden vom Erlauschten bewogen, sich zu Neugier entflammen oder von Fragmenten lächern oder darüber rätseln zu lassen, womöglich werden nachtragende Geschichten initiiert, was soll das Gequatsche, Welt Mixture bunter Salat. Haltestelle, abkoppeln, vergiss das. Vor Sokrates stakt übertrieben männlich ein kleingewachsener Bursch aus dem Bus, steht plötzlich im Wege, stellt sich unwirsch der Bitte seines Folgers, ob kurz mal vorbei, weicht jungjährig unsicher dem Blick des Älteren aus, zu Boden zur Seite flüchtig nach oben, ruckt jedoch beim Rufzeichen seines Handys auf Linie, greift zu, salutiert mit schrägem Lächeln, es ist der Kumpel. Wieder mal Handy. Als ob die Luft ein Urwald wär. Wortbrocken holzen was denn, welchen Weg? frei, dass der Kumpel nicht weniger hiebfest agiere, verrät die Replik des Hörers aufs Gehörte, dann knackt der Kopf des letzteren nach unten, den verquälten Lippenwurf vielleicht verbergen: was? schade! nix zu ändern, okay? Versteckte Erregung, unsicher stochert die Handyhand zur Innentasche des Jacketts, ein Nachlaut: verdammt! untermalt die missliche Situation, aus der bemüht mannhafte Schritte den jugendlichen Leib dann entführen. Bahn frei? Zwei vor Sokrates schwatzende Frauen erstarren plötzlich zum Stand. Was!? dies heftig fragend von der einen festgestellt nötigt die andere, das zuvor Geflüsterte, geheim geheim, deutlich zu wiederholen. Ein Nachbarskind sei von einem Anonymus, sie Mädchen, er geiler Bock, per Internet angeschrieben worden, entweder sie werde, oder er wird, was denn, ihr die Fratze zerschnippeln. Meingott! die eine, Furchtbar! die andre, Polizei wurde eingeschaltet, wie kriegt man den Kerl, die Eltern rasen vor Angst ums kleinsüße Mädilein, solche Widerlinge ohne Adresse ohne Gesicht kriegt man nicht, das hat man nun von dem modernen Kram, da konnte man warnen und warnen, immer dasselbe mit den Leuten, haben wollen sie, haben, und hat mans, machts nur Kummer und Sorgen! Ans türoffene Gejammer der Berichterstatterin schlägt nun die hinzu gewonnene Geheimnisträgerin, solidarische Moralinstitution, ihre Thesen. Heiliger Bimbam! man hats gewusst, man hat gewarnt, man wurde ausgelacht! Erst der Engel: dann der Teufel, erst all das Zeug: dann der Missbrauch, erst Eisenbahn: dann der landfressende Verkehr, erst das Radio, das Fernsehen: dann schwatzundschande die Sucht nach Neuigkeit, Sensation! Ein Bier zwei Bier vier Bier zwölf Pils und sechs Kurze: dann der Suff, die Droge, die Abhängigkeit, die Entziehungskur! Wer zahlt eigentlich dafür? Ich! sag ich, und Sie! Wir zwei beide und all diese Leute, die nichts dafür können, deren Warnungen man in den Wind schlägt, es ist zum Mäusemelken! Ja, und die Politiker und der Papst: setzt jene erste Zuträgerin den Thesenanschlag fort: machen Worte, meiden Taten, weil sie eh nix ändern können. Moralworte wiegen schwer, belasten immer nur Gutwillige, die auch nichts ändern können, am Ende liegen die Bemühten, platt gelatschte Propheten, unter den Füßen der Proleten. Die, weiß man, in wilden Feten es zu richten wissen, Lustgeschrei und Waffengeklirr, ja, die nehmen sich was heraus, ja, wissen die sich, was gut tut, zu nehmen! Völlig erschöpft von ihrer: Meingott tut das gut! Explosion: lehnt sie gegen einen Pfahl, da kommt Sokrates, indem Frau Zwei die Lücke stopft, nicht vorbei. Jaja, der Herrgott schläft, meint mein Mann. Wenn es den überhaupt noch gibt. Die haben doch den ganzen alten Schrumps abgeschafft! Am gewählten Schwatzpunkt eine Festung mustert sie den trotz erzwungenen Stopps freundlichen drahthaarigen Wuschelmann: Hej, hab ich nicht recht: japst mit atemheischender Stimme: Mein Mann, hä: Pause fürs Luftschnapen: Dem Mann ist nicht zu trauen: wieder voll bei Atem, laut: Keinem! Mann, weißgott keinem! Jetzt hat sies. Sie hören doch nicht etwa zu! Ausländer? Vielleicht so'n Muselmann? Moschee Mohamed Moslem, ich sags ja, hier schaffen sie den Christengott ab, importieren dafür den schariascharfen Allah! Nix für ungut, Integration, ich weiß, die Politiker haben schon Fransen am Maul vor lauter … Abbruch. Ihre Kollegin macht Platz für Passanten, bekundet zugleich mit einer Geste, dass man hier störe. Natürlich stören wir hier, ich stör ja immer, da krieg ich so nen Hals, dass unsereins immer im Wege ist, räumt die andre ihren Stangenplatz. Winkt die Drängler vorbei, auch Sokrates passiert, ein Begeitschlüpfer lässt fallen: Diese Weiber! Machen immer alles zur Bühne! Sokrates, seit seinem hiesigen Aufenthalt im Training: nicht mit Fragen bedrängen, auch nicht anstelle des fragenden ein ausrufendes, womöglich belehrendes Zeichen setzen, also Sokrates übt sich in Zurückhaltung, schafft es sogar gegenüber Neugierdenkern, vorläufig stumm zu bleiben. Begräbt die philosophische Vergangenheit samt Schierlingsrevanche damals erzürnter Obrigkeit unter dem heftigen Verlangen, die neue Gefährtin zur Seite zu haben, heißer Café, paar harmlose Worte wechseln, notfalls lieber allein, im Einsamland dem immer noch wachen Hang zum Fragen, Aufklären, Belehren entgehen.

Denken geht ja noch, aber angesichts babystrampelnder Lusthirne jederlei Denkvorschlag ins Leere reden, nein! Er malt sich eine Szene aus. Madame Café spielt Lehrerin. Vor sich keinen Tresenplatz mit dem begehrten Heißgetränk blicke sie auf eine Wand von Augen. Massenhaft Augenpaare. Madame, noch benommen von der Herreise, Aufstehen Toilette Frühstück Kontrollgang im Unterrichtsstoff Busfahrt, Madame ist jetzt da und erstarrt vor einer Schüleraugenhandywand. Dem wilden Auftanz von Klingelsignalen folgen hiphop taufrische Kindersätze - Wo warst Du? wie gehts Dir? Scheißschule undsoweiter - allmählich festigt sich Madames Blick, versucht Anker zu werfen in aufmerksamen, in unentschlossen blinzelnden, in traumgroßen, in neugierfrechen, in spottschmalen, in Achtungderunterrichtbeginnt-Augen, der Kontakt ist hergestellt. Sender Mars Zwei ruft Empfänger Miriampeterkunohansmargarete. Geräusche in der Leitung. Doch wohl kein Schnarchen? Heute ist Energiesparen dran, ein von der Politik allen Schulen auferlegtes Pflichtprogramm. Gehn da vielleicht Jalousien runter? Schon wieder das! Energie! Sparen! Iss nicht soviel Süßes! Alkohol macht süchtig! Sexohne nein, aber Sexmit auf jeden Fall, wir wissen Bescheid. Politrechercheure rechneten aus, wenn jeder Haushalt täglich eine Glühbirne weniger - mitten im Statement klappen Schülerlampions die Scheuklappen weg. Guckt doch mal aufs milchstraßenmäßig wogende Sternmeer nächtlicher Lichtinszenierungen, Städte Straßen Fabriken Feten Feuerwerke: wie rechnet sich das? Kükenprodukter Schlachtstraßen Fließbänder rollover Goodwill. Augenzu kehren die Heerscharen ans Lernpult zurück. Du und ich und hunderttausend Stadteinwohner und zwei Milliarden Chinesen, wo eigentlich ist Fritz, sowas von Kopfschmuck, wunderbare Haare hat er und unterm Stirnwuschel paar Leuchter, dass es einen umhaut. Zuhören? Ausverkauf! Augen haben dicht gemacht, Lauscher stehen auf Sparempfang, wenn jeder Haushalt täglich zwei drei hundert Millionen Glühbirnen, das geht nur mit Dreisatz, besser eine Gleichung mit ix Unbekannten, den Kurs zum Mars und retour rechnen Raketeningenieure millimetergenau und auf die Sekunde exakt. Schnitzel nein, Nudel mit Ketchup is okay. Man kann auch Kerzen. Gemütlich ist das, also entleert Eure Mastviehanlagen in kerzenerleuchtete Schlachthallen, auf dass verdunkelte Sterbeflüsse keinem die Esslust vermiesen! Leider ungenutzt verdampft die kostbare Blutgolfwärme, da sollte man ein Kraftwerk dranhängen! Kinderaugen lügen nicht. Madame Café vorm Autodafé. Was dringt wirklich denkeinwärts durch den widerspiegelnden Feuchtglanz der Blicksauger, Scheibenklirrn ist nicht, kein Einwohner ruft um Hilfe, dem fensterleiternden Herzensdieb winkt kein Kuss. Wer hätte Zeit genug: Geduld haben Erzieher nie: den weiteren Lebensgang der Zöglinge zu befragen? Deren inzwischen begangenes Lebestück und dessen tatgeschwollene, hofft man mit Erfolg behangene, magsein auf Heldentafeln zitierte Chronik? Neues Fenster, neues Dokument, Enter. Wimpernvorhang auf! Präsentiert Interesse! Fertig zum Augenschuss! taucht Frau Belehrgeneral in die Lerngefilde. Eins allein hinter schirmender Pupillenfassade? Leider kraucht und quasselt da drinnen mehr als zuviel. Waldwirr Gestänge. Urwaldturbulent quetschhintereinander quetsch! ineinander Farben Formen Detailgeprassel, da gerät Madame ABC-Schützerin ins Grübeln, wer erklärt mir das Tohuwabohu, Buchstabieren hilft nicht weiter, weiter hülfe, nein, es hilft nichts, Madame muss aufgeben oder muss tiefer, viel tiefer hinein. Den Namen weiß sie, sie kennt die Außengestalt, erschnuppert deren vertraute Duftmarke im Außengelände, Schule Schule und sonst fast nichts. Drinnen kein Etikett, ob Mann oder Frau, wie alt und wie erfahren. Dass Madame Scout Leute Leute kennt, als Schulgänger, als heranwachsende Charaktere, als gereifte Bürger, das entbietet ihr im Dschungel immerhin humane Spuren und Hinweise aufs Lernen. So entwickeln sich den Pfad entlang erst farblos breiweiche Erscheinungen zu immer klareren Formen, die dann zu Gegenständen kristallisieren. Nicht nur sie selbst agiere, merkt sie, auch im scheinbar reglosen Status kommt Bewegung auf, rucken herausgeklärte Dinge hin und her und her und hin, Einzelne sammeln sich zu Gruppen, deren momentaner Bestand teils wieder zerfällt, teils in andere Gruppierungen schlüpft. Derartige Vereinigungen gerinnen zu Bildern. Blickt man etwa in ein Jungenzimmer, Bett Tageslager Schreibtisch technisches Gerät Bücher wandüber tapetenfeindlich aufbegehrende Plakate mit heftigen Typen so irgendwo zwischen popmodischem Bürgerschreck und exotischem Revoluzzer. Die Installation erinnert sie an … Schon aber gerät sie an eine Schulhofszene, in der Streitfiguren ihren Standpunkt mit Spruchbändern anzeigen, über der

Spruchbalgerei ballonschweben berühmte Vorbilder, aus deren Mund sich nach mittelalterlicher Manier Schriftfahnen rollen, Zeugnis von Stichwortgebern der gegenwärtigen oder der historischen Erwachsenenwelt. Den Kopfscheinbaren reicht das nicht. Ihr Verbalakt zitiert Bücher, Dokumente, illustrierte Szenen vor Ort, doch während Madame Binnenscout mit dem Dechiffrieren von Schreibe, Buchtitel, Sichtmaterial befasst ist, bleicht schon die Luftspiegelei, vergeht, Fatamorgana adé, beim Auftritt neuer Schaubilder. Deren eines spielt Tafel. Obwohl stabil gebaut kreidet eine Jungenhand die Buchstabenfolge eines Fremdworts zitternd unter eine Reihe bereits per Durchstreichung abgestrafter Proben. Falsch falsch falsch. Prüfung. Fatal unheldische Situation. Wie von einem Steinwurf scherbt der Tafelanblick, öffnet sich für weitere Aussicht. In raschen Shortcuts zeigt sich die spätere Jungenhand babyklein bereits überaus sicher, profiliert sich Szene um Szene handwerklich, etwa bei Durchführung von Aufträgen, im Umgang mit Menschen, doch dann während eines Auftritts vor Publikum, beim schulischen Theaterspiel, beim Gedichtvortrag, bei der Exekution eines Musikstücks, beweist sie Schwäche, Lampenfieber verbunden mit einem Schwund von Konzentration. Madame Lehrerin erkennt die Figur. Sogleich berührt sie die Binnenschau, als ob sie im geheimen Tagebuch blättere, peinlich. Noch brach sie kein Siegel, doch demnächst könnten sich Szenen auftun, worin jene Figur höchst ungern beobachtet werden möchte. Es rührt ja, was der Pädagogin bereits im offenen Umgang mit dem Schüler sich erschließt, an Zonen, zu denen Außenstehenden der Zutritt verwehrt sein sollte, warum, die inneren, oft kaum durchschauten Schwierigkeiten, welche Heranwachsende mit sich, mit anderen, mit Weltundsoweiter haben, bedürfen langen, sich selbst korrigierenden Wachstums, in dessen Folge manches endgültig abgestreift, befreundeten Menschen nur notfalls anvertraut wird. Wer, der sich des Jungseins erinnert, kennt nicht das Ringen zwischen Einsambleiben und Mitwisserschaft, jenes zögerliche Offenbaren mühsam erworbener Profile? Welcher Jugendliche hätte nicht den schmerzhaften Vertrauensbruch erfahren, worin unausgereifte Befreundung etwas Intimes, Geheimes verrät, wer hätte nicht unterm Spott derer gelitten, die das freie Selbstbekenntnis missbrauchen für schamlosen Schmäh, die jedoch die eigenen Profile vorm Fremdblick zu hüten wissen. Scham. Traurigkeit. Handzittern im Gefolge von Veröffentlichung. Madame versteht. Zieht sich eben aus dem unbedacht betretenen Szenarium zurück, als erneut ein Steinwurf, was denn und wer, ihr den Ausblick zerscherbt. Starker Sog reißt das Geäug der Hinguckerin mit. Auf eine weitere Augenwand zu stürzend und in sie eindringend wird sie alsbald in mehrere Pupillenteiche entführt und dort dem Andrang irgendwelcher Szenen ausgesetzt. Schon durchschlägt sie, Augenstein, rasch aufeinander folgende Blickgalerien, wandelt sich infolge Kulissendichte und Beschleunigung zum perspektivisch in die Tiefe rasenden Augenschuss. Letztere Tiefe notiert dann keine fasslichen Stationen mehr, nur aus der Summe von Einschlägen erspürt Madame Stein den weiteren Progress in pupillare Verschlusssachen, den rauschhaften Sturz durch detailblitzende Szenarien, bis schließlich die Raserei ihren Blackout meldet wie eine von übermäßigem Pixelbeschuss ermattete Bildscheibe. Zuviel Hektik, da zittert nur noch flaues Grau, aus welchem widersinnig der Phoenix als beruhigendes Nichts steigt. Und nichtig verharrt. Jetzt sei das Geäug endgültig am Ziel, meint Madame annehmen zu sollen. Das Nichts, obwohl merklich Position, verrät keinen Anblick von irgend etwas. Vielleicht dass es köchelt, leis brodelt, wär kein genialer Leonardo, kein bildbesessener Picasso imstand, derartigen Anschein per Zeichenstift oder Pinsel zu haschen. Auch Sokrates könnte, falls er hier aufträte, seinem jahrhundertalten Wissen fürs denkwürdige Etwas oder Nichts keinen Begriff abgewinnen. Vom Geheimcode der mutmaßlichen Endstation fasziniert muss Madame deren Anblick, Nullpunkt, ernst nehmen. Der Ernstfall entlockt dem chaotisch aufgerührten Erinnerungsfundus vielerlei Einbildung, sie muss das in Ermanglung von Einspruch, seitens Gewissen, seitens Wahrheit, akzeptieren. Derart durch ihre Augen ergießt sich über jenen magischen Bildgrund lebhafte Malerei, deren Ausbruch sie als Erbrechen des Hirns notiert. Da kotzt sich was aus, nicht magensäuernd vergoren unangenehm, wohl aber die Sinne erstaunend als Würgegewöll, das vom Verdauungstrakt abgewiesen den Jäger auffordert, vorhergegangener Jagd und erjagter Beute zu gedenken. Hierzu fällt der Lehrdame ein, dass ihr Erziehung ein Leben lang Auftrag und Lehre gewesen, und dass viele Meilensteine, kühne Visionen wie deren herbe Enttäuschung, diese Lebensbahn säumen. Der bilanzierende Rückblick aufs mühsame Beutemachen lässt noch einmal den längst gestorbenen Wunsch auferstehen, es möge unter ihrer Hand, nicht selten unter deren Zittergebärde, das ungestalte Gekrabbel von Daseinsaspiranten formieren zur ausdrucksgewissen Person. Die neugebürtige Erscheinung möge, ihrer Umwelt sich versichernd, trotz wild rottender Macht der durch Körperansehen Psychenkonglomeration verbündeten Zöglinge sich gewinnen lassen für eine verständige Figuration einschlägiger Gesellungen, ja, es mögen die Bemühungen um eine solche gemeinsame Gestalt nicht von beliebigem Windstoß gekippt, es mögen die verhältnismäßig kleinen Gewinne nicht sogleich vom Einspruch der Umstände zermürbt werden. Menge Masse Angst, nicht im Wahnsinnswirbel zunehmender Rotation möchte die Lehrerin am Ende der harten Tour die Nutzlosigkeit ihres Engagements testiert bekommen, wär das fürs schuljenseitige Dasein die erbarmungslos tödliche Quittung. Nein Nein Nein! umkehrt die binnenrasende Rakete, einmal Marsundzurück sucht sie die Landung bei Sokrates. Ach! hätt der doch die beglückende Tasse Café bestellt, da ist sie schon, lächelt der Tresenwächter, sie ist gerettet. Überm erzitternden Getränkespiegel wiederholt sie ihr Nein, mag nicht länger belehren, freien Augenpiraten Fesseln anlegen, die Weltbestie zähmen, sieht sie jetzt, kann das ihr Auftrag nicht sein. Der vom Bremsvorgang erhitzten Binnentouristin schmelzen die Begriffe weg. Denken ginge ja noch, doch Erdachtes dem denkanfänglichen Tasten anderer aufschwatzen, nein, reden lehren formen mag sie nicht mehr. Nicht zügeln, nicht lenken. Was da so alles im öffentlichen Zirkus tuckert und muckert! Wozu? Um embryonalen Spurtastern, werdenden Psychen, Erkundern von Verstand Verständigung in den Arm zu fallen: hier gehts lang? Derart wunderliche Lebegenossen stempeln selbsterfundene Sprüche, versteinte Vorurteile wollüstig aufs Fremdfleisch, diktieren dem flott spazierenden Hirn andrer Ausflugsziel und Tagesablauf. Solche tun das, die, am Gesamt scheiternd, immer eigensinniger Marschpläne aushecken, um dann, frommdumme Utopia, auf abgelegenen Terrains ihre Zielclaims abzustecken. Je ferner je berührungsloser je besessener. Um dort auf früh bezogenem Altenteil, Rechthabe, unanfechtbar zu residieren. Madame! Wunderbar, den heißen Café leibeinwärts zu schlürfen, aus schmeckender Mundhöhle in die wohlig antwortende Speiseröhre rinnen zu lassen, aus fühlfernen Gedankenwirbeln an sichere Ufer gezogen als Augenbegleitung tresenwandernder Finger die Spuren im Sandstrand nachzuerzählen, Imitation, Kunstmaserung überfleckt von gestrigen Bierglasringen, vom unbereinigten Tropfenfall der Bartschlürfer, daneben uralte, von keinem Reinlichkeitswahn mehr zu tilgende Prägungen, schmutzsatt unabsichtliche Kratzer ebenso keck eingravierte Runen, Namenszeichen, Daten. Obwohl hier nicht zuhaus, spürt die Schachtdame, schichthalber außer Fall, eine das innere Verlorensein umschließende Heimat. Heimatlich auch mutet sie das vom Tresenwächter nicht abgeräumte Geschirr an, welches Cafégäste und den frühen Tag mit derbem Schluck eröffnende Mutholer hinterließen, irgendwie Bojen, Wegweiser im labyrinthisch wogenden Lebensgang. Sachte Mutmaßungen, wildernde Memoiren, strengen Kurs segelnde Neuronenmannschaften, mal sind es gedankenspringende Tollpatsche, mal weltäffende Kobolde, mal irrlichternde Lockvögel. Nein, Unfug kommt nicht in Betracht, nur eine scheinbar willkürliche Anrufung des schweigenden Dunkels, ob es nicht etwas zwecks Orientierung in Windfall, Wetterwechsel, Wirrwarr herausgäbe für die auf Bilanz bedachte Lehrerin und deren neu erwachte Suchbewegung. Suchen, fragen. Vor endgültigem Abbruch der Reise gelangt das nie zum Schluss, es mangelt an Gewissheit, ob die Reise nach dem Totschlag nicht auf andere Weise weitergehe. Indem Frau Cafégenossin ihren Kopf aus dem Gedankengewelle hebt, stirnkraus mit feucht beschlagenen Augen, mischt sich Sokrates ein. Ihm sei, mehrere Daseinsrunden durchschritten zu haben, durchaus bekannt. Nicht jedoch erinnere er eine bestimmte Runde und deren Details. Mit der entleerten Tasse spielend fingert er am verbliebenen Sahnerand, leckt ihn genussheimlich ab. Fürs jetzige Dasein die sicherste Auskunft, dass er lebe. Von unleugbarer Beweiskraft fürs Hier und Jetzt, doch darüber hinaus von geringem: vergänglichem: vergesslichem Wert.

OBSKURE REANIMATION EINES WACHSIMITATS? Was wäre dazu zu sagen! Obskurer Abgang aus musealem Gewahrsam? Obskures Einfädeln des totgegangen historischen Sapiensdenkmals in ein Moderntimes-kompatibles Nonameprodukt? Hatte man sich zwecks Ausbruch, zwecks Neuanfang beim Fundusmaterial, Fundstücken Deponaten der Kleiderkammer bedient, in einem Wäldchen dann aller Historien entledigt, schließlich zeitnah kostümiert. Hatte, um keine verräterische Spur zu hinterlassen, das Tussau- derbe ins Erdgrab versenkt oder bei dichtem Busch- werk in Verwahrung gegeben. Nun aber schleicht einer der Flüchtlinge, von Verlustmanien geplagt, zum Waldversteck in der Hoffnung, dass ein Wieder- sehen mit der damaligen Ausstattung die Erinnerung mobilisiere und gestatte, die unterbrochene Linie zu restaurieren. Nötigenfalls mit kreativen Einlagen. Von einer museumsfernen Geburt bis zum Aus- bruch. Vom Ausbruch bis jetzt. Wie auch immer der großstirnige, schläfengraue, himmelreckende Mann sich um Wiederherstellung gemüht hatte, die spärli- chen, womöglich trügerischen Gedächtnisfetzen be- gründeten keine Wirklichkeit. Irrten stattdessen glücklos umher in der vagen Gewissheit, dass da et- was gewesen sein müsse. Erklärt sich der Verunsi- cherte doch Daseinserfahrene nachdenklich, dass je- nes Gewesene übers vermutbare Fragment hinaus sich dargestellt haben müsse als sowohl komplette wie auch erwähnenswerte Biografie. Im Tussaud prä- sentiert worden zu sein, spricht ja dafür. Trotz des Suchenden Schwur aufs Versteck verschluckte der Wald zwischenzeitlich alle betreffenden Merkzeichen. Was veraltete Sorgen in einer Flut neuer Bedenken ertränkt. Schon nämlich schwindet der Glauben an eine frühere Existenz. Und Vorstellungen zum Tussaud, zu Flucht und Neuanfang, entfallen erst punktuell, dann ganz. Sich unter Mühen in eine neue und befremdliche Welt eingewöhnt zu haben, ein sol- ches Bewusstsein vergeht angesichts einer immer weniger in Frage gestellten Überzeugung, eh und je hier gewesen zu sein. Einzig in diesem Jetzt zu leben. Indem der im Jetzt Gefangene damalige Besorgnis abstreift, geht ihm im steten Hin, Her, Vorbei hiesiger Gewohnheiten die aufrechte Haltung verloren, Stirnspiegel, Charmeschläfen machen nichts mehr her, so dass er, zufällig am Ort einer Entführung auf einer Parkbank sitzend und statt des Stolzen die Rolle eines vermeintlich verwahrlosenden Weibergünstlings darbietend, als Verdächtiger denunziert und von der Polizei arretiert wird. Ihm das! Doch es berührt ihn kaum. Allerdings bewirkt die Inhaftnahme eine Wiederkehr des aufrechten Gangs. Schon das kurze Polizeigeleit durch Park, Stadtszenerie unter den Augen einer misstrauischen, von gegenwärtigen Sicherheitsbedenken beeindruckten, zu übergroßer Vorsicht, Ängstlichkeit gedrängten jagdfiebernden Bevölkerung weckt sowohl seinen Widerstand als auch die Erkenntnis, dass aufgrund seiner anonymen Verfassung die Figur des Opfers ihm Schritt für Schritt zuwachse. Dies trotz einer ärztlich mehrfach bescheinigter Amnesie, welche ihm dann zu einer vorläufigen Identität, Namen, Geburtsfakten undsoweiter verholfen hatte. Zwar lassen sacherfahrene Beamte entsprechende Gutachten und Dokumente nicht außer acht, sie können ihn aber weder vor Angriffen der Meute, wachen Sicherheitsfanatikern, Journalisten, gerüchtkreativen Treibern, abschusshungrigen Flintenträgern bewahren, noch ihn vor selbsteigenen Zweifeln in Schutz nehmen. Polizei und Gericht schwanken zwischen öffentlich gepuschter Meinung und vermutlichem Sachverhalt, geraten in die Mangel bemühter wie irritierender wie spekulativer Gutachten, bereits gefestigte Urteile verlieren wieder Kontur, man schlägt sich mal auf die Seite umsichtiger Ratgeber, mal auf die ganz verbohrter Ankläger. Der Fall wächst sich aus zur Geisterbahn debiler Konstrukteure, infantiler Benutzer. Interessant! Nicht zufällig suchen die Talkfahnder zu Betreibern volksnaher Sensationsindustrie vermehrten Kontakt. Schon prüft ein wegen seiner Frechmäuligkeit gefürchteter, wegen pfiffiger Einfälle geschätzter Vertrauter der Talkgeneralin die Möglichkeit einer Ladung. Würde der Mann, wie zu erwarten, freigesprochen, träte er aufgrund seiner Sonderlichkeit mit ihrem Appendix lockvogelnder Anonymität etlichen Talkkriterien sehr nahe, taugte wegen seines gegenwärtigen Rufs, aliter Verrufs, vorzüglich als Köder. Es geschieht. Der Mann kommt frei. Es bahnt sich gut an. Nach einem Vorgespräch zeigen sich Berater der Meisterin begeistert. Zugleich zu weiteren Tests gerufen. Obwohl nach der Tour durch tückische Anklagen einigermaßen wieder hergestellt, verrät der interessante Kandidat eine merkwürdige Schwäche. Nämlich eben noch straff hochgereckt, Baum Mast Pfahl, scheint er von Anmutungen, imaginären Windböen überrascht plötzlich zum Wanken gebracht. Dabei entfällt ihm der Redefaden, tastet er gedankenstotternd nach wiederum sichernden Halteseilen, ist zwar stets erfolgreich, doch die Suchzeit, seine mühsame Rückeroberung von Neugierland, verunsichert die Zuhörer. Unwillig nehmen sie den schließlich gebotenen Faden wieder auf. Keine guten Aussichten für den zeitkurzen Talk! Was tun? Der Vertraute der Meisterin will gern zusätzlich zur schnurgeraden Ermittlung Haken schlagen, um Möglichkeiten einer Wiederbelebung der Kandidatur auszukundschaften. Im Zweifel darüber, wie nun der Herr charakterintern wirklich ticke, resümiert er zurück liegende Beobachtungen, um sie neu auszuwerten und für weiterführende Überlegungen dienlich zu machen. Etwa dass die Damen des Senders am grauschläfenen, stolz ragenden Stangenmann Gefallen finden, seine achtsam unter hoher Stirn die Umwelt vermessenden Augen als Hinweis auf gelassene Verstandesarbeit beurteilen, spricht für seine Installation im Talk. Präzisiert zugleich die Frage, worin denn jene unerwarteten Staus im Gedankengang gründen könnten. Was hat man ihm alles angehängt! Womöglich raubt ihm die Erinnerung an seine öffentlich betriebene Hinrichtung, an eine kaum ebenbürtige Rehabilitation den Atem, bedroht die Balance zwischen Erniedrigung Stehvermögen Unschuld. Den auch stabilsten Stolz möchte da ein Zittern befallen. Hier noch etwas, was für jenen einnimmt. Bei Begrüßungen knickt der Stangenmann mittig leicht ein, lenkt den Blick zu Boden, verleiht dem rechten, womöglich schlaff hängenden Arm Steife, während der bodenflüchtig leicht aufwärts gewinkelte Unterarm der zugehörigen Hand Gelegenheit gibt für dieses oder jenes Grußzeichen. Dazu konträr schwenkt die freie Linke rückwärts, um ebenfalls leicht winkelnd der Tathand im Rücken ihres Besitzers jeglichen Eindruck von Aggression, von mangelnder Friedfertigkeit zu nehmen. Der Mann macht Diener! würde ein mit früheren Bräuchen vertrauter Beobachter sagen, und zu Freunden von heute gewandt: Warum tun wir das nicht mehr? Nun anstelle von Unsicherheit konstatiert der Fahnder Souveränität. Welcher ängstlich Vorsichtige wagte nach einigem Aufenthalt in unserer Welt sich so rückständig aufzuführen! Frühere Beobachtungen, wieder aufgearbeitet, stimmt, wie wär es mit neuen? Da der für die Senkrechte Wiedergewonnene beim Vorgespräch Interesse an Malerei, an Künsten überhaupt bekundet hatte, schlägt der Fahnder einen Besuch des hiesigen Museums vor. Stößt auf überraschend lebhafte Zustimmung. Eine erweiternde Beobachtung besagt, dass der zum Besuch Geladene beim Eintritt ins grausteinerne Asyl ohne ersichtlichen Anlass die Beugehaltung jenes falsch Verdächtigten, bösartig Verfolgten einnimmt. Die Senkrechte bricht ein. Nur momentan, jedoch beeindruckend deutlich. Gleich darauf, ausgestellte Gemälde ins Auge fassend, gibt jener sich herrscherlich aufrecht. Hinsichtlich Wechsel von Haltung und Laune bereits voreingenommen, vermerkt der gastgebende Fahnder weitere Einbrüche und Rehabilitationen. Als eine Gruppe Touristen vor einer lebensgroßen, die Museumsbesucher in Polyester und weiteren Kunstmaterien äffenden Szene mundoffen erstarrt, sackt der Stangenmann, den eigenen Kopf fassend und wie um Halt bittend, fast in die Knie. Was da überwältigt ihn? Einem finsteren Alb entronnen stellt er nur allmählich die aufrechte Haltung wieder her. In einem weiteren bedenkenswerten Fall weicht der Gast von seiner Seite, um, einem gestikulierenden Paar auf den Fersen, Aufsichtsdame, Museumsdirektor zu spielen, Lauschhand am Ohr. Den dann plötzlich Innehaltenden einholend hört der Fahnder jenen murmeln: Woher kenne ich die? Damit weiß der Fahnder wenig anzufangen. Später tippt er auf inwendig verwahrte Geheimnisse, die sogar ihren Besitzer befremden. Was könnte das sein? Schon folgt dieser Szene eine besonders starke Streckung des hageren Körpers, kein Hinweis also auf Depression, eher auf einen Triumph über dieselbe. Falls wie bei einigen Kreaturen jede Reaktion sich durch Körperliches ausdrückt, fragt man, wie dies bei Bildern geschehe. Länger als auf anderen Motiven ruht der Blick des Gasts auf Porträts, möchte der Fahnder wissen, ob jener Bildnisse besonders liebe, oder ob ihn hauptsächlich die naturnahe Darstellung beeindrucke, antwortet jener vage, ihm hättens Gesichter immer schon angetan, gleich meine er den oder jene irgendwie zu kennen, das widerfahre ihm nicht weniger im alltäglichen Leben. Wenn ich darüber nachsinne, sagt der Mann und versteint in der leeren Mitte eines Ausstellungsraums zur Denksäule, scheint es mir zu gefallen, Leben einzusammeln, und weil Gesichter ein solches am vorzüglichsten spiegeln, möchte ich möglichst viele Bildnisse zusammenraffen. Früher, wann war das, erzählte ich gern Geschichten, immer verlangten die Leute ein Ende zu hören. Als ich anfing, meine Berichte, Erzählungen, Protokolle irgendwie im Irgendwo verklingen zu lassen, wurden die Leute böse, pochten aufs Ende, das ich jedoch, ließ ich sie wissen, um der Wahrheit willen verweigern musste. Ein Ende sei nirgends. Diese Behauptung erregte die Leute zu höchstem Zorn, um welcher Wahrheit willen! bestürmten sie mich mit Fragen und ließen gleich die Antwort folgen, nämlich dass alles ende, sogar das Leben. Ich meinerseits wartete mit Beispielen auf, ließ den Tod einmal den Lebensfaden abrupt zerreißen, ein andermal den Faden sich dehnen und strecken und allmählich vergehen. Hier hatte jemand seine Biografie ritschratsch unterm Fallbeil beendet, dort schlich der Tod lang lang um sein Opfer herum und ließ ihm Gelegenheit, sich ein weiteres Leben, ein Fortleben im Jenseits, ein ewiges Leben im Paradies auszumalen. Hartnäckige Verweiler, erzählte ich, rechnen sich Chancen aus, nach einer Herkunft aus punktwinzigen Materiepartikeln in ebensolche zu zerfallen und aus diesen Zerfallsprodukten neuerlich Gestalt zu gewinnen. Eine andere vielleicht, nicht wenige glauben in diesem Zirkel ewig kreisend immer neue Gestalten anzunehmen, da gibt es kein Ende. Da die Leute nach einigem Zuhören wiederum zu schreien, zu schimpfen begannen, redete ich vom Schauspieler, der eine Rolle einnehme, nach dem Spiel dann ablege, um ins gewohnte Dasein zurück zu kehren, um von dort wieder ins Rollenspiel zu schlüpfen undsofort, wo will man nun ein Ende setzen, dem Leben fällt immer wieder etwas ein, wie es den Faden, die Daseinslust in endlosen Fortsetzungen verlängern könne. Die Wahrheit ist, dass wir das Ende nicht wollen. Wozu dann den Erzählungen vom Leben Gewalt antun. Damals hoben die Leute Steine auf, bewarfen mich mit kleinen immer größeren Brocken, ich weiß nicht mehr, wie das ausging, ich weiß nicht einmal, ob es wahr ist, sicher aber stellt mein Leben keine Rolle mit Ende dar, sondern ein zusammengerafftes Etwas ohne eigentlichen Schlusspunkt: man könnte, wenn der Tod nicht seinen zweifelhaften Strich machte, immer noch was drauf häufeln. Einen Bericht zum Museumsbesuch und weitere Notate reicht der Vertraute der Talkmeisterin an sie weiter. Er beschließt seine Expedition durch den Charakter des Stangenmanns, durch erkennbare Zonen, durch fragmentarische Beobachtung ganz zufälliger Weltausschnitte mit einem Resümee. Je länger er mit jenem zusammen gewesen sei, umso mehr habe ihm dessen Anschein Rätsel aufgegeben. Umso mehr aber auch habe er den Eindruck gewonnen, dass eine Ladung zum Talk kein wirkliches Risiko darstelle, vielmehr starke Faszination verspreche. Ein wesentlicher Anteil am Reiz des Talks beruhe ja eher auf solchen Faszinationen, die über Angebote von Wissen, Daseinserlebnis, Lebensgang undsoweiter hinaus den jeweiligen Figuren eine überraschende Wirkung verleihen, und die man nicht schwarzaufweiß, sondern als ein Bündel aus Staunen und Fragen mit nachhause nimmt. Weiterhin sei für keinen Gast auszuschließen, dass er irgendwann irgendwo irgendwie entgleise, dass ihm der Faden reiße, dass er sich verplappere oder in aufkommender Diskussion nicht den überzeugendsten Rang belege, eben diese Tatsache lasse ihn raten, den Stangenmann, der, mit soviel beeindruckenden Lebenszutaten behängt, viel Interessantes verspreche, in einer Talkgruppe auftreten und ihn eine momentan mögliche Rolle spielen zu lassen. Alle bislang zum Vorschlag gekommenen Gäste seien ja auf dieselbe Weise markiert, nämlich durch die Sonderbarkeit von deutlicher, jedoch zuvor kaum deutbarer Faszination.

VI. WACHSFIGUR UND WÄCHTER

DEM AUFSICHTSBEAMTEN GEHTS KREUZUNDQUER durchs Hirnquartier. Kein Name! Keine Vergangenheit! Wie kann man da existieren! Sie steht wegen Schweigens vor Gericht. Der Pflichtverteidiger nennts Erinnerungsschwäche, der Richter, in Sorge, es könnte sich um eine Terroristin und um deren Simulation handeln, fühlt sich zu strikten Maßnahmen gerufen. Überschriftlich hartnäckiger Wortverweigerung überweist er sie vorsorglich in eine Anstalt für Geisteskranke, mögen die dort dem verdächtigen Subjekt einschlägige Untersuchungen angedeihen lassen. Dem Folgebetreuer tut die ihm anvertraute Sechzigjährige leid. Lügt die sichtlich resignierende Frau? Täuscht sie etwas vor? Oder ist sie einfach nur krank und erschöpft, so dass hirnseitiges Fehl ihr zu lügen, ebenso gültige Wahrheit zu verkünden unmöglich macht? In dieser gegenwärtigen Welt zahlenexakter Identifikation stellt man ohne Personalausweis, Wohnung, Arbeitsplatz für Prüfer wie Prüfautomaten zunächst ein Rätsel dar, danach ein Nichts. Staunend wären die Augen zu reiben: Steht da jemand? Wenn ja, darf man diesem Ja trauen? Durch seinen täglichen Umgang mit Verrückten und, flüstert ihm innere Heimtücke zu, durch den Umgang mit Heilern, welche infolge ihrer Bemühung um die Kranken aus dem Normalstand erfolgreicher Behandlung in den anormalen Status vergeblicher Heilversuche verrückt wurden, könnte ihm selbst ein Stück gesunden Verstandes abhanden gekommen sein, so dass er auf derart schwierige Fragen klar Auskunft zu geben nicht

207

mehr in der Lage wäre. Angerührt vom Blick der Frau, der seinen Eintritt in die Zelle eiskalt empfängt, jedoch seinem Abgang ein von Sohnesliebe erwärmtes Leuchten nachschickt, stimmt er positiv für Ja, da ist ein lebendiger, durchaus zugewandter Mensch. Doch kurz darauf verstört ihn die Nachricht, dass in alle Welt hinaus versandte Fingerprints der Dame nirgends ein Echo geweckt hätten, sie scheint schlicht nicht vorhanden. Auch die Überprüfte selbst schwankt hinsichtlich einer Selbstvergewisserung. Wer sie wirklich sei: ihr Grübeln darüber stößt am Rande eines Bewusstseins, das mehr durch Beobachtung ihrer gegenwärtigen Umwelt als durch persönliche Rückerinnerung sich konstituierte, auf gleichförmiges Schweigen. Einzig ein kleines Schild, das sie in einer ihrer Taschen entdeckte, und das mit Namen, Datum auf eine historisch bekannte Frauensperson hinweist, könnte ein echter Fingerzeig sein; könnte, denn die darauf bezeichnete Figur, offenbar Inventar eines Museums, hat ersichtlich nichts mit ihr zu tun. Es sei denn, grübelt sie ins Leere, es gäbe eine Art Sterben, dem nach völliger Auslöschung von Figur und Gedächtnis eine Wiedergeburt in andrer Figur folge. Das Schild hätte sie irgendwo zufällig aufgegriffen, ohne nun sagen zu können, ob es eine vormalige Inkarnation ihrer selbst betreffe oder sich aufs Fleischwerden von jemand anderem beziehe. Aufgrund solcher Ungewissheit wagt sie das eventuelle Beweisstück niemandem herzuzeigen, es würde ja, bereits ihr selbst als Legitimation zweifelhaft, fremde Beweisgierige nur noch misstrauischer stimmen und umso williger der Schlussfolgerung ausliefern, dass betreffende Person, weil ganz von Sinnen, einen Fall fürs Irrenhaus darstelle. Hält sie also für besser, dem klaren Verstand als Rätsel aufgegeben, denn penetranter Traktion durch psychiatrische Methoden ausgeliefert zu sein! Eine weitere Grübelfalle tut sich ihr dadurch auf, dass sie ausgehend von Schild und betreffenden Nachfragen auf eine wachsgeformte Nachbildung im berühmten Kabinett der Madame Tussaud schließen müsste. Falls sie dort ein betreffendes Exempel statuiert und, wie aus gewissen Nachrichten zu folgern wäre, eine ganz unmögliche Flucht bewerkstelligt hätte - ins Leben zurückgekehrt sei die Wachstote von ihrem musealen Standort gewichen - weshalb dann findet sich in ihrem Gedächtnis keinerlei Erinnerung an Standort, wächsernen Habitus, an Aufleben und wahnwitzige Flucht? Abgesehen von einem heftigen Nein, das sie fäustlings an die Zellenwand trommelt, möchte sie um Nichts in der Welt dies jetzige Dasein in Fleisch und Blut missen, sie ist um den Lohn, hierzuland so wunderbar abenteuern zu dürfen, alle Malaisen zu ertragen bereit. Noch sind hiesige Beschwernisse ihr nicht über den Kopf gewachsen. Ahnt nur wenig von der tragisch-dramatischen Verfassung, worin der Gesellschaft durch Niedergang vieler Gewissheiten, Versicherungen Geldanlagen Politprogramme Gottversprechen, übel mitgespielt wurde. Und wird. Erblickt noch nicht scharfsichtig jene Schicksalsschneisen, durch welche immer neue Gefährdungen eindringen, so unter Preisgabe vieler Werte und Freiheiten eine erbitterte Abwehr nötig machen. Auch sind ihr betreffende Instanzen, die man hierzuland um Hilfe anzugehen pflegt, sind ihr Gesetze Menschenrechte Götter nicht hinlänglich vertraut, so dass sie, durchaus als Einzelne festgefahren, eher auf persönliche Ohnmacht reflektiert. Derart in sich selbst verunsichert mangelt ihr ein Fixpunkt, von dem sie sich abstoßen, dann wo hinüber springen, wen dann, was dann, um wessen willen anklagen könnte. Schließlich drängen Grübelei und Ohnmacht zum Vorteil weiteren Lebens auf irgend einen, und sei es noch so verzweifelten Schritt. Die Eingesperrte vertraut sich ihrem Bewacher an, er möge zu dem Namen auf dem Schild Informationen, Lexikon, Internet undsoweiter, einholen, bittebitte, ach danke. Vom freundlichen Dienstleister interessiert aufgenommene Daten - eine historisch bekannte Frauensperson! - steigert ihre Neugier zur Gier. Ihr williger Kundschafter hatte von einer Ablichtung der später Wachsinstallierten erzählt, die, vorgenommen von einem Fotografen der ersten Stunde, einerseits aufgrund damals unvollkommener Technik es an Deutlichkeit fehlen lasse, andrerseits überhaupt eine Vorstellung von der Porträtierten übermittle: dies hören, will! muss! die Inhaftierte jene Ablichtung, seis in einer Kopie, zu Gesicht bekommen, sie würde wer weiß was drum geben. Dass die verschlossen gewesene Frau nun so leidenschaftlich aus sich herausgeht, überzeugt den Betreuer einmal mehr, dass statt des befürchteten Wahnwesens eine Realfigur vor ihm stehe, und dass eine so lebensvolle Erscheinung seine besondere Bemühung durchaus verdiene. Gern auch dient die Bibliothek mit einer Kopie. Danke, danke, danke, hätte die überglückliche Empfängerin ihren Beschaffer fast in die Arme ge-

210

schlossen. Vom echten Irresein abweichend entlohnt ein Zurückhalten dieser Geste den Zuträger aufs Beste, während die Frau per Lichtbild im jetzigen Zellenasyl ihr vermutliches Damals-Ich bestaunt und, zutiefst berührt, küsst. Da man seitens Gericht der Eingesperrten weder Gesetzesbruch noch terroristische Ansinnen nachweisen kann, und da auch Diagnosen der Anstalt bestenfalls auf Amnesie, keinesfalls auf Geistesschwäche hinweisen, beschließt man etwas beschämt, sich in unmögliche Spekulationen verloren zu haben, die Entlassung der so lange Hingehaltenen. Die Behörden sind bereit, diesem ihrem beschämenden Fall einen bürgerlichen Namen zu geben, provisorisch mit einem Ausweis zu versehen, für einige Zeit dessen Lebensunterhalt zu befürsorgen. Nun, als wäre jenes Konterfei einer verstorbenen, danach in Wachs konservierten Berühmtheit zum Stichwort für anonyme Wegbereiter, für Schicksal zuweisende Instanzen geworden, eilt Zufall um Zufall zu Hilfe. Wie immer. Die Entlassung der mediennotorischen Frau lockt Journalisten an. Die wiederum locken mit Interview und reichlich Salär, gleichzeitig entsendet das Fernsehen für einen Mittwochs-Talk ködernde Lockvögel. Der noch etwas beunruhigten Dame ists recht. All das bedeutet Geld, ohne Geld kein Lebensunterhalt, Wohnen Essen Kleiden und einiges mehr muss sein, so wars damals, das gilt für heut. Vorläufig irritiert sie Geldgeber wie Heuerseelen in eigentlich absurden Interviews. Mit Geschick und Eifer kriegens gewisse Leute immer wieder hin, dass verrückt klingende Rätsel sensationell Kasse machen, dass eigentlich Desinteressierte die Lauscher aufstellen, um, nach kurzer Kostprobe ermüdet, interessante Einsichten einzuschläfern, aus Einsicht folgerndes Handeln schlafzutilgen. Eigensinnig beharrt der Abguss großer Erfinder, Denker, Majestäten auf der Fortdauer ihres Lebens im wächsernen Ruhmestod. Und überraschend hellsichtig verlautbart die merkwürdige Dame im Interview, es werde der Unverstand am Leben gehalten, während der Verstand ständig im Sterben liege. Sagt es so leise, dass der Text der Frau in krächzendem Geflatter, in flatterhaftem Gekrächz, im kra!kra! Selbstflattieren der Fragegeier untergeht. Wer wär sie denn! Niemand ahnt, niemand glaubt, dass sie damals oder überhaupt irgendwann etwas Nennenswertes gewesen sein könnte. Was die Geier und Mitfresser nur verstören würde, behält man für sich, so vom Schild aus dem Museum schweigen Dame und Betreuer. Schweigsam auch und betont aufrecht sitzt die Dame in der Talkrunde, hat sich wegen starker Schmerzen im Rücken einen voluminösen Sessel ausbedungen, verschließt sich in ein altmodisch graues Langkleid, erscheint fremd und imposant. Sie imitiert, was niemand ahnt, jene Ablichtung eines frühen Fotoporträtisten, dessen neulich wieder entdeckten Pionieraufnahmen die Kenner in Jubel ausbrechen lassen. Das auf dem Papier verblassende Porträt indessen betrachtet Madame mit anderem Ansinnen. Würde gern mehr, als zugängliche Informationen verraten, vom damaligen Existieren, von dessen Vorhaben und Empfindungen erfahren, doch der stumme Zeuge verschweigt in dieser einzigen, zumal durch kunstvolle Pose bedingten Ansicht alles, was das regsame Dasein per äußerem Gehabe ausdrücken und betreffs innerem Empfinden zur Anschauung bringen würde. Die Ablichtung beharrt eigensinnig auf gestrengem Kunstwert. Eben ein solcher rückt ihr näher, als sie bei Vorgesprächen zum Talk auf einen Fotografen trifft, der aus den Medien von ihrem eigentümlichen Status und damit einhergehenden Vermutungen weiß, den es folglich nach Gedankenaustausch mit der merkwürdigen Geschichtsfigur verlangt. Wie ihn beim Fotografieren die zufällige Übereinkunft getrennt zu denkender Ereignisse interessiert, so hier die Begegnung getrennter Zeiten und ihrer Zeugen und, muss er hinzufügen, einer dokumentierenden Person. Was hat er mit der Frau: was haben sie beide mit dem Talk: was hätte die Einrichtung einer Talkrunde mit ihrem vertrackten Schicksal: was mit seiner Beziehung zur Fotografie: was haben zufällig ermittelte Talkteilnehmer mit einem die Fachwelt betreffenden Medium: was hätte dessen Eigentümlichkeit mit all diesem Glamour zu tun! Glamour, ja, die Leutemenge beeindruckender, eigentlich nichts sagender Glanz der Oberfläche, Oberfläche, worin Sensationelles und Belangloses sich zu solcher Sprengkraft vereinigen, dass mit einem Schlag mehr Hirne aufgerührt und verstört werden, als in langer Entwicklung je Hirne für Vernunft Einsicht Weltgestaltung gewonnen werden konnten! Ein blöder Tsunami, dem man vergeblich auszuweichen sucht, der, wenn überhaupt etwas, Zerstörung hinterlässt. Angestrengteste Bemühungen um ein Besseres dagegen richten momentan wenig aus, müssen ihr fernes Ziel nothalber einer Jahrtausende währenden Historia anvertrauen, den erhofften Effekt hinziehen, strecken, dehnen, muss man so am Erfolg zweifeln, muss angesichts des unermesslichen, jenseits jeder Garantie betriebenen Aufwands immer wieder in Verzweiflung stürzen. Statements sind Kurzschlüsse, sagen wenig zu Länge, Schwierigkeitsgrad des Parcours, als Sinn gilt einzig der Sieg, erst recht schweige man zu Gefahr und Misslingen, wer seufzt, jammert nur ins eigne Ohr. Demnach treffen er und die Dame sich darin, das Seufzen zu unterdrücken. Ein weiterer Treffpunkt läge da, wo ihre Personen mit anderen Figuren, mit gewichtigen Ereignissen sich zufällig verknoten. Knotenpunkte bieten Gelegenheit zum Anstoß, etwa neue Gedanken auftun, für den weiteren Lebensgang Ordnungsvorschläge entwickeln. So gilt das für ein waches Hirn. Ein erschöpftes, depressives Neuronenmassiv dagegen wehrt sich gegen unerwartete Angebote, hält sich lieber an bereits deklarierte Werte. Frau wie Fotograf befinden sich im Suchstand. Welcher darauf drängt, dem, was ihm zufällt, dienliche Namen zu geben heißt einleuchtende Werte zuzuordnen. Noch in der Kopie entzücke die Ablichtung, so der Fotomensch. Leicht verkenne der heutige, durch tausendfachen Verzehr von Abbildern übersättigte Betrachter den historischen Weckruf einer solchen Aufnahme. Und leichtfertig, weil von Kostüm und nostalgischem Anschein abgelenkt, zolle er damaligem Gewinn, nämlich alles abbilden zu können, zu wenig Respekt. Indessen an diesem historischen Knotenpunkt sieht sich jeder Künstler genötigt, über Art und Zweck des Abbildens nachzusinnen. Mit der Leichtigkeit äußeren Abbildens konkurrierend muss er für die bildliche Vermittlung von

Idee, von also psychischen, geistigen Belangen, eine erkennbar andere Gestaltung ins Werk setzen. Die vom Porträt beeindruckte Frau notiert dementsprechend Mängel des Abbilds. Von dessen Augenschein nicht dargebotene, der Nachfahrin jedoch wichtige Werte müssten übers bloße Konterfei deutlich hinaus zielen. Riesengroß im Vordergrund marschieren die Fragen auf. Sie fordern Aufklärung darüber, ob die Ablichtung dem damaligen Anschein der Porträtierten wirklich nahe komme. Ob ein Transfer jener Figur in eine jetzige Gestalt denkbar wäre. Ob ein dazwischen gelagerter Tod - Wachsgrab, Flucht, sozusagen Wiedergeburt - eine Beziehung der Damalsperson zu ihrem heutigen Pendant ausschließe. Ob außer Misstrauen gegenüber bloßem Augenschein die Darlegungen des Fotokenners ein Habacht gegenüber Bildern überhaupt nahe legen. Dem Knotenknäuel entspringen immer neue Beunruhigungen. Sind Tod, Wiederkehr schon nicht mehr aus dem Angebot heraus zu halten, muss dann nicht auch das, was man aus dem Bereich der Naturwissenschaften hört, was von den Religionen weiß, was in Sätzen der Weisen, der Philosophen, der Ketzer, der Ignoranten anklingt, diesem kreativen Geflecht entstammen? Sie hatte sich um Kunst nie gekümmert, jetzt hat sie deren Probleme am Hals. Den Mitlebenden eher sparsam gewidmete Empfindungen schrumpfen weg, und alles weitere abschüttelnd, heißt völlig entblößt, ragt sie monolithisch allein. Während der Fotograf, zum Werkzeug mutiert, dienliche Zeichen in ihr steinalleines Ich meißelt. Eine Szene aus diesem Zeichenreigen zeigt sie als Ball, der, mitten im Flug innehaltend, zum Treffpunkt verschiedenster Vorstellungen gerät. Da reichen sich Leben Tod Wiederkehr die Hand, machen Schwerkraft Aufstieg Absturz auf der Flugbahn Station, reihen sich Abbild Sinnbild Zeitensprung Bewusstseinsleere Erinnerung zur Polonaise, das Ich transfiguriert über Traumvisionen zur Nichtfigur. Plötzlich fliegt der Ball weiter. Kein Ziel, kein Ende. Falls nicht Zufall Unfall Einfall einen weiteren Treff arrangieren und dem gewohnt zuverlässigen Kurs wieder mal den Stempel des Versagens aufdrücken. Der ins Geschehen Verwickelte wirds merken, doch weder verstehen noch ändern. Ist sie ein solcher Ball? Dessen ungeachtet finden die merkwürdigsten Zusammenkünfte, die absurdesten Verknotungen statt. Madame figuriert im Talk als leere Hülle, die sich anfüllt und bläht und wiederum ausschüttet. Talk? Treff! Es wäre solchen Zufallsbegegnungen jeweils eine Chance einzuräumen. Der Fotograf, erfahren im Arrangieren, versucht Dompteuse, Zeitendehner und andere dafür zu gewinnen, dass alle für eine Talkteilnahme in Betracht gezogenen Kandidaten spielerisch folgendes Angebot machen. Sie hätten sich per Einrichtung, Installation von Möbeln undsoweiter, auf zugewiesenem Terrain ein Stück Lebensraum anzueignen, zwecks Darstellung ihrer Eigenheit dazu geeignete Gewänder, Accessoires aus persönlichem wie hiesigem Fundus auszuwählen, in passender Ausstattung, Pose, Positionierung sich sodann zu einem Gruppenbild zu fügen. Dasselbe werde er nun nicht umständehalber ablichten, vielmehr möge es anschaulich allen zur Orientierung im sonst unübersichtlichen Gelände der vom Talk initiierten

Beziehungen dienen. Kaum versucht dieser Vorschlag im Prüfhirn der Adressaten rechtschaffen Zustimmung zu erlangen, schicken sich schon zahlreiche Abers an, die Idee des Fotografen zu zerpflücken. Der erfahrene Manipulator, darauf längst vorbereitet, ergeht er sich nun nicht in unnützen Beschwörungen, sondern beruft sich auf eine ihm zuvor zugesprochene Befehlsgewalt. Unwirsch erst, dann vom Agieren leicht angetan, dann vom Spieltrieb gefangen genommen geht man ans Kleiderprobieren, übt spiegelverliebt die mimische, gestische, körperganze Expression, ordert per Wunschliste allerlei Möbel Leuchten, schließlich komplette Stimmungsrepertoires. Bald spaltet jede dieser Bemühungen ins einerseits vergnügliche Organisieren, in die andrerseits unbefriedigende Darstellung. Intern angestellte Klärversuche treffen auf Vorschläge und Fragen von draußen, es entwickeln sich ums überraschend Mögliche und ums total Unmögliche dieser durchaus theatralischen Inszenierung lebhafte Debatten. Indem man hier und da von weiteren Versuchen absteht, beginnt man einer beharrlich vorgetragenen Werbung des Fotografen zuzustimmen: gestörte, gar verhinderte Realisierung heißt nicht Ende des Vorhabens. Heischt aber zwecks besserer Modellierung der Idee einen fantasievollen Richtungswechsel oder konzentriertere Stoßkraft. Nämlich im Verlauf des Praktizierens erst bildet sich eine hinreichende Einsicht, bringt das Bewusstsein entsprechend in Fahrt. Kannte man sich selbst zuvor nur blindlings und zufällig, lehren inzwischen vielerlei Konflikte, die Zeichen von Wesen, Eigenheit besser lesen, daraus absichtsvoll Nutzen ziehen. Ohne Zuvor ein nur dürftiges Hernach. Denken präzisiert sich im Nachdenken über erfolgte Anrührungen, deshalb wirkungsvoller als Worte Sprüche Meinungen provoziert das praktische Agieren einen Kommentar der inneren Bestände, die dann, betont der Fotograf: endlich! erhellende Gespräche mit der praktischen Erfahrung beginnen. Erörterung auch zwischen verschieden installierten Innenwelten, zwischen Umgebungen, Gewohnheiten, kulturellen und anderen Prägungen, zwischen dem Ich und seinem Handeln. Ohne Scheu vor jenen Hasspredigern, die zur strengsten Abgrenzung auffordern, ordnet der Inszenator jedem Individuum, ebenso allen Bündnissen, Familien Vereinigungen Völkern, einen Vorrat von Einbildungen zu, welche als Schutzwall dem Anfluten willkürlicher Umstände wehren, welche zugleich gegen die Einbildung und gegen Vereinnahmung durch Andersmeinende schirmen. Wo und wann immer derart Ungleiche sich weigern, ihren Vorratspack aufzutun und dessen Inhalt anderen freundlich vorzustellen und folgend gemeinsam übers jeweilige Herkommen nachzusinnen, wo und wann sie zögern, zwischen ungleichgewichtigen Vorstellungen die Balance zu suchen und zu wahren, werden sie dumm bleiben und den Zwist, letztlich gar das Mordundtotschlagen warmhalten. Worin denn ein solcher Missstand einsetze? vernimmt man einen Zwischenruf. Anstelle einer direkten Antwort bittet der projektleitende Fotokundige, den bereits begonnenen, teils weiter gediehenen Installationen Aufmerksamkeit zu schenken. Drei Kandidaten haben da, auf Sitzecken konzentriert, Tisch Stühle Sessel Couch

218

zurecht gerückt. Eine Dame tuts mit einem wandlehnend hufeisenoffenen, polsterfülligen Arrangement, worin sich Sitzkumpane eher betten als aufrecht deponieren. Die Wand dahinter bietet mit Prachtgemälde und vielteiliger Ahnengalerie einen kulturellen, mit zwei Leuchten gemütlich getünchten Rückhalt. Weiterhin ermittelt der Nahblick aufs Ahnengeleit anhand halshängender oder das Revers zierender Kreuze ein christliches Defilee, während unterfuß ein knotendicht geknüpfter Teppich den Kunstgeschmack anspricht. Mit dem Geschmack nicht so genau nimmt es ein opulenter Kerzenleuchter, der tief überm niedrigen, fürs große Mahl untauglichen, nur für Weinglas und kleine Beigaben dienlichen Tisch sich auffällig produziert, gleichzeitig mit schwachem Licht nicht etwa den kunstvollen Rahmen ausleuchtet, sondern für gemütlichen Dämmer optiert. Wandjenseits, als gälte es dieser Wohnschlaraffe zu opponieren, richtet der Grauschläfenmann auf schmalem Areal ein karges Nest. Nackte Holzwände mit einer Flut angepinnter Notizen, Zeitungsausschnitte, Fotos, mit rohen Regalen voller Bücher und, mangels Schrank, stopfvoll Geschirr Esswaren Kleidung. Der Regalinhalt wuchert herüber auf blankes, über Böcke gelegtes Brettmaterial, ansonsten reicht dem Sitzarbeiter ein dürftiger Hocker. Belegen ab und zu Besucher das Asyl, um dichtgedrängt den kleinen Luftraum mit lebhaftem Meinungstausch und sich selbst den Magen mit Brot und Flüssignahrung zu füllen, apportiert der Gastgeber dafür in einer Ecke gestapelte Kisten, zwei weitere Hocker und einen dreibeinigen Uraltstuhl. Natürlich nimmt er die Prachtentfaltung der

Nachbarin wahr, wofür er sie denn auch freundlich lobt, ohne seinen Geschmack um Zustimmung zu bitten. Ebenso bemerkt er das Defilee der Kreuze, ohne darüber Worte zu verlieren oder wortlos sich darüber lustig zu machen. Ein Teil seiner gedanklichen Arbeit bezieht sich auf Toleranz, auf die stillschweigende Übereinkunft mit sich selbst und mit allen Einsichtigen, dass einerseits Religionen und Weisheitslehren und rituelle Gewohnregeln eine wunderbare Einbildung des auf Erlösung sinnenden Menschengeistes darstellen, dass dieselben sich andrerseits als Werkzeug zur wirksamen Unterwerfung anderer anbieten. Und die benachbarte Dame? Nun, bislang hat sie zur Annahme des einen oder des anderen keinerlei Anlass geboten. Die dritte Sitzassemblage konkurriert mit dem Arrangement der Dame insofern, als sie mit losen Kissen, Polstern, bodenstreuender Teppichware ausschließlich Sitzkomfort zelebriert. Frei im Schneidersitz oder wandangelehnt oder Schulter an Schulter pflegt man Gemeinsamkeit und Wortetausch bei Essen Trinken Rauchen, wo nämlich das Herz übern Lippenrand springt, brauchts keinen weiteren Luxus. Der Schläfenmann, sorglicher Beobachter, beurteilt den ungenierten Auftritt beider Arrangements als Einladung zum Vergleich, der jedoch im Falle essentieller Gespräche leicht sich umkehren könnte zur feindseligen Abgrenzung. Der Nachdenkliche könnte, beiden Installationen freundlich zugetan, mindestens aber sachlich zugewandt, vor dem Gericht des bürgerlichen Geschmacks schlecht dastehen, würde dort künstlich hoch gehaltenem Vorurteil etwa als verwahrloster Freigeist missfallen. Sachgemäß auf die Grenzen seines fotografischen Geräts gestützt entfernt sich der Arrangeur noch weiter von gefühliger Einschätzung. Um ein weit streuendes Untersuchungsfeld zu bekommen, erweitert er die Talkgemeinde um einige Publikumsfiguren. Manipuliert, von Spielgerechtigkeit absehend allein auf Klärung bedacht, diese Teilnehmer dahingehend, dass sie unter Verzicht auf Eigenheit zu entstehenden und entstandenen Anordnungen möglichst gegenteilige Formationen kreieren. Als Gegenstück zum ausdrucksarmen Konstrukt des Kastenmanns gedenkt er etwa ein mobil, zugleich diffus agierendes Ideenkind einzuladen. Wählt aus dem Katalog einschlägiger Modelle eine zarte Ballettratte, die nicht nur gewisse Grundformen ganz wunderbar zu variieren verspricht, sondern die auch beim Schwatz, beim Gespräch, beim Tanz in sprunghaften Einfällen dorthin bewegt, wohin ihr das Publikum kaum, nur äußerst verblüfft zu folgen vermag. Was sie selbst nicht bemerkt. Weshalb Einwände, Nachfragen der Zuschauer ihre Aktion nur beschleunigen, sie Querläufer Irrlichter Visionen einsammeln lässt, bis ihr der Faden reißt. Für sie kein Schaden. Sofort nimmt sie, ins normale Tempo zurück fallend, einen anderen Faden auf, um nun die Fortbildung desselben in vorig sprunghaft kreativer Weise zu forcieren. Diese kunstvolle Paarung, Ballerina plus Kastenmann, beauftragt der Arrangeur, von Installation zu Installation sozusagen von Haustür zu Haustür Zeitschriften feilzubieten. Ganz seiner Erwartung gemäß verstört die sinnvertrackt wortsprudelnde Balletteuse jede Kundschaft, während der Partner, ihren Wildstrom kanalisierend, erst Kundschaft und Verkäuferin verblüfft, dann, die Peinlichkeit merkend, verstummt, um zu unguter Letzt seinem weiblichen Geleit Vorwürfe zu machen. Rasch türmt sich der zu vertreibende, umtriebige Medienstoff mit all seinen halbseidenen Histörchen, geschmackverstärkten Sensatiönchen, in Schulterlage nieder gerungenen Wahrheiten zur Mauer zwischen den ungleichen Temperamenten. Die gerne anders möchten - Friede ihren guten Absichten - die jedoch längst innerem Stau und Dammbruch erliegen. Kein Zweifel, nicht jede Kontroverse ist zu meistern. Der Arrangeur, der es mit Gegensätzen hält, lenkt den Blick auf ein anderes Paar. Das viel zu sehr harmoniert. Obgleich einmal körpergewaltig einmal hager so von ganz verschiedener Gestalt ergehen sich hier Zwei in zwillinghafter Konformität, psychisch wie gedanklich, schätzen dieselben Objekte, wollen immer deren zwei, also jeder das seine, besitzen, müssen unbedingt dasselbe Buch gleichzeitig lesen. Der Auftrag an sie, gemeinsam ein Festessen zuzubereiten, mündet nicht nur in die unnötige Verdopplung aller Portionen, sondern fördert auch gleiche Mängel zutage, Salz vergessen, zuviel Pfeffer genommen, Fleisch angebrannt, Knödel nicht vorgewässert, und in doppelter Schärfe weisen sie den sachten Einspruch von Fotokünstler und zum Mahl gebetener Gäste zurück. Nur einmal klafft ihr Meinen auseinander. Wunderbar aufregend findet die füllige Figur den Auftritt der Balletteuse, während die Hagere im ständigen Szenenwechsel der Einfälle ein dem Denken feindliches Element erkennen will. Gewohnt übereinstimmend indessen wird der Kastenmann unter infantil, regressiv eingestuft. Zur Beantwortung jenes Einwurfs, wo denn der Missstand, sich jenseits Gleichheit aufs Verschiedensein nicht einigen zu können, beginne, verfügt der Arrangeur nun über genügend Material. Hier beginnts, sagt er, fasst den eigenen Kopf, dreht ihn bis zum Schmerzpunkt. Es hebe an im friedlosen Ich, das sich selbst nicht recht leiden mag. Von da greifts über ins Paar. Indem jedes Gegenüber einen Reflex provoziert, erhalten Zuneigung und Ablehnung je ein Gesicht. Solches Entgegenstehen greift über auf kleine, auf größere, erfasst größte Gruppen. Erstrebt man einerseits eine Balance des Ungleichen, wecken geheime und offene Stichler erfolgreich Schmerz Wut Angst Neid, säuern Zuneigung, zerstören Liebesbrücken. Ungeduld, Machtgier, Streitlust und Wellenwurf des Temperaments werfen sogar Widerständige zu Boden. Inzwischen fordert ein weiterer Zwischenruf Erklärung: Halten Sie den Talk für eine gute Balancierübung? Den Fotografen nötigt das zu erneuter Besinnung. Kopfstütz, Hand an der Stirn. Der Talk sei ein Spiel. Indem Spiele um einen Sieg zu ringen vorgeben, beinhalten sie Streit. Den man freundlich gestimmt Wettstreit nenne. Darin sei Machtbegehr und übereifriger Passion anbefohlen, alle zum Spiel geladenen Triebkräfte zu zügeln. Im sicheren Gewahrsam klarer Regeln stehe da der ganze Kosmos der Leidenschaften auf dem Prüfstand. Er möge, nach einschlägigem Training, seine Spannungen genau bis zu jener Grenze erstrecken, hinter der dann das Spiel zum Ernstfall entartet. Wo also Schädigung, Gewalt, Überwältigung der dramatisch belebenden Spielhandlung das reale Blutbad, die tödliche Niederlage aufzwingen. Was geschähe denn da? In einer kunstvoll zugerichteten Inszenierung verlören die Spieler ihre Balance, stürzten, plötzlich sterblich geworden, aus lebensbedrohlicher Höhe vom Seil. Kopfstütz, Handwechsel, weiteres Nachsinnen. Jede Neugeburt muss das ABC von Gewaltverzicht, Verständnis, Geduld mühsam und leidvoll einüben, muss die Unterschiede kennen und schätzen lernen, darf im eignen Umständezirkel Erfahrenes nicht unbedacht zum Maßstab für Lerngang, Kenntnisstand andrer machen. Die Kultur, ungleicher Daseinshauch, verzaubert jede nahe Region auf je eigene Weise, erzeugt so für jede Region ein eigenes Passbild und Passwort, so dass, wollen verschiedene regionale Kreationen zusammenrücken, sie um ein Gemeinsames ringen, in spielerischem Wortstreit um eine Vereinbarung disputieren müssen. Das kunstvoll, kühn und so verständig, dass in der Enge jedes Herzens der Vielfalt ein Platz geschaffen wird. Wer gewinnt? Jeder. Ob er dies oder das verliere, wie immer er hier oder dort nachgebe und das vertraute Bildnis der Region verblassen oder andere Färbungen annehmen sähe: am Ende besitzt er, integriert in eine umfassendere Skala, wesentlich mehr.

KEIN PLATZ FÜR TAPETEN Bilder Wandschmuck, nur Reihen Reihen, Rücken Rücken, bunt gekleidete Modernitäten vermischt mit damalig ledernen oder leinwandfeinen Nobilitäten, Bücher Bücher Bücher. Enttäuscht über die Präsentation eines Buchladens hatte er sich von repertoirehungriger Neugier zur Stadtbibliothek locken lassen, wo er von zeitentrückter, mod-

riger Atmosphäre, von jahrhundertlang zusammenge-
tragenen: gekauft geraubt gescheffelt: Habseligkeiten
wie ein alter Bekannter begrüßt wurde. Heimatgefüh-
le? Vom pflastermeternden Stadtgang ermüdet folgt
er dem Beispiel älterer Herrschaften, die in einer Sitz-
ecke das übermächtige Angebot zeitloser Lektüren
gegen ein Uptodate gefälliger Magazine und Journale
tauschen. Da löscht Informationsschwang jegliches
Heimatgedenken. Da betreibt Nachricht die Rehabilitation nach Literatur dürstender Kennerschaft, indem
sie ein Potpourri verzehrbereiter Allerweltshappen
ausbreitet. Kunst, turmhohes Vergnügen. Fastfood
stattdessen fürs rasche Genügen. Jetzt in einer Anwandlung von Kritik, Zensur diktiert so was wie Gewissen dem Neuankömmling ins Anmeldeformular:
Hallo! Einsamer Klippenbewohner ersehnt, was man
aller Kreatur zubilligt: Babygeburtsstunde. Ganz neu
sein und ganz leer. Folgend gefüllt von lebenslang
zunehmender Kenntnisnahme, nie ausbleibender
Nachspeise. Wo früheste Kindzeiten zu damaligem
Sammeln, Schatzhäufen schweigen, geben Eltern,
Geschwister und andre Nachhilfe, sie ergänzen hand-
schriftlich auf dem Anmeldezettel: So! seis gewesen.
Weitere Gedächtnislücken und Säumnisse, notiert der
Anmelder, schließe und behebe die Bibliothek. Von
den Bücherborden grüßend erbieten sich, jedes käs-
löchrige Wissen zu stopfen, die großen Erinnerer. Da
greift vom Zeitfluss geschöpfte Erfahrung schwä-
chelndem Wahrnehmen unter die Arme und leiht der
Windsaat flüchtiger Hirnnotate ihren Humus. Neben
dem stillen Zensor entwindet sich eine weibliche
Mumie luftschnappend dem Seiten blätternden Buch-

stabenrausch eines Journals. Schnaubend aus einem Denkakt tauchend tuts ihr seehundartig der Nachbar gleich. Menschen. Man kennt sich, man grüßt sich. Danach übers geschwätzige Techtelmechtel der Journale, übers kapriziöse Reportergemauschel, über humanpralle Histörchen hinweg machen zwei Hiesige einander den besten Kommentar zu Wortruschel Sinnraschel streitig. Dies nicht ohne dem Disput gewisse Bedenken, Elendsgefühle, Körperleiden beizufügen. Wer wär denn Sieger im Betroffensein? Insbesondere wünscht die Dame beim bereits im Heim beheimateten Seehund größere Anteilnahme locker zu machen, ihn für Befreundung zu gewinnen. Dazu sei Faustpfand: beider Leidensgenossenschaft. Eben durchlebe sie, was ihm bereits widerfuhr. Meingott! unter Zurücklassung geliebter Reliquien die vertrauten dazu geräumigen Wohnangelegenheiten tauschen gegen eine gefängnissichere Verwahrung: Heim niemals Heimat! Da tauscht der Kopf, bestenfalls Streichliste, den Hallelujanachhall reich bestückter Wohnhallen gegen das Miserere der Bett-Tisch-Stuhl-Schrank-Installation einer jetzt luftknappen Zelle. Vor der großen Flatter feilscht sie kleinlich um paar Bücher und beschwört, fingerkreisend übers bibliothekarische Inventar, den eigenen Buchstabenbestand, reihenweis Zeugen ihrer Interessen. Nachdem zuhaus ihre Lesebiografie die Wände überwucherte, soll sie jetzt von einstigen Homelands riesige Territorien reißen, man dürfe ins Kummerland nur paar zehn, zwölf schmale Bände mitnehmen, das wird, vermutet sie, den Verlustschmerz wach halten. Vaters Handschrift auf dem Titelblatt wunderbarer Tiergeschichten: Meiner Kleinen! wiegt mehr als der Text, den wird sie entbehren müssen. Auch die historische Schwarte, Christengezerf und Osmanenstolz, bedeutet ihr viel wegen randkritzelnder Notate des verehrten Geschichtslehrers. Allerdings Liebetod- geschwängerte Stories um Jupiterzoff, straßenköterndes Begehr, Romeo Liebe Gift Julia, Leonores Treue, adlige Amouren, satangetäuschte Blondinen könnten entlang eselohrender Blätter neue Leselust entfachen. O'Neill, Eines langen Tages Reise in die Nacht, weg in die Opferkiste, das tut weh, aber nein, obwohl Passion dahin, sinds ganz wunderbare Figuren, pack ein, pack ein. An einer Reihe kostbarer Bilderbücher, für Rotznasen zu schad, schnottet und tränt Madame Oldtimer entlang, zu groß, zu herzintim, zu erinnerungsschwer fürs Altenheim. Wendet sich Oldie an Seehund. Die entwürdigende Kur liege hinter ihm. Hatte er ähnliche Mühe, dergleichen von der Seele zu zerren? Brummschädel. Bücher Pretiosen Gräberfeld. Der Bibliotheksbesucher schlüpft aus der momentanen Rolle. Nein, falls tot gewesen: falls wieder erstanden: dann irgendwie fehlgeboren! sind ihm derartige Buchbeschwerden und Altersbesorgnisse nicht untergekommen. Doch scheint ihm, was da zwei Klippfiguren bereden, vertraut wie von der Stimmgabel räsonierend zum Klingen gebrachte Erinnerungen. Ganz auffällig reihen sich Buchinteresse, Buchladen, Bibliothek, Buchverlust aneinander, wär demnach der Glücksfall kein Zufall, so dass er auf vernebeltem Weg als Ichweißnicht zum Irgendwas, vom Wirklichen provoziert zum Ichahnewas sich auf die Suche gemacht hätte? Beim Verlassen des Gebäudes wird der Mann samt Fragezeichen von einer heftigen Strömung erfasst und mitgerissen. Wie es Plakate seit Wochen ankündigen, scheint die Große Fete am Stadtrand in Gang gekommen. Dumpf rhythmende Bässe, darüber schwirrend-splitternd-schwindende Melodien locken den mit weltallen Moden kaschierten Nachwuchs an, Autos Busse Bahnen ergießen die frischgrüne Ladung ins rasch stopfende Straßennetz. Mit solchen Massen hatte niemand gerechnet. Fünftausend magsein Zehntausend, nicht aber solche enge Platznaht sprengenden Vieltausendermengen. Um derartigem Ansturm zu wehren, ihn etwa kanalisierend auf ein abseitiges Wiesengelände zu lotsen, hätte man lange zuvor sintflutende Lustbarkeiten, überaus verführerische Emotionen, ganz hysterische Eruptionen bedenken müssen, wer will das reglementieren? Blickauf globale Vorkommnisse wären Polizei Feuerwehren Sanitäter jedemenge Hilfskräfte zu trainieren, Sicherheitsvorkehrungen weiträumig anzulegen, wäre in Kenntnis katastrophaler Entwicklungen auch der GAU in Betracht zu ziehen gewesen. Doch gottgroß im Hirn der Stadtoberen und der Verwaltungsorgane und der Veranstalter residiert das Positive, jede Schuld vorweg entschuldigend blenden Lustversprechen Gewinnlust alle erdenklichen Zweifel aus. Wird schon nichts passieren! Und wer denn bestellt prophylaktisch Kränze für welches Grab? Gedacht oder nicht bedacht, übers peinliche Geschehen wuchern später Ausreden, Ausreden. Der in der Strömung mitgenommene Mann hat als festmisstrauischer Vorausdenker vom Mitlaufen genug, sucht Halt in einer Türnische. Hier scheinbar dem Sinnieren entronnen, verfolgt ihn nun dessen Schattenwurf. Gewissen undsoweiter. Typisch Welt undsoweiter. Bücher undsoweiter. Zwischen Buchdeckeln soviel ungenutztes Jahrtausendwissen! Da fragen sich Wortfluten im Namen ihrer Schreiber, ob Tränen Zorn Verzweiflung Wissensdrang abgerungene Einsichten zu nichts imstande wären. Ob eine Realität, die allein Gegenwärtiges wahrnehme und für maßgebend erachte, mit jener Regie, die ihr Vermögen durch Beobachtung des gesamten historischen Weltbestands ständig aufbessere und immer neue Inszenierungen hervorbringe, Schritt halten könne. Aus der von Alpha bis Omega reichenden Tradition schöpfen! Stattdessen am Fuß der Bücherberge Erfahrungsgebirge stößt man auf stumme Buchstabenzähler, die, den Niedergang von Lawinen, Weltalltag Wortgeist, fürchtend, auf dem Wege unterhaltsamer Statistik sich der Denkpflicht entziehen, folglich statt konfliktnahem Handeln der frohgemuten Unterhaltung den Vorzug geben. Wer steigt gern in Gefälleflanken! Im Türnischenversteck anschwillt jene Schattenfigur, sie ergreift Stück für Stück vom Haus Besitz, schattenschwärzt die Straße, den Stadtteil, was noch und was nicht, verdichtet nach oben, um schwer werdend zu schwer geworden abzustürzen und sich in Trümmer, ins Nichts zu verkrümeln. Puzzle zuende gelegt. Puzzle wiederum in Teile verstreut. Um den Fortgang des Talks besorgt beugt sich die leitende Dompteuse über eine heuartige Fragmentenstreu, hälts für Buchstaben, kanns nicht lesen, gibt nicht auf, darf ja nicht, was zuvor zusammenpasste, auf Dauer unpässlich bleiben. Mal stimmen Farben, Linien und Formen,

Bruchkanten überein. Mal weigern nach erstem Anschein gewisse Passstellen weitere Zusage. Übereinander schichten, türmen, zur Sequenz fügen, die am Puzzeln beteiligten Talker verständigen sich über Funde per Zuruf, Finger luftschreiben vermutete Anschlüsse, bei allen Schwierigkeiten ist jedem bewusst, dass man, an solcher Kleinigkeit scheiternd, das Recht verspiele, Größeres in Angriff zu nehmen. Etwa gegen Menschheit wegen ihres Versagens beim Weltordnen Anklage zu erheben. Ja, zum Puzzeln reichts. Am Großenundganzen haben sich Dämonen, Götter die Zähne ausgebissen, große Denker kauen Weltformeln bis zum Speiübelwerden, Fromme reichen den Brocken: zu schwer! an die Ewigkeit zurück. Peinlich für die Schmalspurpuzzler wirds, wenn die Buchzeugen selbst versagen, wenn den grammatikalisch wohlgeordneten Buchstabenarmeen schon die einfachsten Wahrheiten weglaufen. Nachrichten. Ja, davon hat man gehört und gelesen. Gemäß Ausweis und gemäß seiner Aussage erscheint nicht unglaubhaft, dass er aus dem Tussaudmuseum entwichene Figuren gekannt habe. Dagegen unglaubhaft ist jene ganze Geschichte, wonach echt Tote erst auflebten und dann sich davonmachten. Leergeräumte Standorte im Museum allerdings, dazu das Beharren von Zeugen und die anhaltende mediale Exaltation lassen sogar skeptische Geister der allgemeinen Suggestion anheim fallen, bis sie Selbsttäuschung und der Lust zu Einbildung nachgeben. Wahr, halbwahr, unwahr, wer weiß. Bei Abklingen öffentlicher Interessennahme quittieren Irritationen den Dienst, verraten allerkürzeste Verfallszeit. Nun schleppen aber Rechercheure diesen Mann an, den namentlich bekannten Kustos des Tussaud. Dem einerseits wegen seiner Ortskenntnis und seiner technischen Fertigkeiten die Zurichtung einer Realszene für den Auftritt wunderlicher Details, eingebildeter Situationen zuzutrauen wäre, der andrerseits, seinem Beruf in Treue zugetan, derartige Ansinnen weit von sich weisen würde. Wie sehr eine Mischung aus Echtwirklich und Scheinwirklich die verunsicherte Fachschaft und ein eh unsicheres Publikum faszinieren müsste, lässt sich vorstellen, indem aber jeder Hinweis auf eine derartige Manipulation fehlt, optiert man für Wahrheit des Berichts und für die Aufrichtigkeit der vom Kustos selbst geltend gemachten Zweifel. Der Berichtende will also den Auszug zum Leben erweckter Wachsimitationen selbst und zufällig bemerkt haben, nächtens habe er die Verfolgung aufgenommen und beobachtet, wie die Figuren sich ihrer verräterischen Ausstattung entledigten und dann dem Fundus des Museums entnommene Kleidungsstücke überstreiften. Mit der Neueinkleidung zugleich veränderte sich auch ihr Aussehen, etwa beim Queren einer laternenerleuchteten Straße waren sie, zumal im Gesicht, nicht als vorige Personen wiederzuerkennen. Der Berichtende bekennt nun einen Zwitterstatus. Weiß einerseits, trotz Änderung, von den Personnagen, verliert sie andrerseits als sichtvertraute Objekte aus den Augen, muss sich einerseits zum tatsächlichen Zeugen erklären, vermag andrerseits die Zeugenschaft weder vor anderen zu beschwören, noch vor sich selbst zu bewahrheiten. Zur Zeit der Ereignisse befand er sich Stunden und Tage danach insofern in größter Verlegenheit, als er, am Tatort gesucht und weder zuhaus noch in irgendwelchen Tussaudarchiven aufgestöbert, von Polizei und Medien sofort eines extravaganten Raubzugs oder einer fantastischer Entführung verdächtigt wurde, wo anders als in seinem solchen Verdacht hätte man die unglaubwürdige Story sonst angemessen unterbringen können? Folgend verbot er sich die unbedachte Rückkehr. Zudem würde er die angeblich lebendig dahinfliehenden Figuren weder aufspüren noch infolge des veränderten Aussehens beweiskräftig identifizieren können. Bis in tiefste Schlafwinkel und in alle nun hektisch betriebenen Fluchtbewegungen hinein verfolgte ihn das, ja, wenn er auf einen oder alle Flüchtigen stieße, käme ihm kein Funken Ahnung zuhilfe, ja, dass er die Wahrheit einen Moment lang beweiskräftig in Händen gehalten, sie dann verloren habe, das ist doch unglaubhaft genug, um ihn zum Lügner zu stempeln oder, schlimmer, zum Idioten! Die Talkdame, im Augenblick Prüfmeisterin, merkt rasch, dass der angeschleppte Kandidat für den Talk nicht zu gebrauchen sei. Beispielsweise will der angebliche Zeuge des Kabinettstückchens: Reinkarnation tot gewesener Koryphäen folgend Auszug aus dem Tussaud: keinesfalls dazu befragt werden. Steht bestenfalls als Kenner des musealen Figurenarrangements zur Verfügung, vermutlich zum Gewinn der Hörerschaft. Trotz ihrer Bedenken, so die Meisterin sanft gängelnder Dressur, möge der Kustos nur immerzu reden und derart talkgemäßer Selbstanzeigekultur weiteres Wasser abgraben, er liefere ja reichlich Stoff fürs Merkbuch. So etwas zum Beispiel. Besucher beobachtend meinte er zu spüren, dass sie unabsichtlich aber wirkungsvoll ihm, dem musealen Lebendzubehör, und ebenso den wachserstarrten Figuren Nachricht von anderswo, von anderen Realitäten geben, dass umgekehrt todstumme Wachsformen von Touristen vorgelegte Fragen nur scheinbar mit Schweigen, tatsächlich mit lautloser Reflektion der Wachshaut beantworten. Ebenso wähnte er, manche Figuren würden gern den im Wachstod abgebrochenen Lebensgang aufgreifen und fortsetzen, aufgrund wachsewigen Nachsinnens wären sie der Zeit ganz anders verpflichtet, etwa dazu, aus ihrem Schicksal Schlüsse zu ziehen und nicht nur auf Fortsetzung des Lebensgangs zu drängen, sondern zudem dessen Aufbesserung zu planen. Dem Anschein der Touristen meint er entnehmen zu müssen, dass sie, Gegner von Abrechnung, jeder Bilanz aus dem Wege gehen, lieber bürgerbrav dem Tagesbedarf dienen, Annehmliches genießen, Ungenießbares meiden, übers Unvermeidliche Zuckerguss breiten, es war doch so schön. Wer über glühende Kohlen muss, tuts am besten in Sprüngen. Den Kustos überkommt Erinnerung. Vom Sockel eines abgegangenen Philosophen liest er dessen weise Voraussicht: Ich lebe das Reale; gewürzt mit Einbildung. Wahr, wahr. Liegt da nicht etwas? In einer Buschlücke des Parks auf einem Rasenstück hingestreckt? Tot oder ohnmächtig. Dem grünen Auge, worauf die Frau ruht, erteilt der einzige Zeuge, blaue Ewigkeit, keine Auskunft. Von seinem Leinentier zum Tatort, zum schrecklichen Fund gezerrt ruft ein Hundebesitzer Hilfe herbei. Atem Puls vorhanden, Male am Körper, harmlos kleine Kopfwunde, nach hinten verdreht ein ausgekugelter Arm. Wenn nicht innere Verletzungen vorliegen, so die Sanitäter, hat das Subjekt Überlebenschancen. Quer über Kampfspuren im Rasen trampeln zwei wenig engagierte Polizisten, geben bereits niedergedrückten Pflanzen den Rest, infolge eines Zuruf entdecken sie das um Geldbörse, Ausweis erleichterte Täschchen. Attacke mit Raubabsicht! Lage des Körpers, älteres Aussehen sprechen kaum für Vergewaltigung. Ringsum verstreute Schriftstücke sammelt man auf, die Kripo wird sich drum kümmern. Befragung am Krankenbett. Die Frau, deren Herkunft aus dem Wachsfigurenkabinett niemand rät, schildert, einigermaßen wiederhergestellt, den plötzlichen Auftritt dreier Mannskerle, welche ihren Parkspaziergang zur Horrorpartie wandelten. Worte. Keuchten ihr unbekannte Laute im Sog bestialischen Luftaustauschs. Kopfnickend bestätigt der Kripomann, er habe sich dergleichen vorgestellt, fragt nun nach genaueren Hinweisen, Kleidung Alter Größe, Details. Im Kissen erhitzt wühlender Kopf der Überfallenen kühlt ab. Sucht im Gedächtnis entsprechenden Download. Drei warens. Schätzfehler inklusive meint sie zwischen Zwanzig und Dreißig, auf jeden Fall jung. Zwei Große, ein Kleiner, zweimal größer, einmal kleiner als sie. Einer der Großen kantig, schlank, mit harten Knochen und schlaksigen Bewegungen. Den Andergroßen, bullenbreit, würde sie zwischen Gutmütig und Triebschwach einordnen. Versucht sie ein Lächeln: die Profiler werden solche Katalogbegriffe sicher durch Besseres ersetzen. Der schmächtige Kleine agierte, wohl um gegen höhere Gewichtsklassen bestehen zu können, flink und tückisch. Nachdem zwei muskelbrillante Walkwerke die Szene aufgemischt hatten, kam er von hinten und ließ der Bedrohten mit einer Armdrehe keine Chancen. Kennzeichen: rothaltige Stachelfrisur, von Ohr zu Ohr wallender Blutandrang. Die rasche und überraschende Annäherung des Terzetts schloss Beobachtung von Kleidung, Mode aus, sie erinnert Farbfleckiges ohne Form. Der Rotkopf halste aus vormals weißem, nun schmuddeligem Kragen. Die Großen uniform in Pulli mit kragenlosem Schnitt. Viel Blau. Eine Hose muss schwarz gewesen sein. Pullis in Grün, in Schilf. Der Bullige mit auffallend leerem Gesicht drin schmalen Augenschlitzen verriet kaum Ausdruck beim Gerangel, während der kantig schlanke Kumpel seiner Mimik freien Lauf ließ. Zur Kopfrasur des Bulligen kontrastierte ein schnittlauchenes Gehäng des Kompagnons, das dessen sehnigen Nacken kitzelte und unwirsch über die Stirn hangelte. Einer der drei zeigte irgendwie Pigmentstörung, Narbe am Hals. Nicht zu bezweifeln: schweißiger Körperdunst, übler Geruch der Maulwerke, heftiger Andruck der Leiber gottseidank keine Vergewaltigung. War denen zu alt: liest der Kriminaler aus den Augen einer vom Zeitfluss erodierten Frauengestalt, die jedoch weder körperlich noch geistig beeinträchtigt, psychisch betrachtet sogar lebendig verjüngt erscheint. Nein, sein Typ wäre dies verhaltene zugleich ausdrucksstarke Wesen nicht, dass es aber, irgendwie liebenswert, auf männliches Begehren Eindruck machen würde, unterliegt keinem Zweifel. Obwohl nicht gerade schwatzhaft veranlagt, widerspricht er in klaren Worten. Alles kommt vor, sagt er. Angeblich zuverlässige Zeugen, Alter Kleidung Merkmale, werden oft nachträglich korrigiert, frisiert, restauriert, so bildet man sich mancherlei ein, was in der von Gefühlen regierten Situation selbst ganz anders entschieden wird. Raubabsicht oder zufällig gebotene Gelegenheit. Vorherige Lustanwandlung oder durch Körperkontakt, durch Widerstand erst provozierte Vergewaltigung. Mit Sicherheit seien in unbewussten Tiefen und Tafeln Daten eingraviert, welche das Beziehungsgeweb zwischen Angreifern Angegriffener betreffen, das bleibe ganz ungreifbar, sei deshalb, weil nicht beweisbar, kaum polizeidienlich. Polizeidienlich, meinen andere Beamte, bestehe kein Anlass, den am Tatort aufgelesenen Schriftstückseln eine besondere Untersuchung angedeihen zu lassen. Eine junge, vom Innendienst genervte Polizeielevin indessen macht sich puzzelnd über das Stückwerk her, studiert Unversehrtes, ermittelt so ein Bittschreiben, in welchem die Geschädigte bei einem weltbekannten Zentrum für Kernforschung wegen einer Besuchsgelegenheit vorstellig wird. Das Überraschende daran: jene tut das in einem sowohl mit Fachworten als auch mit altmodischen Wendungen gespicktem Stil, scheint so aus zurückliegender Zeit kommend unmittelbar zum neuesten wissenschaftlichen Stand voran gedrungen. In einem weiteren Textpuzzle vermittelt die Verwaltung des Zentrums Zustimmung und Termin, während ein komplettes Anschreiben aus der Hand eines dort tätigen Forschers der Antragstellerin wegen nicht mehr ganz zeitgemäßer Erwartungen einen sanften Tadel erteilt, da könnte sie, ihr Interesse in Ehren, aufgrund ihrer sehr allgemeinen und abstrakten Vorstellungen herb enttäuscht werden. Einerseits habe man gewaltige Fortschritte gemacht, andrerseits seien übermäßige Hoffnungen längst zurück geschrumpft, und während man die Medien wegen ihres übers tatsächlich Erreichte weit hinaus schießenden Informationseifers warnen müsse, bleibe man auf derartige Werbung angewiesen. Auf den Punkt gebracht: ihr sachgemäßes zugleich sachlich formuliertes Interesse besteche ihn zur Hoffnung, dass noch mehr derart interessierte und interessierbare Personen irgendwo bereit ständen, den von Politik und Öffentlichkeit, von magersüchtigen Verbalkünstlern und Schwadroneuren verbreiteten Gigantismen ein Korrektiv sachbescheidener Ehrlichkeit entgegen zu stellen. In diesem Sinne: Kommen Sie! Sehen Sie! Lernen Sie! Vergessen Sie meine Anspielung auf Cäsars Veni-Vidi-Vici, und veröffentlichen Sie Ihre Eindrücke und aufgebesserten Einsichten! Seien Sie dafür jetzt schon unserer lebhaften Dankbarkeit versichert! Als die neugierige und lernbegierige Elevin ihren Puzzelerfolg dem übergeordneten Beamten vorlegt und nur ein Wassolldas kassiert, zieht sie sich ins Bewusstsein zurück, als revolutionäre Zelle gegen konservativen Widerstand gestoßen zu sein, mit überflüssigem Engagement die Verwahrer eines erreichten Status gegen sich aufzubringen. Obwohl die Ausbildung zur Profilerin lehrt, aus verschiedenen Puzzleteilen übergeordnete Vorstellungen zu entwickeln und auszukundschaften, wie in Tat verwickelte Charaktere, wie Schaubilder zur Tat sich und Hintergründe darstellen, so ein Motiv liefern würden. Da interessiert sehr, wie einem umschweifigen fast unterwürfigen Bittschreiben der Befragten sich ein selbstbewusstes Nachdenken zugesellt, wie sich da ein Spalt auftut zwischen weibhafter Demut und aufkommender Emanzipation, wie überm Dauerfrost gewisser Abhängigkeiten mannmächtige Jagdlust sich gerade noch gütlich tat, um schon vom Aufwind revolutionärer Erhebung geschüttelt zu werden. Da interessiert doch, woher die Überfallene komme, ob ihr etwa wissenschaftliche Neigung zum Ausweg gerate, ob der Überfall jenseits sexuellen Begehrs nur Zufall oder Anzeichen sich wandelnder Männertorheiten sei, weshalb die Angelegenheit sowohl peinlich berühre als auch sich provokativ rätselhaft zeige. Und mehr. Die werdende Kriminologin steckt die amtseits missachteten Materialien in ein Couvert, reicht alles inklusive Täschchen an die Besitzerin zurück. Freundliche Grüße Ihre - hätte fast geschrieben: moderne Leidensgefährtin. Nun also kann die Rekonvaleszentin das unterbrochene Vorhaben wieder aufgreifen. Aber tempo! Erklärt sich notgedrungen, Fahrkarte nach Genf, zu einem honorierten Interview mit der Tageszeitung bereit, widerwillig abgegebene Statements sind durchwürzt und sensationsgepolstert von ebenso widerwillig preisgegebenen Details zum Überfall im Park. Nun bitte keine Reue, Reisekosten und Leben erhaltende Extras sind gedeckt, mehr war nicht drin. Das derart vorbelastete Unternehmen erweist sich als dauerhaft beschwerlich, langes Stehen in überfüllten Waggons, vom Schaffner irrtümlich - So geht das nicht, Frau Lehrerin - wegen ruhlosen Lärmgebarens einer Schulklasse getadelt, vom später einsichtigen Kontrolleur zu einem Abteil mit noch freiem Platz gelotst, beengtes Sitzen, verknappte, verbrauchte Luft hemmt den Atemlauf, da provozieren, aufs Gemüt eindringend, Wände Packstücke Blicke eine klaustrophobische Anwandlung, was die Reisende unter jugendlicher Lärmglocke einen Anflug frischer Luft suchen, am Zielort im harten Hotelbett vergeblich heilsamen Tiefschlaf erhoffen, den Körper immerhin etwas Erholung finden lässt. Der Besuch indessen übertrifft alle Erwartungen. Völlig ausgepowert verschläft sie während der Rückreise in nun leerem Abteil die anstehende Bilanz. Im Mietasyl weiterem Tiefschlaf anvertraut kommt sie erst beim Frühstück zu sich, allmählich, sie klappert Brötchen schneidend butternd honigstreichend und Kaffee rührend durchs freundlich servierte Geschirr. Klappert und klirrt im Duett mit einem gegenüber platzierten Herrn, in dem sie: wer war das noch, wie hieß der denn, wo sah man ihn: ein vertrautes Gesicht entdeckt. Pusteleer war ein mehrfach angegangener Platz im Gedächtnisterrain geblieben, jetzt blitzartig dort ein Licht, ein Museum mit unbewegten Silhouetten, Figuren dann in vielschattender Bewegung, nein, fliegen können sie nicht, aber langbeinig fliehen sie den Lichtort und tauchen, schwarz zu Schwarz, in taubstummes Vergessen. Da irgendwo muss sie sich aufgehalten, muss dort das Gegenüber gesehen haben. Und jener? Seinerseits bleiben Signale des Wiedererkennens aus. Signale ganz anderer Art beginnen sie zu verstören. Wie in einer Traumszene sieht sie den freundlich herüber grüßenden Mitesser einige Besucher durch die museale Schau wachsimitierter Berühmtheiten führen. Sachkundig und erzählgeschickt erweckt er längst Tote zu gedachtem Leben, nötigt wachsgefrorene Schnappschüsse zum Tauen. Kein träniger Wärter, Kustos! fällt ihr dazu ein, dem Aufseher und seiner wundersam rekreativen Kraft verleihe ein Fremdwort geistige Würden. Vom Frühstück in folgende Stunden und Tage erstreckt sich die ergiebige Annäherung zweier Findlinge. Indem der Kustos ihr Fremdsein nicht durch Annahme irgendeiner Bekanntschaft in Frage stellt, eröffnet sie zunehmend freieren Wortetausch mit kleinen Anmerkungen, die er, froh erzwungener Einsamkeit zu entrinnen, brillant kommentiert. Und ausweitet. Im gegenwärtigen Stand der Unsicherheit Verweise auf ganz Eigenes meidend überlässt er ihr die Wahl der Motive. Da nun gern greift sie ins Reisegepäck und nutzt die Gelegenheit, unter Anteilnahme und Aufsicht eines Gebildeten die bislang hinaus geschobene Bilanz nachzuholen. Er, neugierig und im Nachfragen geschickt, fördert den Prozess und hilft ihr, Details zu Atomzertrümmerung, zu atomaren Bausteinen, im Zyklotron magnetgestützter Beschleunigung kurz zu fassen, so dass man jenseits des Fasziniertseins von Urknallexperimenten allgemeine Beziehungen zwischen Dasein und Wissenschaft, zwischen abstrakten Energien und konkreter Lebensform in Betracht nehmen kann. Wie denn stehen unmittelbarer Anschauung entzogene, im makroskopischen wie mikroskopischen Bereich spielende Vorgänge zur tagesbanalen Realität? Bei dieser und anderen Fragen rühren die musealer Enge entflohenen, immer noch Fliehenden an Widerständiges. Infolge der Repetition von Altvertrautem und infolge Spekulation auf unerhört

Neues laufen die Hirne heiß, schon begrüßt man Fußfesseln der Wissenschaft, will nicht ins Blaue stürzend jeden Kontakt zum Realen verlieren. Vorläufig rettend werfen unerbittliche Naturgesetze Anker in nahen Gewissheiten. In umgekehrter Richtung beleben gewaltige Visionen, kühne Vorstellungen von Sinn, methodische Suchbewegung die Forscher und ihre Forschung. Indem gesetzhafte Verfassung der Materie die Schicksal webende Anarchie des Lebens zu leugnen scheint, indem gestrenge Wissenschaft nicht Regelhaftes, nicht Regelbares zu eliminieren trachtet, gerät jene Strenge ins Zwittern, soll sie doch, beim Ordnen biologischer humaner kultureller Prozesse dem Eklat der Zufälle begegnend, störendem Prall einen gesetzlichen Umhang schneidern. Geschichtliche Entwicklung von Wissenschaft und nahezu jede Forscherbiografie offenbaren, wie all das vom Fluidum des Lebens durchdrungen sei. Nicht weniger trägt eine wunderbar vielfältige Kreation von Religionen, ganz unterschiedliche Einbildung von Religion, dem unfasslich Lebendigen Rechnung. Im Flutlicht des Bewusstseins probieren: jonglieren: balancieren die zwischen Gesetz und Daseinsnot agierenden Kreaturen, reichen dem Weltendrama Futter. Ach ja: ach nein: wiederum ja: vom Debattieren abgetakelt strebt man: Alleinsein schmerzt, Einsamkeit heilt: richtung Asyl. Zuvor reichte die Dame dem Herrn eine Handvoll Atome. Bittesehr, daraus eine stimmige Welt bauen! Er revanchiert sich mit einem Spruch. Es hätten Adam und Eva, tongeformte Glückslangweiler, als moralstabile Realitätsprobanden begonnen, um, vom eingehauchten Lebensatem irri-

tiert, als paradiesverbannte Gesetzesbrecher zu enden. Es lachen Dame und Herr. Unsicher und übertrieben.

VII. TALK TUSSAUD THEATER

AUGEN, SPIEGEL DER SEELE: der Tiefenschacht ist
tapeziert damit. Jeder Blick hier provoziert Fragen,
welche, dem herblickenden Geäug zugereicht, als
Widerspieglung aus dessen Feuchtglanz ziemlich irri-
tieren. Derart Antwort vortäuschende Echos veran-
lassen die Stürzende, jene um Verzicht auf trügeri-
sche Spieglung anzuflehen oder sie um eine klare
Auskunft zu bitten. Was jene verweigern. Das Hin-
undwider von Ja: Nein, Frage: Nullantwort fädelt und
wickelt stattdessen einen Kokon, worin man in
Schutz gewährender Einsamkeit sich ausblicklos ver-
puppen möge. Warten auf Neugeburt. Gestern beispielsweise. Von der Falldame besuchte Festivitäten
widmeten sich voller Lob einigen Personen, die mutig
agierend rettende Umstände herbeigeführt hatten.
Lobgesang mit einem Seitenblick auf weiterhin andauernde Schatten, welche also der Wiedervereini-
gung lange getrennt gewesener Volkshälften immer
noch anhaften. Obwohl der dem Tussaudstatus folgende Lebensgang der Frau mit all dem nichts zu tun
hat, spürte sie einen Stich in der Herzgegend, den sie
als Reflex des eigenen Gespaltenseins deutete. Welchem Spalt kein Wundverschluss, keine Aufhebung
der Kluft winkt. Sie bewohnt gegenwärtig, ohne das
Erlebnis von Kindheit, Jugend, Erwachsenwerden,
ohne dieserhalb gemachte, ganz leibhafte Erfahrungen, eine merkwürdige Halbwelt. Jenem Buchwissen
vergleichbar, das in Lektüren, Studien eine versäumte
Wirklichkeit versucht nachzuholen, ohne jedoch
mehr als ein Restleben, ein amputiertes Fantasiepro-

dukt aufbieten zu können. Nicht entstanden, nur vorhanden. Anders als ihr Rumpfleben erhielten vormals getrennte, dann vereinigte Volkshälften reichlich Gelegenheit, die gesondert entwickelten, folglich verschieden geformten Heimatempfindungen aufzubrechen, in getrennten Kokons gemachte Daseinserfahrungen sozusagen mal per Mix, mal per Tausch, mal beglückt, mal konfliktnah einander anzunähern. Nicht simplerweise hälftig, sondern in ganzer, freilich unvollendeter Gestalt durften sie eine Zukunft angehen, in der dann eine neue, nun gemeinsame Heimat Schritt für Schritt zu begründen wäre. Folgen, Folgen. Ähnlich berührt die Falldame ein anderes. Heute berichten die Nachrichten von einem Chemieunfall, demzufolge in künstlichen Auffangbecken eingelagerte Giftbrühen sich Bahn brachen, riesige Terrains verseuchten, Menschen um Besitz, Gesundheit, Leben brachten. Die Gifte werden den Erdgrund über Jahrzehnte kontaminieren. Der Dame kommen Beispiele für gifthalber: für systemverbindlich unterwerfunghalber: für Gehorsam sichernd zwangshalber angerichtetes Unheil in den Sinn. Beispiele für solche um offenbar gefährlichen Eigenwillen des Volks, der Dummbürger gesponnene Kokons. Die, innerem Staudruck widerstehend, nur schicksalszufälligen Angriffen erliegen, dann aufplatzend pure Chaosgewalt übers Land ergießen. So dass die Tyrannen samt Anhang das Weite suchen. Wer oder was hatte jene Volkshälften auseinander gerissen? Eben Befreiten aller frei Gewordenen wird die ganze Folgelast aufgebürdet, sollen sie das Land entgiften, all die Bedrückten reanimieren. Fern leben die

Tyrannen im geraubten Wohlstand. Aber die im Kokon verkrümmten Lebensgänge haben sich kaum wieder gestreckt, da sehen sich Entknäulte bereits wieder vom Andrang der Pflichten, von unverschuldeter Not, von Abraum, Mängelbehebung, Systemkorrektur in Anspruch genommen und überfordert. Werden aus vermeintlich gerader Bahn gekrümmt und vom Zeitschatten flüchtiger Machtpresser verhöhnt. Folgen, Folgen. Nichts indessen und niemand entlässt die geschichtslose Frau aus ihrem Kokon, befreit sie vom Giftstau. Im Fallschacht ganz allein und ohne Chance auf Entkommen stürzt sie ihrer Folgelast vorweg. Was sie etwa an Einbildungen entwirft und hegt, gilt nicht dem, was sie im Gefolge des Tussaudintermezzos wirklich und selbst erlebt hätte, sondern es inszeniert kunstvoll, was sie meint tussaudzuvor dargestellt und betrieben zu haben. Heißt also nicht die Wirklichkeit gegenwärtiger Alltage und deren Traumgefolge aufmarschieren, versucht vielmehr ein geschichtsfern abgetauchtes, faktenverlorenes Gelebthaben kielzuholen.

BARBER BEREUT, NICHT SCHWIMMEN GELERNT ZU HABEN. Als er über Bord stürzt, versucht Aline ihm von oben ins Boot zu helfen, der Wellenwurf ist zu stark, sie kann ihn nicht halten. Cäsar köpft vom Nachbarboot, befördert den schluckenden, schnaufenden, bald absaufenden Freund zu Alines Kahn, Barber ist gerettet. Und Cäsar ist wunderbar. Der munteren Aline wegen bescheidener Regsamkeit bislang nicht aufgefallen rückt er nun näher, neben dem stattlichen Jungmannkörper hat er Gemüt, Charakter zu bieten, was jene unversehens anzieht. Störende Wohnentfernung überbrücken die beiden per Brief, dabei verrät Cäsar Schwächen des verbalen Kontakts, was Aline zu geistig anziehenderen Partnern abdriften lässt. Dora betritt das Szenarium. Psychisch pointiert und ähnlich Cäsar ohne verbalen Glanz, findet sie Cäsar toll, ihre gefühlige, etwas weltungeschickte Haltung balanciert er mithilfe der seiner Körpermächtigkeit eignenden Stabilität. Trotz letzterer Identität mit Gemüt, Charakter mochte sie der geistreichen Aline auf Dauer nicht genügen, dagegen Dora und einer zwischen ihr und Cäsar aufkommenden Zuneigung tut sie gut. Cäsar darf begrüßen, dem hohen Anspruch Alines entkommen, bei Doras Sensibilität eingekehrt, so zur Bereicherung seiner etwas sturen Befindlichkeit eingeladen zu sein. Dora profitiert von Cäsars stabiler Struktur. Aline beendet ihre mühsam von Kompromiss zu Kompromiss hangelnde Partnersuche erst spät, von Rufen aus geistiger Höhe gelockt anlandet sie bei einem betagten, für Näherung dankbaren Herrn, dessen Vermögen, auf Kopfwelt beschränkt, sich nur wenig auf weltliche Habe erstreckt. Sie nimmts hin. Aline Barber Cäsar Dora. Harry Petronius Innocenta. Harry drängt aus häufelndem Ruhepotenial in Bewegung, reist mal mit, mal ohne Idee, dieses Mal in der vagen Vorstellung, anhaltende Lagerdepression an einem fern ausländischem Bergheiligtum energetisch umwandeln zu können, zumal abenteuerlich zu reisen erfrischt. Harrys Kompass arrangiert am Fuß des heiligen Bergs im Sammellager für Pilger eine Begegnung mit Petronius und Innocenta. Letztere unbedingt, ersterer durch

Innocentas Wunsch bedingt, sucht zum eisdämonischen Gipfel Kontakt, dies im Gebinde blindgläubiger Pilger. Vom Lager klettert man zum Rundweg unterhalb schneegipfelnder Tabus, während Götter Wetter Naturmächte obenher mit Eisbruch Lawinen Geröll drohen, weshalb Weise zu demütigem Abstand raten. Stehen Gesundheit und Kräfte in Frage, mögen begeisterungsfähige Körper mit gesteigerter Leistung antworten. Jeder Schritt aufwärts vertieft Innocentas Augenhöhlen, aus denen dann Blicke umso belebter leuchten. Gelassen diagnostiziert Petronius heiligen Wahn, Harry, von Innocentas Doppel, Weiberschönheit Psychenglanz, angetan, befürchtet endgültige Entrückung der Dame am Zielort. Wie darauf reagieren? Dem lebenslangen Kunden des Realen widerfährt der Einspruch erheblicher Zweifel, das inmitten abenteuernden Schwungs. Obwohl Höhenluft beengt, sohlenpitzendes Gestein schmerzt, Hunger, Durst zusetzen und er trotz leiberbeugender Pilgerschaft blickübers Gipfelland zum lichtgekrönten Schneehäuptling aufschaut, meint er durch Buchseiten zu blättern und die vielberufene Glaubenstour ohnmächtiger Seelen zu bereisen. Wildes Terrain, worin schon kleinster Hoffnungswink weitere Glaubensexkurse begünstigt. Innocenta befände sich nicht, wie Petronius meint, im Wahn, verfolgte während täglichen Verfalls aller Gewissheiten nur diese einzig dauernde, nämlich dass man gemäß eingeborener Hoffnung die Daseinsbewegung fortsetzen müsse. Deren Schwung nicht Ende ins Auge fasst, sondern Dauer. Unwillkürlich überwindet solcher Glaube alle Grenzgedanken. Den Rundgang beschließt am fünften Tag der ausgelaugte Körper Innocentas mit komplettem Kollaps der Daseinskräfte, ein letztes Ferneblicken erlischt, Sternschnuppe, am geheiligten Eispanzer. Trauernd tragen die Männer Innocenta zu Grab. Ihr Bildnis bewahrend setzen sie dessen Passage im Gedächtnis fort, reihen Lebenswege aneinander, um eines Sterbetages sich selbst dem Fortsetzungsroman einzugliedern. Unwillkürlich: ungeduldig: vorsorglich hatte das Tier die Krallen ausgefahren, jedoch geringer als sein Hungertrieb scheint im Augenblick die Chance, das Beuteobjekt packen zu können. Unwillkürlich: vorsorglich die Jagdwaffen wieder einfahren, den Anteil Ungeduld in Energie zurück verwandeln, in eine Entwurfszeichnung neu ausholender Jagdbemühungen. Nicht nachlassen. Irgendwann könnte Hunger, Heißhungers geduldloses Begehr, zu unvorsichtig riskanter Aktion verleiten, die, Beuteschlag verfehlend, den Jäger selbst in Gefahr bringt. Wie weit reicht mein Revier? Mit wem werde ich das Jagdopfer freiwillig, unfreiwillig teilen? Mein Hunger möchte die Beute ganz für sich. Warm liebt er sie besonders, wenn nämlich die Fänge ins noch bebende Fleisch schlagen, eben unterbrochener Herzschlag noch durchs Geäder pulst, Gier die Nähe gewesenen Lebens, nachzitternde Empfindung noch spürt. Nein, so denken Tiere nicht, bestenfalls senkt sich tierverlassen Menschgewordenes ins Gewirr der Triebe hinab, wo sich bewusstlos, jedoch fühlsam etwas leibhaft ballt zu einem Natur durchwitternden Nutzer. Flatrate weit unter Mieterniveau, nicht denken: nicht arbeiten: nicht geldverdienen, ohne Urlaub, jedoch voller Mühen von Alpha bis Omega gelangen, an Grabsteine ist nicht gedacht. Und falls ein Preis lockt, möge er reibungsloser Rücksturz ins Netz der Atome heißen. Oder so. Umgekehrt Kind, Schwamm also unbedarft hohl sich vollsaugen, von oben wird zugereicht, was Generationen trimmten, zu Kultur formten, konservierten, hefetriebigem Nachwuchs Sitten Gebräuche Gesetze Spruchweisheiten zwecks Zähmung einspeisten, friss oder stirb. Indem der große Schwamm wächst und wächst, sich füllt und füllt, muss der kleine Schwämmling ein immer größeres Pensum bewältigen, sein Triebwerk immer mächtigerer Auflast anpassen, wasgilteigenwille denselben vor wachsender Bedrückung schützen, während hartnäckige Realitäten zu je verschiedenen Balancen inklusive Sieg und Niederlage erpressen. Sandrine, 17, wird von ihrer schulischen Banknachbarin Joanne zu vegetarischem Exkurs angestiftet: Essmanieren der Eltern - Pfuiteufel, von getöteten Tieren, so von Leichen leben, pfuiteufel! Sandrine erinnert die Schlachtung eines Froschs unter blutgeilen Knaben, spürt noch einmal das Schauern, Staunen, Schreck, kreatürliche Angst, niemals niemals. Leider ihr Schwur geht verloren, die Teller füllen sich mit Ei und Fisch und leckerem Filet. Joanne, weniger tiefenberührt als von Veganern pervertiert, redet Sätze, die der sensiblen Sandrine durch Herz Blut Fleisch zittern. Mbala, Dritte im Bunde, festigt die konspirative Zelle. Kein Fleisch! stattdessen Welt ändern! Verzicht hier befördert Idee dort. Hier eingesparte Energie ermöglicht Einsatz an anderdringlicher Stelle. Meister Everdingen blickt voll Stolz auf Lehrling Leander Maxiem. Ist sauer auf Ikeleya. Würfel sind von Hand zu feilen, ersterer tuts mit geradem, gezieltem Feilenstrich und nach vielstündiger Mühe mit fabelhaftem Ergebnis, der andere erzielt mit gautschender Feilenführung nur Ausschuss. Schickt stattdessen muskulöse Pracht ins Rennen, erntet den Beifall weiblicher Mittäter. Gewandt fischelt Nathalie durchs Getriebe, teilt, Brust Bauch Knie voraus, die Flut, wagt jungmutig den Aufstieg, erreicht Schwanzschlag um Leibsprung über die Lachstreppe ruhige Wasser hinterm Wehr, wo ein toller Hecht scharfäugig die Emporkömmlinge mustert und Nathalie unverzüglich seiner: Weiber, Leiber, Launenheber! Showarmada einverleibt. Felicitas Ronja bleiben kleben. Nathalies Trieb will Oberwasser, Schönschein Bildung, wirbelt durch Strudel von Textmadame zu Moderation zu Show regierender Lotsin. Faltenknitter, Retuschen, sich längende Restaurationen stehen ihrem Auftritt als ghostwriting Gastgeberin nicht im Wege, wer sie auch gewesen sein mag, sie ist es, die jetzt Etikette definiert. Dass gealterte Frühzeitheroinen, Felicitas Ronja, ihr ums Schuhwerk schmeicheln, macht nur steile Steigen bewusst, welche bewältigt zu haben sie mit Stolz erfüllt. Fortschritte ja, Raum Zeit Bewegung verpflichten notwendigerweise zum Vorankommen, ja, unbefleckt ohne Schuld und Schande auf geradem Weg das vorgezeichnete Ziel erreichen: nein! auf krumpeliger Bahn gebeugt durchs Dickicht irren, auf unbeliebten, womöglich listenreichen Schleichwegen ein Ziel, dessen Wert dann niemand bezweifelt, entdecken, er wird in einsamen Stunden die Rechnung aufmachen, weder Held noch Großeklasse gewesen zu sein, stattdessen von erstaunlichem Glück begünstigt. Indem er, die Realitäten im Blick, Ideale und Gutmeinen als Garanten eines unverkrümmten Wegs nirgends erfolgreich wirken sieht, billigt er jeder Kreatur, Mensch Tier Geistesgröße Nullnummer, jederlei Verkrümmung zu. Da wäre kein Lebensgang nachträglich aufgrund idealischer Schuldermittlung anzuschwärzen. Auch bei sich selbst säumt er, das nacherkannt Bessere, Richtige einzuklagen, vielmehr akzeptiert er gewisse Unebenheiten und versieht nicht voreilig seinen und andrer Erfolg mit einschränkendem Makel. Er, Gerraldo, sieht sich als Spielkarte in fremder Hand, so zu einem Schauspiel bestellt, das er meist nicht durchschaut oder dessen Sinn er, Szenen Akte durchwandernd, um eigener, magsein eingebildeter Freiheiten willen sich nicht völlig zueigen machen mag. Ja, er lebt vom Verdrängen. Überkommt ihn hartnäckiger Zwang zum Bilanzieren, weist er dem ungebetenen aufdringlichen Gast die Tür. Nein! das begonnene ABC nicht vollenden, aber weiterhin Schichtungen, Verwicklungen, Verschiedenheiten unbehindert nachspüren, sein Leben wird enden als angebrochene Tour, keine Spur Vollkommenheit, gewiss. Dennoch bewundert er solche, die es abzurunden und mit Erfolg zu überkrönen verstehen. Insistiere man nicht auf Namen. Erk Konstanze Nero Ödipus Quirin Tamara Yvonne Welti Zensus. Als Charaktere und Wege unerklärt bleiben sie schicksallos. Leicht sind entmutigte Seelen zu bündeln, schwer fällt, Schicksale, Daseinswanderungen in eins zu schnüren. Nummerierte, nicht von Freunden Pflichten Nutzern mit Erinnerung Wert undsoweiter versehene Personen wird man mithilfe Klageschrift,

Fausthieb einzeln: zu mehreren: als große Ansammlung umstandslos auf Kurs bringen. Nach gehörigem Staunen, erregter Nachfrage, sanfter Rebellion verleihen paar Uniformen, Amtssiegel der Aktion, die nötige Rechtmäßigkeit. Rasch nach Klage Wut Angst schrumpfen die Entführten aufs Minimum, Menschpaket ohne Gehalt, die Antreiber, Gewaltdiener dürfens treten, schubsen, rollen, während Auftraggeber im vernunftjenseitigen Dunkelheim kaum wägen, was ihnen die Ware wert sei, was Wertsein bedeute. Keine Zollstation wills wissen. Die Grenze zwischen Leben Tod passiert das Zeug ohne Deklaration. Vergiss es. Missliebige Rassen, vogelfreie Individuen, unfeine Adressen, eingebildete Gespenster, sittenfremde Nachbarn, unangenehme Feinde, Rechtverweigerer und was sonst noch Aufsehen erregt. Volksfreunde nützen dem Volkswohl. Volksfeinde, Zecken, saugen heimlich am Blutquell, und hilft nicht Gift oder Totschlag, bringe man sie irgendwie anders um. Besserwissend dem Auftraggeber auf der Tasche zu liegen fordert Strafe heraus, Passwort gestrichen gehen Schreibtisch, Computer verloren. Arbeiter Sträflinge Bürger, heut ist Kleiderausgabe! Zuviel nackte Füße garnieren den Globus, zeigt her Eure Prints, wer die richtigen Schuhe trägt, darf Haus Garten Verkehr Betrieb Gelände mit deren Abdruck beglücken, nackte Sohlen ohne Humanzeichen haben da nichts zu suchen. Und welche Regelung gilt für die Spurlosen? Tod und Vergangenheit! Dass ihr Interesse beim Besuch im Tussaud um lauter Spurlose kreise, dass Hirnbewegung Gedankenregung auf ausdrucksleere Larven stoße, ahnen die Touristen kaum. Indem deren frisches Lebenslicht auf längst erloschene Kerzen trifft, lodern letztere noch einmal auf. Siehe Könige Königinnen vor und unterm Schafott, im Purpurmantel, am Rande einer Schlacht, im Arm der Kurtisane oder mit Liebhaber im Bett. Da scheinen Schauspieler zu posieren, ihre Playstation für Leidenschaft Intrige herzurichten, dem Schminkspiegel die Rolle zu präsentieren. Im sonst belanglosem Leben vergleichbar aufspielen oder still im Asyl verharren, um plötzlich im mimisch grandiosen, gestenreichen Gewand großer Dramen aufzutrumpfen. Von Theater, vom mimischem Zauber weitab verlassen sich stumme Erfinder Künstler Wissenschaftler Philosophen auf den Kommentar der Museumstexter, arrogant protzen nebenan Uniformträger, Personnagen von Amt und Militär, welche zu benachbarten Gewöhnlichkeiten gerne auf Abstand gingen. Museum und Welt aber dulden nicht, dass Normal und Abstrus auseinander rücken oder dass bemerkenswerte Ausformungen von Gattung, Historie, Geographie sich ohne den Beiklang von Alter, jung über mittig lebensprall bis greisenhaft, zur Ansicht stellen. Schließlich unterwirft sich auch der Casting Manager dem Motto: Egalité, Fraternité, Liberté passé, heuzutag gehts um Diversité. Was nicht alles auf die Bühne drängt!

MANCHMAL JA, MANCHMAL NEIN. Dieses Mal geht die Dompteuse ihr Opfer ohne Umschweife an. Des Journalisten Bericht vom Lächeln eines gewissen Politikers habe in ihr lebhaftes Interesse geweckt. Ob er in dieser Runde nicht kurz etcetera; nun gut, er stimmt zu. Ob er vorn anfangen, ja, er dürfe. Aufgefallen sei es ihm bei Fototerminen, wenn der Kandidat unter Zeitdruck ein deutliches, möglichst lange wirksames Signal auszusenden hatte. Husch, entfliehen intelligenteste Statements dem Volksgedächtnis. Dagegen machen emotionale, dem Verstandesgriff entgleitende Momente irgendwo im Sensorium Station, um bei guter Gelegenheit auf irgendeinen Zug, wenn er nur Geschmack, Zuneigung anfahre, aufzuspringen. Bei guter heißt bei jeder emotional gestimmten Gelegenheit. Das von diesem Homo Politicus gebotene Charmezeichen durchzieht dicht aufeinander folgende, medientransportierte fotografische Anwesenheitsbelege als roter Faden, der nie abreißt, folglich wirkungsbeständiger als etwa wechselnde verbale Verlautbarungen erstens den Mann selbst, zweitens seine Freundlichkeit im Gedächtnis konserviert. Die Fragenstellerin befürchtet, der Referent wolle hier schon ein frühes Ende setzen. Aber: ergreift sie das Wort: Ihr Job hat es doch nicht nur mit Fototerminen zu tun! Nein, wahrlich nicht. Doch eben die betreffende, gleichförmig sich wiederholende Pose habe ihn in dieser eine Struktur des Verhaltens erkennen lassen. Der genannte Politiker sei mit sehr vielen, meist schwierigen Problemen befasst, da stehe neben parteiinterner Diskussion auch die Außenwerbung auf dem Programm, erst recht die Verteidigung gegen Einwürfe von Opposition und anderen, Konflikt, Streit rufen nach Schlichtung. Jenes Lächeln nun sei die Überschrift für ein weiträumiges Kapitel. Demnach versetzt Bereitschaft zum Freundlichsein im Parteikader die eigentlichen Lastenträger

in Aktion und heißt sie anstelle pathetischer Kampf-
aufrufe eher auf reibungsfreie Lösung setzen, einerseits. Andrerseits hält sie gegenüber kontroversen
Kräften die Angriffsflächen geschmeidig, wirft ver-
mittelnd ein Lächelangebot in die Waagschale. Sollte
bereits alles auf Kampf stehen, wartet das Lächeln
den Auftritt ab, bis man aus machtüberlegener Position den Kampf sich leisten, ihn garantiert mit einem
Sieg beschließen kann. Dann eile, wie bei clever ehr-
geizigen Schuldmädchen, dem sicheren Triumph ein
schämiges Lächeln vorweg. Apropos Mädchen: sagen
wir Weib. Die andere Machthälfte der Gattung reagiert auf männliche Minderwertigkeitsgefühle mit einem Sanftlächeln, das einerseits magisch verzaubert,
das andrerseits nur verhalten provoziert; ähnlich agieren versuchsweise Kinder; und unser Politiker erwarb
sich längst Meisterschaft im Aussparen von Provoka-
tion und Risiko, so dass seine Siege weniger das Ergebnis dramatischen Ringens, sondern die Folge
heimlich betriebener Übernahme darstellen: wie man
das wohl Bänkern zutraut. Gerade von ihm hatte man
derart listig unauffällige Aktionen nicht erwartet. Sie
meinen, ruft die beleibte Dame dazwischen, das sei
alles geplant? Ausgerechnet von diesem, Ihrer Beobachtung nach zu solcher Gedankenanstrengung
kaum befähigten Hirn? Kein Intellektueller, haben Sie
recht, im Sinne lebenstüchtiger Kreatur jedoch
durchaus intelligent. So der Angegangene. Sei jemandem die Gabe logischen, gar philosophischen Denkens nicht gegeben, schließe das einen lebensprakti-
schen Verstand nicht aus. Der, wie hinzuzufügen sei,
nicht erstlich auf adäquater Sprachkunst beruhe, son-

dern sich oft unter geringer Beteiligung von Begrifflichkeit und verbalem Bewusstsein abseits in den Zonen praktischen Handelns entfalte. Beispielsweise erschreckend unbedacht habe jener zu Beginn seiner Karriere einschlägige Parteiphrasen adaptiert, sich über Jahre unter eine solche Bewimpelung gestellt. Ganz unreflektiert auch habe er naturveranlagte Freundlichkeit in den Reigen nötiger Anpassungen einfließen lassen. Das jenseits intellektueller Spekulation, jedoch, die einträgliche Wirkung spürend, mit immer größerem Vertrauen in diesen Effekt. Den dann überlegtes Lächeln zusätzlich bestärkt. Jenseits Kalkül beginnt ein Testlauf der Mimik. Es liften Mundwinkel sacht, heben Lippen leicht voneinander ab ohne Zahnsignal, um dann bei anhaltend positiver Resonanz ein deutlicheres Lächeln zu wagen. Bleibt Zustimmung aus, heißt es vorsichtig den Rückwärtsgang einlegen, welche Umkehr übrigens den Sympathieausdruck aufhebt in momentaner Starre. Dauert Erfolgsmeldung an, straffen schmal geöffnete Lippenpolster in die Mundwinkel, Wangenfleisch faltet auf, Lippen geben Zahnweiß frei. Damit lässt es der ausdrucksachte Landsmann bewenden. Bestenfalls im Kreis sehr vertrauter Menschen wär ein heftigerer Ausbruch durchs Zahngatter denkbar. Doch auch in einem derartigen Lachanfall hielte der Dressurmeister sein Pferd, Lippen Mundwinkel Wangenformation, am Zügel. Nun von sicherem Ufer aufs wellenreitende Floß, vom Lächelbericht des Befragten zu einem plötzlich bedrängenden Motiv hinüber springt eine Figur aus der Talkrunde, wechselt, vom Erzählfaden des Referenten nicht wirklich gefesselt, aufs eigene

Fährboot: Mäuse! Mäuse! Aus einer Lücke nachträglich installierten Bewusstseins starrt sie, den Kopf zu Reglosigkeit verdammt, auf ein Bodenstück, tut es laut Rückblende seit Jahrzehnten, es läge die kleine Holzpartie, entnimmt sie dem Anblick modischer Schuhspitzen, ihr zu Füßen. Weiterhin behauptet die Rückblende, dass sie als Stummfigur auf ein Piedestal gebannt den Passantenstrom eines Museums amüsiere, nachts wäre der einsehbare Ausschnitt vom Strahl einer Straßenlaterne erleuchtet, tagsüber schrieben Schuhe, Scheuerlappen, Kehrmaschine ihren Text darauf, silhouettiert wären solche Szenen aliter Schriftstücke von zwei ihr ähnlichen Standfiguren. Dickbändige Chroniken voller Details müssten inzwischen vorliegen, würden also in zeittröpfelnden Fragmenten Stoff für allerlei Geschichten liefern, welche, gerade mal für den Entwurf kleiner Mauswelten gut, ehrgeizig auf die Darstellung größerer Welten aus wären. Mäuse, Mäuse! Weckte damals dieser Ausruf ihre Fabulierlust, bringt er jetzt ihren Fantasiegeist auf die Beine. Fellgraue Flitzer! sieht sie touristenscheue Gesellen das Sichttableau queren, Tagdiebe, Tänzer, die das Feld besetzen, Schwatzgruppen, Streithähne. Magsein Ufer zu Floß zu Lächeln zu Mausleben verführt das Treiben der Fellträger zu neuerlichem Gedankenspringen, zeitirritiert landet die Beobachterin bei Schuld. Überaus temporeicher Mäusewechsel auf dem Bodentablett befürwortet Rempeleien, Zufall produziert Unfälle, wer ist schuld, brave Leute geraten ins Visier der Jurisprudenz, andere, die Verantwortung tragen, bieten sich an für Schulddelegation, ein Haufen heruntergekommener

Vaganten bewirbt sich als Schutthalde. Sprünge, Sprünge! Ganz von Atem gekommen ringt die Interviewdame, Manno, um Wiederherstellung ihrer Regie. Wo Zufall initiativ sei, komme Schuld in gleicher Weise über Schuldunfähige, Sünder, Altlastbeladene. Nein nein nein! bollert ein Zornball dazwischen: Dann tragen Schuldlose am Ende die Hauptlast! Den anrollenden Ball kickt eine clevere Alte ins Aus: Hätt sich ja wehren können! Wo ist denn das Tor? versucht jemand den Faden zu finden. Die komplette Runde stimmt gegen Schuld, weil, wer das beurteilen könne, ob strikte Gesetze allein ausreichen. Nachdrücklich will die Heilerfahrene kindliche Unschuld berücksichtigt wissen, naturhaftes Verschuldetsein, Daseinskampf, Daseinsnot bedingen das Urteil. Als der Ball dem Reversfingerer nahe kommt, streckt der sich doppelt hoch: Schuld gibt es nicht! Für Schuld ist der Mensch zu klein! Malt Euch nichts aus, das Schicksal machts! Mit Recht erblicke die Macht des Schicksals in jenem einen Spielverderber, der unabdingliche Entscheidungen vertrödelt! Der heroische Zeterer kickt die geledertе Kugel ins Irgendwo. Solcher Abschlussball verschafft der Mäusebeobachterin Gelegenheit zur Wiederaufnahme ihrer ridiculusmus-kalischen Weltinspektion. Allmählich lernte sie damals Spielfiguren der nächtlichen Partys kennen. Etwa einen plumsigen Winzling mit Kurzhaarfell und weißen Füßchen. Körpermächtig dagegen karrt eine Alte ihren Versorgungswagen hinter sich her, um von Zeit zu Zeit daraus zu naschen und andere zum Mitleckern einzuladen. Oder drei ausgemergelte Exemplare, die stets im Verein auftreten, dabei fortgesetzt einander beschnüffeln, so Identität und jeweiligen Erregungsstand überprüfen. Ein Wollknäuel kugelt wiederholt ins Bild, mimt mausgrau im Hausrock die Feierabendausgabe, pantoffelt irritiert im allgemeinen Gewusel hin und her. Neben Maske, Kostüm sorgt Deklaration von Richtung, Richtungswechsel per Schwanzhaltung für einige Übersicht, plötzlich jedoch rollert eine Wollsache gegen ein Magerkind, zuviel Temperament, aufquietschend reckt die Vollschlanke ihren softenden Body rank und schlank, während das Dünnding tränenschnuffelnd Blessuren leckt. Rasch kullern Mausknüddel her, bilden um die Unfallopfer einen Neugierring. Was ist da los? Hups! Karambolage! Hups! fightende Boxer! Hups! wandeln sich Faustkämpfer in sopranfechtende Primadonnen, die solistisch: welche Koloratur verdient den Lorbeerkranz: mit Tonsticheln, langen Trillern, raufrunter zwitschernden Lauten sich feilbieten. Eine, ehemals Magerwesen, streckt sich mithilfe ihres durchdringenden Organs paar Höhenzentimeter weiter, so dass sie über die Konkurrentin hinweg den mauszähnelnden Publikumswall ansingt, der sie dann unter Beifallsgetös schultert, unter Paukenundtrompetenschall ins Allerweltdunkel abtransportiert. Der Besiegten im Rampenlicht indessen verschlägts die Lebenslust, krümelklein durch Bodenritzen fortkriecht sie in den Schattenrachen. Im Nachklang der Siegeshymnen fegts tornadomäßig über die Kleinbühne. Weg da! weichen Staubgewölke einer nächsten Szene, worin es mausmassenhaft wimmelt. Gefressen wird da, was das Zeug hält, was Zähne, Mägen zu fassen kriegen. Wären da etwa aus der Fassung gesprungene

Augenbälle, von Schutzhüllen entblößte Zahnsägen, dazu Zungen, die aus Mäuseklein riesig aufblähen, irgendwas martern, metzeln meucheln. Schon treten Mäuse, Boxer, Primadonnen zur nächsten Verwandlung an: Tempora mutantur et nos in illis? Was da quält sich durch dunkle Gebärgänge, wie gewittern plötzlich Fanfaren: Zinken: Trommeln himmlische Helligkeit? Dem Schoß entkriecht komplett ein Hof, sieht man Gesinde, Marschälle um einen Thron geschart, worauf ein Königspaar sich über die Maßen nach oben längt, so Dero Kronenhäupter vorläufig unterm Baldachin verbirgt. Oben. Unten wühlen zwei paar Füße, krallenzwanzig nackte Zehen durchs Mausegewöll. Indem die das Paar umjubelnde Menge in die Knie sinkt, erkennen die Mausleut in den Gesichtern über sich die Sopranduellantinnen, schrumpfköpfig gealterte primabestiale Heroinen, triefäugig faltenhängende, Vorzahndoppel überm Unterbiss wetzende, kraushaarumkrautete Mausbastarde. Mein Gott! Kniefälligkeit sklavisch verdoppelnd zollt die Volksmasse dem Paar zahnknirsch knochenknackenden Tribut und, da die Kronenjuwele: besser Singen als Schmatzen: einen rustikalen Chorgesang intonieren, fällt sie rauhstimmig ein, so dass die blasphemischen Sopranos nun ihre kaum engelgeflügelten, wohl aber lustschluchzenden Koloraturen darüber zu breiten imstande sind. Denkt man, sieht man, denke man nicht zu früh. Nämlich die große Versammlung steht an, heut ist Mäuserat. Ein erwähltes Gremium berichtet dem Plenum. Profilierten Stimmen traut man Diskussion, vorbildliches Schlammrühren, brillantschmucke Gedanken zu, mögen felljuckende Bedenkenträger sich zurückhalten. Hochlebe die Bodenpartie, das minimale Königreich. Während der Rat weltsinnend Beschlüsse fasst, mag die Königin schlummern. Ja. Gegenwärtig lagere sie nackt neben dem nackten Gatten, fantasiert man sich ins höfische Gemach hinein. Während langwieriger Debatten denkstreun gelangweilte Ratsmitglieder Salzpfeffer auf schamlos entblößtes Fleisch, um es lusthalber anzuregen. Werden die beiden? Werden sie nicht? Ein Fühlseelchen stellt sich das Paar im Schatten des Traumbaums ruhend vor, ein Praktiker malt sich aus, die zwei Reichsverantwortlichen setzten auf ein ergiebiges Konferieren ihrer zuständigen Untertanen. In beiden Fällen liegt Paarung fern. Nun regiergewaltig senkt die Talkmeisterin ihren Kochlöffel ins Gebräu, verschafft der Fantasieschose einen anderen Dreh, beauftragt die heilpädagogische Dame mit einem Gutachten zur Lage. Welche Lage denn? sieht die Angesprochene im Wechsel vom präsidialen Lächeln zum Mäuseauftritt zu Schuldfrage zu Boxer zu Primatengesang zu Ratsdebatte zu Königsszenen nichts Erwägenswertes. Wie das Leben so spielt. Sie hat ihrem nachgeborenen Gedächtnis längst eingeprägt, dass Zufälle rosswechselnd von Station zu Station eilen, allen Plänen und Einsichten voraus. Jeder Lebensgang, versucht sie sogenannter Lage eine Überschrift zu geben, exerziert keine vorgegebene Rolle, wie man früher glaubte, sondern ist das, was ein solcher Daseinsabschnitt zusammenrafft, was gemäß Zufall, gemäß Wahl einer Person aufzuklauben, was ihrem Charakter unter vorherrschenden Umständen sich anzueignen gelingt. Hallo! stürmt der holzkantene Meister der Selbstbehauptung ins Rampenlicht. Der hatte zuvor, ruhlos Armstütz, Kopfstütz wechselnd, seinen Sprechdrang hinterm Lippenschluss gefangen gehalten, jetzt bolzt er mannsderb ins softe Gemüt der Vorrednerin: Eine blamable Haltung! Was gelten soll, bestimme man selbst, ganz allein trägt man dafür die Verantwortung. Möge man nicht klein duckend den ewigen Bittsteller spielen, dem das Schicksal alles versagt, nein, Kopf hoch und durch, so überlebt man auch Niederlagen als Sieger. Derart angegangen erbittet die Dame moderatorischen Beistand. Redefreiheit bitte, und bitte ausreden zu dürfen! Der zage Einwurf seitens der Gesprächsleitung wird vom Holzkanter sogleich gehäckselt: Frei zu reden sei allen freigestellt. Er seinerseits habe nur Richtigstellung im Sinn, die Dame dagegen sei nicht bei Troste. Wider solche Kraftmeierei aufbegehrend bricht der Journalist sein längeres Schweigen. So gehe das nicht. Anderswo gebe es Gelegenheit genug, sich durch den Vortrag holzköpfiger Weltschau ein lächerndes Profil zu verschaffen. Der medienvertraute Mann breitet seine Bedenken aus, während der Getadelte mit Rücksicht aufs wägende Publikum die Suada seines Kritikers nicht unterbricht, jedoch dem Zwang, sich zu wehren, kaum widersteht, so seine Ungeduld in Kopfwendungen, in Vorundzurücklehnen des Oberkörpers, in öftere Stützwechsel der Arme zu übersetzen sich kaum bändigen kann. Mühsam beherrscht nickt er den Auswurf des Kontrahenten nur ab. Der brilliert mit Beispielen, hütet sich, Lücken mit Talmi zu stopfen, beschließt den prompten Bildungserguss mit einer Lehre: gradheraus auf momentane, also begrenzte Weltsicht zu pochen, das verstopfe Wahrnehmung und Denken. Die vorzeitig unterbrochene Dame will eben ins Atemholen hinein ihren pinzierten Gedankengang neu anpflanzen, als der kantensichere Holzkopf, von ihrer Reizstimme genadelt, ein weiteres Mal durch den Zaun bricht. Erregt Unmut. Braveleutefrisiert wirft nun ein Glattgesicht sowas wie Trumpf in die Runde: es möge der Ungestüme sich für paar Stunden Benimmunterricht beurlauben lassen. Die Meisterin ihrerseits, eingedenk moderatorischer Pflichten, hält den schwer beleidigten Grundsätzler von leibhaftem Angriff ab, erinnert an die bereits eingeklagte Redefreiheit und übergibt, die Reizstimme jener Dame umgehend, an den adretten Jungaal. Der sofort frischmunter, einszweidrei ähnlich dem Pressemenschen, auspackt, jedoch gemäß verengtem Blickwinkel Statements bekannt honoriger Reglements, Verhalten und Haltung, aufmarschieren heißt. Wie alt sind Sie eigentlich? will eine Stimme aus dem Kreis wissen. Stolz beziffert jener sein jugendliches Alter. Und erhält die Quittung: Zu unerfahren, um als Zeuge von Wahrheit zu gelten. Und weiter: Das Programmatische interessiere hier nicht, gespannt sei man vielmehr darauf, wie jemand auf eigentlich unlösbare Probleme, aufs Problem der Realisierung etwa, reagiere. So vieles sei gut erdacht, habe aber nichts gebracht. Indem jene Dame solchen Kommentar beklatscht, steht der Frischling ab von Nachträgen, Novellen zum Denkbaukasten. Sie indessen erstattet dem Zwischenrufer per Kopfbeuge Dank, nämlich er habe, was ihr zu sagen am Herzen lag, gut zum Ausdruck gebracht. Distanz halte sie, wo es um Anpassung von Idee an die lebendige Kreatur und deren ebenso lebendige Kultur gehe, für unabdinglich. Politische und andere Aktion drohe in der Weise eines Selbstläufers bereits niedrigen Ansprüchen der Akteure zu genügen. Da scheinen die Bürger in einen Kokon eingesponnen, der sie zwar schützt, zugleich, indem er vorm Eingreifen bewahrt, sie gegen Verantwortung schirmt. Leicht hüllt Spinnentat ins selbst gefertigte Fadengehäuse. Nun aber schrumpfen Ausblicke und Perspektiven. Die Kerze verglüht in Selbstbefriedigung. Dass ein Weib so rede, mag den Holzstabilen und den Jungaal peinlich berühren, doch dem Pressemann gefällts. Beruflich war ihm auferlegt, aus Recherchen, Einmischungen, aus chaotischem Wust eine Essenz zu filtern, welche blindwütigem Management widersteht, stattdessen auf kreatürliche Werte pocht. Folglich gern würde er jetzt die Mäusebeobachterin befragen, um ihre von Vernunft und Alltag abgelegenen, jedoch überaus realen Wahrnehmungen auf einen verständlichen Nenner zu bringen, und sei es auf den griffsicherer Gegenwart. Fragen wolle er? Die vom Mäusegedenken wie von einer Krankheit befallene Dame macht per Handschale die Ohren groß, also er möge, was ihn bewege, zu Gehör geben, nur zu! Indem er auf sie einredet, wähnt er sich gehoben, fühlt sich Huckepack davongetragen, fliegt so geschoßgleich durch Schattenwände, Lichträume, Wölkungen in entgrenzte Weiten. Momentan aufblitzende Szenen, vorbei huschende Gegenstandsfragmente könnten auf Einbildung beruhen, nach längerem Luftbrausen bleibt er in einem Dunkelknäuel stecken. Uniformes Nichts entwickelt Silhouetten, von Schattenrissen gerahmt treibt da eine Lichtinsel. Auf dieser bewegt sichs. Grau in Grau. Bevor die Augen es beweisen, sagt ihm Ahnung: Mäuse! Und ehe auf dem kleinem Bodenausschnitt felsenstille Reglosigkeit, bitte Ewigkeit, zu Leben erwacht, meint er schon deren Geburtswehen wahrzunehmen. Tatsächlich regen sich da Glieder, tapsen Pfoten, ruckzucken Radarohren, werfen Schwänze Lasso. Fels ist Fell, Fell intendiert groben Schulterwurf, modisch elegante Mantelkleidung, der Pelz fleckt, Verschleiß, Haarausfall, nachträglich entpuppen sich vermeintliche Mückenpulks als stecknadelpimpelige Knopfaugen, die in Überzahl das Grauerlei durchmustern, da lauern, blicken, flippern weitaus mehr Individuen, als die nun mobilisierte Farbunität dem Anschein nach vermuten ließ. Anschein und Wandlung jagen einander. Dem Nahblick erst nur paar Schwänze, näherem Zusehen ein Sack voller Schwanzspitzen. Wen auch hätte interessieren sollen, dass sie spalten, nach Landsknechtart in Richtung des Solds zugleich in Richtung von Mordbeuten weisen, nach Art von Papstundkaiser mit einem Aug Völkereinigung, mit dem andern nichts als die Unterwerfung Widerspenstiger im Sinne haben. Denkbar, dass Spaltspitzen sich doppeln, bei Bedarf verdreifachen, aus dem Geschichtsgeist hat sich die Unsitte entwickelt, fehlendem Wachstum mit Aufspaltung, fortgesetzter Teilung des Vorhandenen zu begegnen, es schaffen fortpflanzungsgewaltige Gattungen jeweilige Monopole, so übt das Menschenvolk, Geist und Gewissen breitzutreten, um seine gespenstische Ausbreitung irgendwie zu rechtfertigen. Wahnsinnseinfall!

Der Blick des neugierigen Journalisten zielt weiterhin am Schattenprofil weiblicher Standfigur, vermutlich des zu Wachs erstarrten Opfers seiner Befragung, vorbei aufs erhellte Bodenstück. Sieht dort das Grau rosig belebt, riesige Fledermausohren, blattdichte Schwanzbüschel geben Nackedei um Nackedei eine quibblig brabbelnde Masse frei. Die Babys, kaum geboren, rangeln auf eh schon überfülltem Grund kratzend, beißend, würgend um einen Freiplatz, zum Rosa gesellt sich Tiefrot, dem Spion fällt dazu Schweineschlachten ein, von den Vielzuvielen können nur wenige dauern, hinter rosaner Ballung sammeln sich Blutseen. Noch Weiteres spintisiert im Hirngeviert des Beobachters. Er sieht sich nothalber durch Hunger und andere Mangelzeiten wursteln, allmählich Halt gewinnen, ungerührt über geschwächt Liegende, zu Boden Getretene hinweg stelzen, der Zuchtmeister Fortschritt drängt auf Lernen Umerziehung Einsichten, übe man sich selbst zu züchtigen, Leib Seele Geist für ein Besseres zu ertüchtigen. Man kennt das, weiter hin drängt das. Kleiner Erinnerungswahn zeichnets auf. Demnach strebsam möge man noch eins drauflegen, unnötigen Ballast abwerfen, Konkurrenten ausstechen, rasch entfallen tölpelige Jugendpläne, etwa Künstler, Priester werden, die Welt ändern, stattdessen kriecht man, besorgt ums Erreichte, in den Angstkäfig, wehrt den Neidern, wagt Ausbrüche, schießt sich den Weg frei. Ist es so gelaufen? Vergrößert schlägt Erinnerungsdruck Korrekturen vor, erst mal Ohren gegen Mitleid verschließen, dann kopfhoch Waffen her! nasezu übern Leichendunst der Massengräber hinwegziehen, nichts gehn Tüchtige die geschassten Mitbürger an! Krimskrams im Kopf. Ein Denkmal muss her. Denk mal an ganz unten Geborene, an munter Aufgestiegene, an gottscheinbar für Retter gehaltene Übergrößen. Momentan steigt im Tussaud ein gigantischer Napoleon vom Podest, legt auf dem kleinen Bodenstück kaiserliche Insignien, Ruhm und Ehre des Schlachthofbetreibers ab, das Sammelsurium eines unternehmungslustigen Eventgestalters. Steht im Sichtfeld der Touristen adammäßig nackt Modell für die historische Einbildung. Verärgert damit Desirée. Erhält von Eltern, Jüngern keinen Beifall. Wohin jetzt die untätige Hand, überflüssige Finger stecken, verdammt! Ihro nackiges Idol, Dero revolutionärer Komet lassen es an Revers, weißgott an Takt fehlen. Kleidlos ein Nichts, dies zum Etwas erklärt, scheint der Gernegroß ein Traum von Bulle, den, weil durchs Gatter gebrochen, ein wütiger Bauer verfolgt, und der, indem man mit Sirengeheul ganz andren Bullenschaften nachstellt, alle irritiert, den Bauer, die Wehrgemeinschaft, der Verfolgte sich selbst, unversehens ist er zum Mittelpunkt aller Miseren geworden. Das schließlich irritiert auch den Beobachter. In dessen Gedächtnis drängen plötzlich Hitler, Stalin, und Konsorten: dringen Nebukadnezar, katharinazarte wie iwanschreckliche Zaren auf Beachtung: wollen Polpots restaurative Werkstätten besichtigt, Kulturpisten säubernde Maoreservisten begrüßt sein: huschwisch! waschweg! mit all den Kinderkopf tätschelnden Hysterikern, knochenhändigen Machterotikern. Wer? Niemand! jagt sie zum Teufel, was soll man mit ihnen anfangen, sie etwa Elba undsoweiter auf der ackerkleinen Insel aussetzen? Den eignen Samen leckende, in Platznot einander mordswütig metzelnde - Gott, gibs doch zu! - von Urknall bis Knochenfall jedes Bürgerheim überschleimende Schnecken, ogottogott igitt. Wohin also mit solchen machtexemplarischen Prachtexemplaren? Vom Russenwinter bloßgestellt hüllt sich Napoleon in Desirées Dessous, notfalls in Pferdedecken. Null Zweispitz, null Regierstab, die Idendity Card so leer wie das Gedächtnis: Gott, ein Verlorener, sorgen sich seine Opfer um ein Asyl. Schuldabseits überlebt sichs gut. Im Türrahmen handangestützt kleinmütig hinausblicken, die düstern Weltgegenden aufzulichten mutet man sich nicht mehr zu. Sicher im Käfig drinnen ums Mobiliar flattern und nach Allernächstem nur die Taster ausstrecken, sich Hartes, Weiches erklären, von Tellerklappern Papierrascheln, von Licht Farben Pflanzen Getier, von Suppendampf Blumenduft erzählen lassen, das macht ihm sekundenlang Mut. Ticktack entleeren sich die Augenblicke. Doch: Wo kommt denn der her? Zieht eine plötzlich aufgetauchte Putzmoiselle ihren Sauberstrich durchs journale Gedenken. Den Tussaudgast umgekehrt erstaunt der Auftritt von Schrubber und Eimer in der Lichteinöde: Wo kommen denn die her! Fragen und Antworten. Entsprechende Verbalien bilden Hauchflecke, welche der Zeitschlag beweistilgend vom Glas pflückt. Auch die Putze macht sich davon. Von der schwarzmeerumrahmten Insel steigt sie gen Himmel, beklettert den wunderbaren Baldachin des hofhimmlischen Doppelbetts zwecks Entstaubung. Verliert den Halt. Stürzt aufs Daunenlager. Durchschlägt meteorgleich Bettzeug, Matratze, Fußboden, folgend die Decke überm Thronsaal. Dort königlichen Empfang erwartende Diplomaten, Bittsteller, Bürger wandeln ihr stummes Potential von nullaufhundert in schreiendes Entsetzen, während die Raumpflegerin in Kellergewölbe sackt, um dort Weinflasche für Weinfass zu verkosten. Bleibt nicht allein, ihr unziemlicher Höllensturz erfasste unterwegs den König, bohrte mit dessen Schlagkraft zusammen eine mitgerissene Bettdame ins Erdreich. Man hätte nun der Putzerin Raketenleib anseit eines weinsüffelnden, bereits lispelnden Kronengatten entdecken können, wären die beiden nicht, von ihrer Schwungmasse durch Holzwände, Steingemäuer, sogar zahnfletschende Erdrachen gerissen, mitten hinein in einen Konvent der Bischöfe entführt worden. Da gehts der Schönmacherin an die Ehre! Gottdienliche Monstranzen wärn zu entstauben, den Abendmahlkündern müsst man, Gott seis geklagt, Vorder- und Hintermaul wischen! Inzwischen erbieten sich verschiedene tiaraspitze Heiligmänner, dem löblichen Weinsegen ein christleibliches Brot, dünne Oblaten, nachzureichen. Unter Dreingabe von Toasts und Tischreden. Für unheilige Weltgenossen, hört man, seien sündentilgende Scheiterhaufen bereits hergerichtet, schlimmste Vergehen würden in Bibelseiten gewickelt, bei allen Putzteufeln, dem Höllenfeuer demnächst anheim gegeben. So Gottes Wille. Meine jemand, Gottes Wollen bezweifeln zu sollen, dann halten sich die Bischöfe für berufene Rechtserben. Dazu auserkoren, nicht nur Gottes Liebe zu verausgaben, sondern höchstselbst geschmust zu werden. Allerlei gesegnete Patschhändchen tasten durch die Soutane oder durchs Femdgewand, Finger suchen, was denn, am Priestergesäß. Gleich halten Moralia dagegen: Weiche von mir, Satansbraten! Jedoch Gott zu Ehren gehts um Frischfleisch, dem nicht zu huldigen eine Beleidigung des Schöpfers wäre. Versteige sich keiner! Mausleiber erklettern voll guter Absichten Babylons Turm, wolln das skyscrapende Monstrum entstauben, sie schrubben und putzen, bis sie erschöpft stürzen, Schwerkraft saugt sie zu Boden. Sie werden am Fuß des Turms, im Guillotinenwald des sündigen Babylon, den Kopf verlieren. Vom Leib getrennt rollen zwei gekrönte Häupter durchs Schlafgemach. Da küssen, lieben und leben sie. Denn bald sind wir tot.

BRAUCHT ZUFALL CHARAKTER? Hier zeigt er ihn. Für einen wunschgemäß geheim zu haltenden Auftritt des Präsidenten im ländlichen Geburtsort hat man unter dem Siegel der Verschwiegenheit, also unter Ausschluss bekannt bakterieller Übertragungswege, gewisse Randfiguren geordert. Zuverlässiger als die Mitglieder dringlich einbestellter Kontrollbehörde sind solche Helfer so zufällig wie frühzeitig erschienen, um exakt geplante Standorte zu belegen. Tussaud hätte ihre Freude daran. Ein Maler, der sich dem Geburtshaus und seiner Umgebung, dem dorfzentralen Treffpunkt von Kirche Rathaus Apotheke Schule, widmen möge, hat sichs mit Hund Palette Vesper gemütlich gemacht und traktiert die Leinwand seit Stunden. Geschickt der unübersichtlichen Menge messehungriger Kirchgänger einverleibt harren Kinderchor und Dorfkapelle aufs Stichwort, während eine, angeblich vom Vortag verbliebene Reste abräumende, Cateringfirma durch Belegen des bürgermeisterlichen Frigidaire den eigenen schwächelnden Kühlaggregaten abhilft. Heißt, im Rathaus Quartier bezieht. Weiter wurde zwecks Tarnung verständlicher Neugier die Bauernschaft zur Einrichtung von Arbeitsposten in der näheren Umgebung verpflichtet, diese Leute mögen, wie die in Häusern Gärten ringsum verteilten, in schwarze Anzüge gesteckten Personenschützer, unauffällig oder ganz verborgen bleiben. Der Idee des Schweinehirts, den eh ramponierten Schulvorplatz zu umgattern und wie früher darin ein grunzendes Speckvölkchen suhlen zu lassen, wurde stattgegeben, seit sechs Uhr früh erinnert die gelungene Installation ein hiesig fortschrittliches Bauerngewerbe an verloren gegangene Zeiten. Falls!, gibt man vor, etwa ein Touristenbus, eine Amtsperson, ein Heimatforscher, gar der Präsident zufällig vorbeikämen. Kaum wird verlautbart, dass letzterer sich nähere, schießt Dampf ins Getriebe, beginnen Achsen, Pleuel zu knirschen, nicken Köpfe, winken Hände, Augen Augen macht man da, als sei werweiß der Papst im Anflug, Gott hab ihn selig. Dompteuse und Erzählerin geraten ins Schwitzen. Die eine vom Redegestus, die andre aufgrund vergeblicher Bremsversuche, wieder mal geht ein Gedächtnis aus den Fugen, übergießt Freund und Feind mit erwünschten, unerwünschten Schätzen. Was hätte Dickmadame zu erinnern? Immerhin nötigt interner Bestand zur Freigabe. Ob sies erlebt habe oder sichs nur einbilde oder dem Bericht andrer entnehme, sie willundmuss es loswerden. Aufblättert sie also die Clubrunde entlang

Seite um Seite, um Leeres kunstvoll wortzufüllen. Lebte sie damals als Schriftstellerin? Warum fällt ihr solche Neigung zum Unnützen gerade jetzt ein? Die Dompteuse dürfte über den dargebotenen Stoff sich freuen, käm das nicht alles angesichts begrenzter Zeit und Runde einem Lawinensturz gleich. Der Präsident erscheine, der Präsident erscheine nicht, solche Klippe umschiffen die Gerüchte. Provisorische Konzepte mag deshalb niemand auslassen. Dickmadame hat ihren Spider gegen die Friedhofsmauer gefahren, was ihre Erzählwut stoppt, gleichzeitig via Unfallbericht mediale Kanäle öffnet so fürs Präsidentengerücht einen fliegenden Teppich ausbreitet. Besessene Schwätzer bringens dem obersten Volksvertreter zu Ohren. Die zugehörige Clique reagiert empört. So der Präsident. Falls man an dergleichen gedacht, es stillundheimlich vorbereitet, ihn aber das alles, wie er hört wegen gegenwärtigen Terminstaus, habe nicht wissen lassen, müsse er schärfsten Tadel signalisieren. So sehr er sein Amt von banalen wie gewichtigen Aufgaben bedrängt sehe, wie sehr die Terminflut ihn fast überwältige, und wie frommgläubig gutmütig man meine, ihn mit der Verplanung seiner Zukunft - tatsächlich seiner Person - verschonen zu müssen, er dulde ein insgeheimes Regiment von Regulatoren, Personenschützern, fürsorglichen Amtsgestaltern keinesfalls, und sofern in Verantwortung Berufene ihn an betreffenden Reglements nicht ausreichend beteiligen mögen: mit welcher Entschuldigung auch immer: sollten sie beim Aufkommen von irgend Heimlichtuerei demnächst mit unverzüglicher Entlassung rechnen. Nach diesem unverhältnismäßigen,

weder seinem Amt noch seinem Temperament an-
gemessenen Ausbruch verlässt er den Raum. Er ist
nun ein freier Mann. Ist es jedoch solange nicht, als
er seinen Bodyservern, ihm innerhalb des Hauses
taktlos auf den Fersen zu bleiben, nicht ausdrücklich
versagt hat. Worauf sie, seine Hartnäckigkeit unwirsch akzeptierend, unter Hinweis auf ständige Ab-
rufbereitschaft ihr zeitweiliges Asyl im Foyer aufsu-
chen. Im tiefer gelegenen Archiv wählt er unbemerkt
den Ausgang Eingang für Zulieferer, entkommt in
den gottseidank momentan unbewachten Park, wo er
sich aus einem kleinen Pavillon Gärtnersachen holt,
um in dieser Verkleidung ungehindert das umgitterte
Gelände, schubkarrenbewaffnet, verlassen zu können. Der mit lockerem Zugang Abgang des botani-
schen Pflegepersonals vertrauten Torwache winkt er
mit einem ausweisähnlichen Pappstück zu, man akzeptiert und salutiert. Ja, jetzt ist er ein freier Mann.
Vermutlich für nur wenige, nun aber voll zu nutzende
Augenblicke. Noch denkt er nicht zurück an Amt,
Familie, nahestehende Menschen, die ihn also ver-
missen und überaus beunruhigt suchen werden, fühlt
stattdessen schlagartiges Niederpoltern unerhörter
Lasten, spürt ins plötzliche Vakuum ganz unver-
brauchte Luft einströmen vergleichbar einer leider
seltenen Empfindung im Park: für Augenblicke der
Kopffreiheit scheint er da Wonnen der Lunge gleich-
geschaltet, die den Tausch schlafvergorener Drin-
nensphäre mit morgenfrischem Baumatmen bejubeln.
Gott! Sein Aussehen prüfend - womöglich im gärtne-
rischen Grün ein verräterisches Gesicht - blickt er in
den Wasserspiegel eines Teichs. Die schmutzige,

leicht windzitternde Oberfläche enthält sich aufklä-
render Hinweise darauf, dass seine noch glatten,
kaum faltengezeichneten Gesichtszüge sich zu ändern
scheinen, das mag er nicht glauben, erst eine Auto-
scheibe, folgend Aussage eines Rückspiegels über-
zeugen: die Glätte runzelt unauffällig über deutlich
einsinkenden Flächen. Da kommt er sich älter vor
und eher seinem Bruder als sich selbst aus dem Gesicht geschnitten. Hinsichtlich Erkanntwerden hätte
ihn das beruhigen sollen, tuts aber nicht, seine Freiheit scheint sich in die des Diebs zu wandeln, den
sogar im sicheren Versteck die Furcht vorm Er-
tapptwerden plagt. Darüber hinaus nimmt im Präsidenten derartige Diebsangst, auf der untersten Sprosse einer Leiter stehend, die nächste Stufe, Verlustschmerz der Familie, in den Blick. Bis er alle präsidialen Anlagen weit genug hinter sich hat, durch breite,
von luxuriösen Steinbauten flankierte Straßen die ei-
gentliche Stadtzone mit bürgerdurchschnittlichen
Gebäuden, allmählich sich verengenden Verkehrs-
adern, Sträßchen Gässchen, erreicht, hat er Leiter
samt Sprossen vergessen, überdeckt Fernegedanken
mit dem lange nicht mehr abgeschrittenen Zauber
von Schaufensterparaden. Wiederum ists der eigene
Anblick, der, vom Spiegelarrangement eines Friseur-
salons reflektiert, ihn aufschreckt und bedenklich
stimmt. Weniger aus eigenen als aus Augen der Gattin blickend, aus denen der Kinder, täglich aus und
ein gehender Politiker, Berater Sekretäre Angestellten
jeweils zugeteilter Wachen, kommt ihn zu fragen an:
Der soll wer sein? Jeder kennt sein formalernstes, von
eher zagem Lächeln belebtes Enface, nimmt längst

vom Reden Reden gestärkte Kinnbacken, darüber weitflächig gespannte Wangen zur Kenntnis, würde auch im Dunkeln aus Größe Haltung, aus leicht steifer Bewegung jenseits Zweifel, Ratespiel den richtigen Schluss ziehen. Nun, hier die Spiegel eines Frisörsalons behaupten, dass er einknicke, im Habitus gebrechlicher scheine, dass dem Gesicht jugendliche Glätte abgehe, dass der Mund, vergrößert vergröbert, für freundliches Gestimmtsein weniger hergebe als für, betrübt ihn, spöttisches vermutlich wenig einnehmendes Grinsen. Aus letzterem läse man Anzeichen von Skepsis, hoffentlich nicht für Verachtung. Wär das von nächsthöherer Leitersprosse eine Perspektive, die ihn entsetzt. Er muss umkehren, unverzüglich, muss ins präsidiale Heim zurück. Jedoch seine Not kaum respektierend tragen die Füße ihn weiter. Zur Gegenwehr erwachtes Bewusstsein malt sich aus, wie nach dem Absturz voriger Lasten, Beruf Amt undsoweiter, in Trümmerlücken sich darunter verborgene Sorgen als das viel größere Gewicht dartun. Dass demnach erheblich größerer Druck auf Gewissen und Schultern ruhe, schlösse Hoffnung auf fleckenreine Heimkehr aus. Auch gewohnter Arbeitsteilung zwischen hauptsächlicher Amtslast und nebensächlich gehegter mitmenschlicher Sorge würde das ein Ende bereiten, der untrennbare Mix geriete, sich aufblähend, zur dauerhaften Überforderung. Einmal auf betreffenden Schauplatz gezerrt, widersteht das Doppel aus Amt und Privatheit jeder Vertreibung. Ogott! Was geschieht! Am Abend beben die Nachrichtengeber vor Lust. Zur Tussaudaffaire hinzu, ergänzend zur denkwürdigen sokratischen Nachgeburt, zu Daseinsverzicht, Lebenvernichtung selbstmörderischer Attentäter, zum verzweifelten Ausschwärmen dementer Figuren tritt nun der Fall eines vielstimmig ins Amt gerufenen, plötzlich sangundklanglos nach Irgendwo abgetauchten Volksrepräsentanten. Abgesehen von wildernden Spekulationen könnte man, wenn man drum wüsste, fragen, was er denn von der vierten fünften sechsten Sprosse aus erblicke? Gleich werden dann beflissene Gerüchtekocher, fleißige Nachrichtenstricker - Ärmel hoch! Neuronen los! - ihre Spürnasen auf Spur hetzen: Husch! und nicht kleinlich voran! Der Ausflug ins Blaue, ins abenteuerliche Rotgelbgrüngrau war eh und je wunderbar! Aus politischen, sozialhumanen, dokumentarischen Linien würden Autoren marktdienliche Fadenzüge drillen: Aber dreh Dirs, wie es Wissen, Gewissen nicht wollen, sonst hast Du hier keine Chance! Erste Vorschläge kämen Polizeirecherchen zugute. Konkurrierenden Entwürfen entwüchsen Panoramen, die bei - Leben schreibt die besten Geschichten - Anleihen tätigen. Zielsicher verquirlt Suchbewegung alles zum bekannten Chaos. Etwa stürze man von der vierten Sprosse in Drogenrausch, beklettere Spinnwebbäume, betreibe augenlos Zukunftsschau im Kaffeesud. Fünfter Höhengewinn präsentiere Religion, Kultur als Spielzeug heimischer Gartenzwerge. Vom sechsten Hochstand leider geht's - Falsch gewürfelt - wieder bodenwärts. Neben dieser müsste man auch alle anderen nackten Tatsachen, Windeln Bruchbänder Wundpflaster, akzeptieren, falls man nicht würfelgemäß vor die Himmelspforte gelangt. Dort: Pochpoch, leider kein Pass: wird man unverzüglich exzivilisiert und jener tiefliegenden Sprosse zugewiesen, welche spiegelbildlich ins Wasser zeichnend die weit unterhimmel köchelnde Hölle ansteuert. Was wär denn das, fragen sonnige Gemüter, welche nie von Leiter, Leid, Hunger, Sehnsucht und von paradiesischen Lustgemächern gehört haben. Darauf gibts nur eine Antwort: Ohne Glauben hierzulande verkauft: kauf Dir besser ne Rakete ins Jenseits.

WÄHREND VORN HEREIN FLIMMERNDE BILDERWELT die Neuronensphäre sattstopft, wirds hinten im Betrachterclub einer der Rückseiten vor Langweile schlecht. Fast ohnmachtend kippt sie rückwärts ins hungrig ausgezehrte Raumgedärm. So wenig Aufmerken dort, so viel freie Bühne, dass man sie konträr zu den vorderseits aufgedrungenen Szenen mit eigner Einbildung bespielen muss. Präsentiere da einer die Meinung. Halte ein andrer dagegen. Aufreiten mit scharfem Argument bestückte, deutlich flaggende Versionen zum Turnier. Lancieren die schwertscharfen Gründe: Beweggründe: Abgründe, ohne sie wirklich, den Gegner entmutigend, zum letzten Treffer führen zu können. Um das Publikum mit lebensnahem Interesse zu stimulieren, imitiert man einen bekannten Strategen, der ausgeklügelte Schlachtpläne geschickt richtung Matt steuerte. Bemüht dieserhalb gewitzte, mit List gerüstete Beschaffer von Massen, um mehrheitlich den überrumpelten Kontrahenten demokratisch aus dem Weg zu stimmen. Clever beschwört die Hinterfront in den Hinterzimmern poetischen Balsam, entsendet keine Recken, sondern redetüchtigen Ringer, die minder Bemittelte wortmächtig auf die Matte zwingen. Krakra krawatzka! komme es obenher über Dich! Dem überraschten Opfer dringe es huftrappe trapstrabe horntödlich ins Hirn, geil schahasche silbenfeil froschquak schlangleib, schwirrzippe irrsirri insektgepein. Und was Pater Noster Unruhestifter, was kapitaler Regie, Infamie sonst noch Hinterhältiges einfällt! Leider dem Rücken fehlts an Konzentration. Marter Mutter Mütter schlägt er bodenlängs hin. Hat ihn wer betrogen oder vernachlässigt? Entbehrt er Liebe? Träumt er etwa von entblößten Stellen, sähe er gern nacktschenklige Weiberleut, showvoller Fleisch an Arm Brust und sonstwo, auftanzen? Musik Musik! In Schwärmen befliegts die Bühne, will Männergeäug vom reichlich Gebotenen verbotenerweis naschen, verhüts Gott, dass Kondome reißen, dass die Kerle munter was Süßes zur Mutter küren! Mutter Natur lockt. Natur irrt. Natur trickst. Würden Hoden, Vulven nicht kitzeln, bliebs auf der Erde wüst und leer. Vielleicht wär das begrüßenswert, ja, leider ist das seitens der Schöpfung nicht vorgesehen. Créer c'est unir. Ohne Rücksicht auf irgend Vorderseiten taktiert die Rückseite mit der Vision vom Altenheim. Redet wild daher von ausgewrungenen Gebärmüttern. Deren eine, pflegehalber Äffin, ihr Kindheit und Jugend längst entwachsenes Schnuggelchen am alternden Leib trägt, als hätten da Zwei in gemeinsamem Plädoyer für die Affenliebe gestimmt, wider Natur und Kultur gegen die schwierige Mutterpflicht. Aber: kein Affending füttert gern sieche Gerippe. Worauf klärend ein greises Fuchsgesicht bellt: Heimpflege für höchstens ein halbes Lebensjahr, dann raus aus dem Bau, munter ran an die Selbstbedienung! Nanana! wirbt ein kahlfallendes Grauhaar zitterhändig blauäugig für mehr Liebe. Während ein Uraltweiblein nebenan beklagt, den grußlosen Abgang zweier Gören selbst verschuldet, weil die Kleinen zu wenig betreut zu haben. Wie sies bereut! Babymein glückglucksendes Spielzeug. Hundkatz jederzeit Babyersatz. Weiß man doch: Männer, ein Leben lang Kinder. Also Kind, kann einem Kindsoweiter den leckersuppenden Lebenssud ganz schön versalzen. Schnauze! Weis ich, Personenrest von Eigenliebe, das ewige Liebundleidgetu zurück, mag das Gesäusel um die süßen Kleinen nicht mehr hören! Aufspiele Musik! Endzeitmütter, die sich zum aufrechten Stand hochzittern, sieht man stakelbeinig den Tanzboden suchen, um dort ins Tanzmuster einzuschweben. Da proben blaugeäderte Stelzen den Schwung und den Swing, und wer ein Schenkelnacktes zu zeigen vermag, wird bejubelt. Ach Frauensleut! Ließe man sie stopfvoll Psyche ihr Ding machen, würden sie ihr Homeland als Puppenstube herrichten, würden darin gebären, pflegen, füttern, Nachgeborene und deren Zeuger gemeinsam päppeln. Wünsch Dir was. Ich wünsch mir ein Traumheim, in das es nie reinregnet, das niemals niederbrennt, worin ein reicher Schenktmirs, notfalls ein armer Nimmtsichs, unser Vermögen, Zehrgeld wie Luxusgüter, an meiner Statt verwaltet und mir Hausmütterchen als täglicher Pflegefall liebtut. Oder Gift und Galle - So viel unbezahlte Rechnungen! Wo sind die Quittungen! - über mich ausspeit. Nicht einmal unter Daumenfolter würde er das Statement preisgeben, wonach Mütter ein Staubkorn besser bemuttern

279

als irgendwelche urintröpfelnden, kotsoftenden, samthäutigen Ärsche. Konträr zur vorderen Schauseite mögen sich Rückseiten werblicher Anstrengung, Höflichkeit undsoweiter, entschlagen, weil Fürzen, das geht ja hinten hinaus. Im Schattenwurf des Rückens erscheint das Credo von Person und so manche unverblümt ausgesprochene Wahrheit weniger provokant, als träte das offiziell aus vorderen Prachttoren. Umgekehrt sieht sich so manche frontal verkündete Qualität werblicher Anpassung, aus dem Hinterhalt von Rückseiten der Entstellung des Wirklichen bezichtigt. Derart zwiegeteilt, vorn hinten: außen innen: offen geheim, agiert Kreatur blickaufs dringliche Gestalten dennoch mit Rücksicht aufs Reale. Ein kritischer Status überschwebt das Unvermeidliche. Liest einerseits von Herzens Bestellzettel zentnerweis Gutes Schönes Wunderbares, überhaupt ganz freigängige Visionen. Weiß andrerseits, dass man, indem die Realitätsbosse ihrerseits auf freigängigem Schicksal bestehen, die Bestellung wird großenteils nicht einlösen können. Wer hätte nun das Sagen? Der Mensch hat es nicht. Von vulkanösem Beben aufgewühlt so mit starker Faltung, Verwerfung der Muskelgebirge verlässt eine der showabgewandten Rückseiten den gegenwärtigen Standort ihrer zugehörigen Figur. Geht und lässt die Talkgemeinde allein. Was immer die letztere im Flimmerland erblicke. Falls Natur obsiegt, möchte sie, wenn sie hätte, Zähne knirschen, weil, der Mensch setzt ihr zu. Setzt ihr mit all dem, was er der Geberin abluchste, zu, wendet die ihrem Repertoire entwundenen Energien gegen sie, um sie, naturermächtigt, zu zähmen. Was ihm nur bedingt gelingt. Gut aufgrund kreatürlicher Befähigung gelingt ihm, das naturmütterliche Universum mit eigenen Parzellen zu besiedeln und, von jenem Erbgut profitierend, sichs in begrenzten Imperien gemütlich zu machen. Doch schwer wird ihm, Einsprüche der Erbgeberin gering zu halten, völlig fehlschlägt, solche ganz und gar abzuwehren. Periodisch scheiternd rettet das verbissen kämpfende Ungeheuer gewisse Erfolge in die Menschhabe hinüber. Auf Kosten von Freiheit. Indem sich jeder Naturerwerb mit den Schicksalslinien und deren unstetem Geschwank zwischen wahrem Vermögen und scheiternder Unternehmung verbindet, findet sich der tüchtigste Lebensweg willkürlich verkrümmt. Meinerseel, was für Dramen! Aus der Perspektive dieser kreatürlichen Selbstfesslung blickt das verquere Wesen auf einen souveränen Kosmos und zugleich auf eine wunderlich verhunzte Welt. Ruft begeistert aus: all das danke sich einer grandiosen Kreation seines Geistes! Welcher Geist, steht zu erkennen ihm demnächst wertmindernd ins Haus, als naturvermittelte Zugabe der Menschgeburt ihn von Anfang an begleitete, so unters Joch jener Schwankungen nötigte, darunter festhielt, derart jene wunderbar wonnentolle Mixtur inszenieren half. Jede unverhältnismäßige Einbildung und jeden Vertragsbruch straft Natur ab, indem sie zum Verursacher derartiger Weltwerkeleien auf Distanz geht und ihm die volle Verantwortung dafür aufbürdet. Demgemäß blickt die kreative Kreatur, sobald sie um Einhilfe bei gewissen Elendsfolgen bittet, sobald sie vor dem Weltengericht unheile Folgen etwa irgendeinem Schöpferplan zuzuschreiben oder

der anonym universellen Natur anzulasten probiert, ins eigene Antlitz. Wer denn anders! Der eigensinnig widerborstige Weltinhabitant bürgt allein und selbst bis in jede Muskelfaser, bis in die winzigste Kapillaren für seine absonderlichen, kühnen, Welt verändernden Kreationen!

DIE AUFSTELLUNG IST GELUNGEN. Wackelfrei und nur mit Gewalt zu stürzen steht der Denker auf seinem Sockel. Mit nachdenklich in eine Fingerstütze gelegtem Kinn. Mit angewinkeltem, an den Körper gelehntem Arm jene Fingerhandhalterung unters Kinn des geneigten Kopfs stützend: als ob das dem Denken dienlich sei. Den Arrangeuren gefällts. Gedankenspieler jedoch vermuten, dass die im Saal präsentierten Figuren gewisse Selbstgefälligkeiten der Regie nicht teilen. Verschiedenes Aussehen, nun noch ein neues Gesicht!, das muss man erst einmal verkraften. Stumm regloses Stehen oder Sitzen erzeugen wenig Spannung, dagegen der zufällig schräge Blick einer Frau oder die Abwehr vermittelnde Geste eines Arbeitsmanns erregen Aufmerksamkeit. Hätten die zwei etwa Einwände gegen die Neuinstallation? Mit ausgebreiteten Armen scheint eine Figur Frieden zu stiften, dieser Besänftigung widerspricht ein merkwürdig auf den Denker zu stürmendes, gestikulierendes Paar. Den Arrangeuren sind derartige Nebenwirkungen vertraut. Mögen Gedankenspieler, Fantasietalente sich beliebig entfalten, sie werden ja, falls ihnen an Selbsttäuschung nichts liegt, sachliche Gründe genug für ihre gefühlige Einschätzung finden. Demnächst. Vorläufig opponiert allzu wurzello-

282

sen Einbildungen ein Erklärtext auf Schildern. Indem er Einblick in Leben, Bedeutung der Figuren, ebenso in die Einsicht vermittelt, dass es im Museum nicht um ausschweifende Assoziationen gehe, unterwirft er alles dem Tonfall von Unterrichtung. Bildungsbeflissene Besucher wehren etwa aufkommender Einbildung frühzeitig, opfern manche lästige Beimischung einer auf dem Silbertablett dargebotenen Sachlichkeit. Sachlich oder traumhaft: um die Ereignisse der folgenden Nacht vorweg ahnen zu können, bedürfte es ungewöhnlicher Hellsicht. Zusätzlich zu einem kühnen Vorstellungsvermögen würde dem Hirn abverlangt, aus null Anzeichen auf ein ganz Unmögliches zu schließen, also dem gewohnt Realen eine Leugnung ureigenen Wesens zuzumuten. Nehme man zur Kenntnis. Eine Putzfrau und ein Wärter benachrichtigen am frühen Morgen die Museumsleitung, dass um den neu aufgestellten Denker nicht nur Chaos und Zerstörung herrsche, sondern dass demolierte Figuren zudem aus betreffenden Abrissen, Brüchen echt bluteten. Alle vormaligen Sockelhalter seien betroffen, lägen vom Postament gestürzt und vom Standort entfernt am Boden, jede der offenbar im Kampf eingenommenen Positionen seien nun von neuen, überaus heilen Figuren besetzt. Das ist, ruft die Putzfrau, der blanke Horror! Vor seinem Dienstherrn nicht so pathetisch, trumpft der Wärter zuhaus im Kreis der Familie auf, fatal fatal, er arbeite im Areal von Zombies, seine Arbeitgeber jedoch leugneten energisch, mit Untoten Geld zu machen. Die Museumsleitung stellt nach Momenten der Konfusion schließlich vernünftigerweise fest, dass die unfallartige Inszenierung mit ihrer Neubelegung ganz konsequent ein denkerisches Environment anlege, erstaunlich für ein solches Kabinett und erstaunlich logisch, da treten zur ersten, vom Museum installierten Figur weitere philosophierende, Realität und anderes reflektierende Personen hinzu. Reichlich beigegebene Kommentare begnügen sich nicht mit Schildchen, dem anspruchsvollen Stoff entsprechend nehmen sie in seitenlangen Ergießungen die gesamte Wandfläche in Anspruch. Da weibliche Beispiele hinterm religiösen, wissenschaftlichen, philosophischen Anteil der Männer zurückstehen und solche Frauen nur wenige einschlägige Texte hinterließen, wandte man sich im Bewusstsein, dass auch diese andere Partei der nachdenklichen Vernunft ihren Tribut zolle, einer insbesondere von Frauen praktizierten Daseinsfertigkeit zu, wie sie in religiösen Handlungen, in eher real betriebenem als verbalisiertem Sinnschaffen, im Fürsorgen und Forschen sich ausdrückt. Hier wiederum geizt die Historie nicht mit faszinierenden Fällen. Nun, bis erst das Museum, dann die Mitwelt eine solch gespensterhafte Instruktion sozusagen Indoktrination anzunehmen bereit ist, wird es dauern. Längst aber betrieben und betreiben Medien wie internationale Museumswelt die Neuordnung von Präsentation. Madame Tussauds Herkunft von der Totenmaske, vom später erweiterten Vergnügen am Abbilden, schließlich vom Spaß am sensationsfähigen Imitat bekannter Persönlichkeiten entzieht man weiterem Gedenken, vergessen sei dieser willkürliche Beginn, längst versuchte man der sehr zufälligen Auswahl von Figuren einen der Bildung dienlichen

Kanon anzusinnen, so dass jetzt die Idee, dem Denken durch betreffende Installation ein ganzes Kapitel zu widmen, nur wenig überrascht. Stattdessen begrüßt man darin den Beginn einer fabelhaften Weltordnung, einer Wertordnung, die man durch Hinzufügen weiterer Kapitel allmählich zu komplettieren habe. Was wird bis da hin geschehen? Gefährlich sind unbewachte Zwischenräume, Nächte zum Beispiel. Insgeheime Befürchtungen bewahrheiten sich. Putzfrau, Wächter schrecken den Vorsteher zum zweiten Mal mit schlechten Nachrichten aus seiner morgendlichen Besinnlichkeit. Wie zuvor, zugleich ganz anders, habe man - Wer denn um Gottes willen? - der Installation im Denkersaal übel mitgespielt. Erstem Hinblick tut sich eine mit bunten Flecken gespickte Nacktszene auf, Fleisch an Fleisch. Die durch Postamente hervorgehobenen, zusätzlich von Spots angestrahlten Showplätze werden von solchen und solchen Athleten, weiblichen, männlichen, belegt, sparsame Stoffbedeckung kommt gegen den Glanz der Muskeln nicht an, die in unterschiedlicher Haltung, eingefrorenen Posen durch ständig wechselnde Erscheinung so etwas wie Bewegung vortäuschen, und während die dichte Aufstellung von Figuren den Raum klein macht, plädiert deren große Anzahl für dessen Größe. Zuvor mit Texten tapezierte Wände spielen Zuschauermenge, Hunderte umstehen, umjubeln ihre Idole. Bestaunen mundoffen kopffrei herzklopfend eine von Not, Arbeit, Nutzwert befreite sportliche Leistung, die im Wettstreit mit Tier, Maschine ein Äußerstes aus sich herausholte, die für Beifall, Orden, Ichgewinn in Überwindung körperlicher

Schwächen und geistiger Auflagen sich zum Besseren, zum Besten, zum Sieg hinauf raffte. Was will man da oben? Der Erfolgreiche sieht weit unter sich die für den Lebensunterhalt engagierten Massen seinem Beispiel zufolge hefeblähen, er darf sich für diesen Augenblick als einzig alleinigen Stichwortgeber betrachten. Masselift. Selbstveredler. Vorstand, Kustos, Verwaltung erörtern gerade die Lage mit dem Hintergedanken, was die nächste Nacht wohl bringen werde, als der den Muskeln zugeteilte Beifall andere Töne anschlägt. Im Sport gebräuchliche, wütig abwertende, das Bessere fordernde Pfiffe schwenken hinüber zum begeistert lobenden Pfeifkonzert, zudem ins Klatschgeräusch und Getrampel mischen sich entzückte Schreie, kreischen chorisch wild, demnächst alles übertönend, girlygeile Laute, und dem Auge bietet sich eine rhythmisch körpertanzende, handrudernde Menge, die jederlei Lust hervorrufende Angebote aufgreift und zielbewusst ihrer emotionalen Bezeugung zuführt. Wiederum fleischseits kein Mangel sind jetzt nicht muskelbepackte Leistungspakete die Anbieter, sondern sparsam mit Gesten, reichlich mit modischen Gags bestückte, heftig auf Show erpichte Figuren, die mithilfe musikalischer Darbietung ganz andere Ruhmesgipfel zu erklimmen suchen. Will man betreffende Effekte und Leistungen ermessen, bedarf es einer Verlagerung der fotobrav ruhig posierenden Statuen ins lebendige Konzertgeschehen. Publikum, Museumsbesucher wissen Bescheid, ergänzen das der statuarischen Darbietung Fehlende durch filmisch erinnerte, die Wand bebildernde Emotion. Auch die Installateure der Show kennen sich aus. Sie stopfen die Vorstellungslücke mit Automaten, welche gegen Münzeinwurf gewünschte Musiknummern abspielen, derart die besondere Leistung inklusive Publikumsecho zu Gehör bringen. Der Kustos sagt an, dass man angesichts schlagartiger, nun sogar am helllichten Tag vor aller Augen statthabender Wechsel eine nächste Nachtaktion nicht werde abwarten müssen, man sei einem Wahntraum eher als einer realistischen Situation ausgeliefert, also möge die wortwechselnde Diskussion darüber, was geschehen werde oder solle, ruhig fortgehen. Wischt über die Stirn, Schweiß kein Nachtschweiß vielleicht Angstschweiß. Dann überkommt ihn die Vision, dass dem Zeitgeist verpflichtete Wandlungen folgerichtig zu einer Auflösung des Museumsbetriebs führen, dass von Bildung ermüdete Bürger sich zunehmend der Resonanz rasch aufkommender, rasch vorbei ziehender Wirklichkeiten hingeben, um wachsendem Bedarf nach Unterhaltung, Konsum, Harmonie nachzukommen. Wenn Politiker, Redakteure, Leutemengen in Hingabe ans sensationelle Moment sich von Schreibtisch, Werkbank, Pflichternst fortreißen lassen, wenn Werbung die kleine Aufklärung zugunsten lustläufiger Suggestion vollständig aufgibt, wenn mühsam aufgebaute Bildungsmasse angesichts massenhafter Unbildung dieselben uralten, dem Globus aufs Ärgste zusetzenden Idiotien, Welteroberung beispielsweise, weiterhin pflegen: warum dann sollte man jenem gewaltigen Rausch der Dinge, wie ihn Messen und sinnesturbulente Shows vermitteln, Absage erteilen, warum dann dessen offensichtlich befreiende Wirkung leugnen? Da im Augenblick dergleichen niemand interessiert, begeht der Kustos Gedankenflucht, repetiert außenseiterischer Konzentration zuliebe im Sport gebräuchliche Wertungen. Hat uns enttäuscht: um den Sieg betrogen: hat die Ehre der Nation gerettet: macht dem Trainer ein Geschenk: versagte zum dritten Mal. Im Musikbereich gilt anderes. Betörender Gesang: mitreißende Rhythmen: still Träumerisches: Stimmen und Stimmungen, die hundertstel oder zehntel Sekunde haben hier keine Chance. Was gilt auf Messen und Shows? Da kriegen sich Geschmack und Sachverstand in die Haare: ringt Kauflust mit Vernunft: verliert man im Mix aus Werbung, Information, Nutzdenken die Orientierung, nur der dummsatte Bürger zieht Gewinn daraus. In der Vision des kustodialen Betreuers wetteifern riesige Hallen ums wachsende Mehr, große, größere, größte Besucherströme staunenstarren auf Brauchbares, Sonderliches, Kunstfremdes, Entbehrliches, hier das faszinierend Neue, dort erschreckend Banales, man nimmt bis unters Dach letzte Platzreserven in Beschlag, häuft, wuchtet, erdrückt und stürzt zu gewaltig Getürmtes über den Besucher hernieder, das wird ihn unter seinem Ehrgeiz und unter seiner gierenden Unterhaltungslust, unter seinem unendlichen Wunschbegehr begraben. Respekt seinem Staub, für Grab oder Urne ist kein Platz. Klar, dem schlamperten, schlaffenden Hingucker verabreiche man diese, jene Injektion, eine kleine, eine große Sensation lassen ihn, momentan gestärkt, die Tour de Force fortsetzen. Den vom Scheitel bis zur Sohle Beladenen wird man zuhaus oder wo zum Ablasten nur bringen, indem man ihn aufschlitzt, dann mit Sicherheit rinnt: tropft: schießt die Brüh unter Druck aus ihm heraus. Ins visionäre Gespinst mitten hinein trapsen nun Vorstand, Verwaltung mit der Frage, wo denn die Bestückung des ursprünglichen Arrangements geblieben sei. Wurde ganz ohne Mitwirkung des Museumspersonals entfernt, wurde gewaltsam verdrängt, vielleicht zerstört, fehlt jetzt im Fundus, sagt die Verwaltung, wurde aus Bestandslisten radiert, scheint per Schwert, per Sarg oder Urne vollständig getilgt. Der oberste Vorsteher versteht nicht: Wir leben doch nicht im Zauberland! Doch, wir leben! kreist ein federbunt flippernder Vogelmensch seinen Schnabelzeiger rundum und flattert im Gejohl der Fans vom Sockel. Er nicht, und andere nicht, wollen länger die Rampensau spielen, wollen Popsternchen, Stardonna, mit Penislatz protzender Samenträger ganz sozialverrückt suppen und soßen. Menschheit! Armut! Liebe! gehn sie im Leibergewühl grellbunter Soistes!-Rufer fast unter, doch demnächst als deplatzierte Fragezeichen fingern sie, ihren Namen suchend, die Hitlisten rauf und runter. Discjockey leg auf! Der Echomacher geht scratschend, mixend dem Repertoire ans Geleire, Techno rein, Rap drüber, Dosis Walzer schmalzmal 'n Schlager, verregneter Blues, Rock'n Rolling Gewitterschock. Niemand kann sich dem Soundtrack - Verdammt noch mal, wir leben! - verweigern, versteinerte Wachsritter werfen Handlasso nach wachsfrommen Nonnen, nach flachsblonden Hexen. Schwungrum kein Pappmaché! wirbeln Leuchter, Monstranz, Globus, wirbelt der Rausch der Dinge durchs Planetarium, schon erfasst die große Rotation alle materiestabilen Objekte, all die windschlüpfrigen Einbildungen, packt und schneckt sie ins Energetische retour. Vom Zeugen Zeugen Zeugen ausgelaugt - Mach mal Pause! - saugt der Kreator das Erschaffene schwammeinwärts. Einsteigen! Die Türen schließen! bittet er alle ins Lebentodkarrussel. Vorstand, Kustos, Verwaltung nur noch Fassungslosigkeit. Erschaffung von Welt, dazu hatte man sich Ewigkeit vorgestellt, jetzt soll man sich auf Schwund einstellen? Schwund der Hirne. Einstürzende Burgen, Gewissheiten, Staatsgebilde. Satansgeschenke? Guckmal ringsum aschende Trümmer, na so was. Übrigens: wo ist Madame Tussaud? Hört sie wie Kustos, Dompteuse, Talkrunde diesen dreistimmigen Gesang der Angst? Sopran: nacktes Grauen. Alt und Tenor: durch Gedanken, durch Haltung gebändigtes Angstbeben. Bass: die Sorge, den Graben nicht überspringen zu können und dafür schrecklich bestraft zu werden. Wenn die Vision des Kustos in die Hände des Zeitendehners geriete, welchen historischen Kurs müsste man erwarten? Die Talkteilnehmer scharen sich um jenen, insbesondere die heilundlehrbegabte, augengläubige Fallschachtdame, gegenwärtig nothalber Aufzugchauffeuse, erhofft eine weitere, bittesehr aufschlussreiche Führung vom geschichtsschwebenden, Geschichten webenden Talkprozessor. Er seinerseits ist längst unterwegs. Längst hat er die amtierende Bezähmerin, Meisterin von Talk und Röntgenblick, am Arm gegriffen und mitgezogen. Die derart Überredete fischt freihand teils willige teils zögernde Talker aus dem Kielwasser. Zeitendehner, Dompteuse, Talktraube, ein Komet auf Fahrt, wohin immer, darüber rätseln Logbuch und Schwungkräfte. Landschaften sinds nicht. Auch kein Wolkenflug oder eine Planetenreise. Während nicht einmal Schattenrisse oder Lichtschimmer zu bemerken sind, verlieren auch die Fluggäste einander aus den Augen, zwei schemenblasse Rückseiten könnten Zeitendehner und Meisterin gehören, die übrige Leere wäre farblos unstrukturiertes Gestein oder dünn untastbare Luft oder ein unbekannter Stoff oder eine noch wenig vertraute Stofflosigkeit. Anzeichen für rasches, für langsames Bewegtsein bleiben aus, kaum geheuer ist die Ahnung, dass man sich verliere, sich selbst nicht mehr zu tasten vermöge, dass man aller weiteren Empfindungen verlustig gehe. Nichts und Nirgends heißen anonyme Reste, bis auch diese sich verabschieden. Erinnerung an den Versuch, unter Wasser hören zu wollen. Als wär Graues vorbeigeflogen, rasch, sehr rasch, formlos. Carpe diem, nicht zu fassen. Dass von der Zeit Erfasstes sich nicht halten lasse sei ganz und gar nicht zu begreifen. Ein Windzug, ein Lungenzug, ein Laut, als ob jemand um Atem ringe: No hattern Schnaggler do, unn weg warer: Oma zu Opas Abgang neben ihr im Bett. Noch mehr graue Wischer, irgendwelche lautlose Substanz. Der Kustos fühlt seine Ohren wieder, die sich mit feinsten Windstrichen füllen, Blätter auf Traumstrich im Astgestrichel. Noch ein Sterbeseufzer. Noch einer, von noch einem gefolgt, immer den Vorläufern auf der Spur, bis alle Talker ihr Grab gefunden haben. Grab? Was heißt tot? Vom Handwerk der Tussaud wiedererweckt: im Kabinett ausgestellt: unsterblich tot im Leben begraben, um nach Museumszeiten in Fremdzeit: kein Hadesschatten! in echt Schatten werfender Figur aufzuleben! Welche jeden Vorwärtsschritt verbucht, keinen getanen Schritt abbucht, nur Zukunft, keine Vergangenheit. Urnen, Grabinschriften luftschippern zwischen Uhren, deren Zeiger ungleich zeitzeigen. Eine Geste, eine Hand, ein Schriftzug. Ein Mann, dessen Schmalhand Hufeisen biegt, kann linkshändig unlesbar in Spiegelschrift schreiben. Fett, reich beringt, arbeitsscheu übergibt eine Herrscherhand per Federstrich an den Henker. Fäuste signieren das Todesurteil per Degenstich. Ein klumpendes, knorriges, zitterndes Fingergeäst unterzeichnet mit drei Kreuzen, der Analphabet kann den Vertrag nicht lesen, darin verzichtet er auf Land und Leben. Ein Computerausdruck ist gültig ohne Unterschrift. Modern Times, vom ungeschickten Gefinger voran geeilt zum grauhuschenden Buchstabenvorbei. Jemand will aussteigen. Ohne Fahrgastsignal kein Stopp an dieser Haltestelle, drücken Sie bitte den roten Knopf. Irgendwie Füße weg, irgendwie schweben, die bodenlose Landschaft versöhnt und höhnt mit Tastaturen, da darf man seine Wünsche auf den Bildschirm tippen. Drücken Sie bitte den roten Knopf! Tippt einer: feldwaldwies rothausgrün Sonnenschein: retourniert ein andrer: feldwaldfies rot grünt Haus in Wonneschleim. Nichtleser klimpern Buchstabenmünzen in den Neuronenschlitz. Befragen Sie jetzt das Automatenhirn! sagt der Anrufbeantworter. Zu hören ist: Du wiegst dreiundachtzig Kilo. Du bist nicht in einem Schuppen bei Bethlehem geboren. Du hast noch kein einziges Wunder vollbracht, wirst nicht ans Kreuz geschlagen. Katholisch, evangelisch eine Nullnummer, Deine Karriere beruht auf vierzig Kilo Fleischeinwaage. Knocheneinlage, Wassergehalt abgezogen bleibt wenig, Fett in Teilen, Fett in Trockenmasse, den Blutanteil darf man vernachlässigen, wozu noch Hirn, unterm Strich bist Du entbehrlich. Ersatz. Hinter der properen Bildungsfassade lauert massenweis Kampfgeist, also den Kerl in Uniform stecken, haben Napoleon und andre großen Bedarf. Wer sagt, je dümmer umso kleiner der Verlust? Genauer meint das: nicht zu dumm für den Waffengebrauch, sich dafür missbrauchen zu lassen dumm genug. Quer Zeiten gerechnet, so der Automat, wärst Du der Idealtyp für Machthaber. Drück den roten Knopf und melde dich zum Dienst. Nicht ans Knopfdrücken, nicht an Automatenbefragung denken die Talkreisenden. Lebhaft abraten Leere, Schnelligkeit, Tumult von Fragen und Forderungen. Wer im Zeitengefüge sein Echolot dennoch unter Strom setzt - Achtung Power - muss mit Kurzschluss rechnen, muss eine letzte Stille in Kauf nehmen. Wenn im Warteterrain davor der fragend auf Antwort Erpichte etwa zögernd oder unüberlegt oder absichtsvoll eine Entscheidung angeht - Mein Gott, endlich wissen - gerät er in heftige Turbulenz, worin zentrifugale Kräfte zum Aussondern existentieller Gewichte nötigen. Was hast Du aus Deinem Leben gemacht! Indem die Erfahrungssumme explosiv zersplittert, wird man zum Rand der Turbulenz gerissen. Eine Explosionssekunde lang könnte der Betroffene sich einbilden, das Wesentliche, so ein eigenes Wesen zu erblicken. Tatsächlich reichts nicht mal für graue Wischer, für kein Molekül Schmetterlingsköder. Rede Dich nur heraus! Wer aber glaubt Dir, dass du nichts verspürst? Kein Etwas, das zu spüren wäre, kein Nichts, das gespürt zu werden ausschließt! Am Ende aller Auskünfte bleibt immer noch dieser bittere Geschmack vergeblichen Fragens auf der Zunge. Vergiss es. Längst hat der Automat jede Herausgabe auf Münzeinwurf eingestellt. Besetzt kein Oberster mehr den Thron. Dennoch gemäß Erbfolge betteln Dich die frechen Vasallen an, weisen Dir die unentwegt stets offenen, weit vorgestreckten Handschalen. Indem sie ihrerseits von Dienstleistung leben, geben sie ihren Gläubigern willig und beliebig Auskunft zu allem, was die nur erbitten. Tot ist der Neuronenfürst! Leer sein Thron! Aufleben die neurotischen Zuträger! Durch Archive, Zeitterritorien kurvend greifen sie aus endlosen Vorräten soviel mit Illusion gespicktes Material, dass ihnen, Deine Neugier zu füttern, zu hegen, von Geburt an bis ans Ende zu versorgen, zur täglichen Lustbarkeit wird. Bildwechsel. Aus voriger Leerebesinnung reißt es die zeitprojektilen Gäste in eine nächste, nun realitätsnahe Wahrnehmung. Man sieht und hört wieder was! treten Zeitendehner, assistierende Chefin in der banalen Fasslichkeit vertrauter Figuren und Stimmen vor die überraschte Crew. Unfasslich dagegen Zeit und Ort. Letztere spielen verrückt. In Fellstücke gekleidet werkeln eher naturrohe als zivilisierte Körper unter Blattbinsenstrohdächern an diesem und jenem, häuten Jagdbeute, betreuen Nachwuchs, bereiten ein größeres Mahl. In diese urige Szene schieben sich Bilder von befrackten, ihr nobles Frauenzimmer am Arm führenden Herren. Eine Störung? Keine Ursache, kein Entschuldigensiebitte. Die nächste Szene, Heimarbeit, übern Webstuhl tief gebückte Armutsleute erliegen fast dem Bildandrang von Krankensälen, worin Nonnen geistverwirrte Patienten pflegen. Und schon nehmen weitere Weltkulissen die Peripherie des Blickfelds in Besitz, Wanderer, Fahrräder, in alpinem Gelände motorheulend kurvende, zweirädrige Abenteuermaschinen. Nebenan Pilger auf körpervermessendem Reuepfad. Der Zuwachs an Bildern und Szenen eskaliert nach Zahl und Wechseltempo, bis eine immer verwirrendere Häufung die Wahrnehmung überredet, aufs wilde Gefleck dieses widersinnigen Flickenteppichs sich einen eigenen Reim und Vers zu machen. Während Bildzufuhr, Verdichtung, Sichtverwirrung nicht nachlassen, sammeln sich um die vermutlichen Auslöser der wahnwitzigen Darbietung immer weitere Zuschauer, erstarren einerseits zur lebenden Mauer um die Talkgemeinde, erhärten andrerseits, als bewerbe man sich um einen Platz im Tussaud, wächsern zur leblosen Statue. Derart beengt und ummauert wandelt sich die schauverhexte Talkgemeinde selbst in ein Showelement, indem sie die Szenenkreation des anonymen Bildwerfers durch eigene Vorschläge erweitert, möchte man sagen durch Steinwürfe der Erinnerung in die rasante Vorführung. Sind es anfangs Visionen zu Technik und Zivilisation, Ackerfluchten über brandgerodeten Urwaldboden, Turmbau zu Babylon, stahlgestützte glasdurchsichtige Fabrikhallen, treten später Seiten blätternde Chroniken, den Globusraum und das Zeitgefüge überspringende Historien, heftige Schlagzeilen, auszugweise analysierende, mal kritische, mal glorifizierende Texte hinzu. Derart allgemeine Erscheinungen nähern sich über

materiale Details, über Werkzeuge Werkstücke All-
tagsobjekte, dem produzierenden Faktor selbst, hier
nun lässt der Auftritt des Menschen zwecks Bestätigung wirren Gedenkens und sinnverwirrten Denkens
nichts an historischem oder dem Gedächtnis ge-
schuldetem Widerspruch aus. Abgesehen davon, dass
Bildwurf und Bildüberschneidung dem Chaos den
letzten Schliff geben. Wenn nichts wirklich zu etwas
anderem gehört, muss schließlich alles zusammen ein
großer Eintopf sein. Den im Wahrnehmen Geübten
sollte es leicht fallen, zu angebotenen Bissen und zu
super gemusterten Mixturen irgendwelche Geschichten zu zwirbeln und auszuhecken, wenn nur nicht der
stumme, der ganz dumme Zeitdrang wäre, diese Hatz
quer Dasein und Situationen. Nanotaktend müsste
eine Stimme ins nano taktende Diktiergerät dies ra-
sende Potpourri für nanoflinke Hörer eingeben, ja, da
fällt einem schon mal ein, den Zeitendehner um
Dehnung von Biografien, erst recht von Historie anzuflehen. Der leider lehnt ab. Behauptet von einem
inneren Triebwerk abzuhängen, dessen Lauf nicht er,
sondern wer weiß wer bestimme. Weiterhin hält er
das Gedächtnis nicht wirklich für ein chronologi-
sches, ganz zuverlässiges Logbuch, vielmehr nur sehr
bedingt stelle es ein zeitgeordnetes, einsehbaren Ord-
nungsmustern verpflichtetes Konservieren dar, tatsächlich irre sich der Besitzer über Art und Wert des
inneren Bestands, in dessen Labyrinth er sich oft genug verirre. Ein Lotse muss her! Der hätte, wo Erlebnis und Erfahrung lagern, seine Hafenhütte, anbö-
te Sprungbrett oder Kahn, um vom eben Gesche-
henden und vom bereits Geschehenen in das bunt

wellende Meer der Assoziationen zu tauchen. Da ruft
was, da locken Früchte des zerebalen Irrgartens, einerseits zielverwirrt umher schweifend wähnt man
sich andrerseits auf heißer Spur. Konsensgeflechte
wer weiß vernetzte Niederlagen. Fetzen Schrapnells
ins Szenengewirr. Petrischale Handzittern Scherben
Kristallisation, am Boden sieh! ein chemisch neues
Element. Haare kämmen haarlange Nudeln Schreck
der Nudelsuppe. Einem ists im Augenblick mehr
nach pfirsichsamtenem Fruchtfleisch als nach falten-
haltigem Schrumpelrumpf. Hammer haut Schrank
den Spiegel kaputt. Steinwurf getan muss der Talker
bildsplitterndem szeneknüllendem Wellengang tausend Einbildungen widmen, dann dem Ungreifbaren
hinterher rennend gerät er in Friendly Fire, Geschoß-
hagel der andern. Handy am Ohr. Foto am Auge.
Finger scrollen übern Touchscreen. Daten abgestürzt
verrauscht alles, was man um gottslebenswillen auf-
bewahrte. Aua jetzt, Fingerschmerz Rosenschnitt,
arrogante Reklame kreischt Janis singt Joplins Balla-
de. Stilkrips beinstraps zucksüß Sorgencafé beim
Frühelefans. Den Ball so, kann man auch so, wird
man aber so werfen. Spielzüge. General Bonakarte
jagt Ameisen Laufkäfer Skorpion Spione unterm Sta-
cheldraht durch. Fass! Pack! leuchten Christbäume
der Bombensaat. Saatverliebt ärgern Schnecken den
Gärtner. Kinder schwanzab reißen in Stücke. Stück-
gut angekommen scherbt chinaschlitz Pillzellan ra-
siermessert Bunuel Auge unbeschert Tagsbart. Unbe-
schorft Athener Spartaner sauriespur sputniksand
scheinim Sonnsteingebirge. Adressiert an. Ball
kommt rüber. Wurfkreuzen geht Schwung geht Kör-

per Genie Glück dazwischen den Korb treffen. Zieh keine Schnute, Zorn ist berechtigt, Wut ist es nicht. Regeln maßregeln das Ungefähr, die gefährliche Regung, den Ausbruch des Vulkans. Im Falle dass Götter kann man nix machen. Falls Spieler hin her Spielvergnügen Siegdrang auf ab Trainer Geldgeber. Ich der andre, wo Gold ädert, knirschen Sargnägel. Papst Nepoten Nachfolge des Herrn, pass doch auf, Pfründe und Ball gehen ins Aus. Kein Frontal, keine Flanke, in den Rücken spielen kanns bluffen, wer ahnt, was die Wüste, nur Darwin, das hat nen Eckstoß verdient! Strafstoß, Hand an die, sag bloß nicht Wasserpistole, Pass auf die Füße! Grenzüber Länder Gewässer Gebirge, Balletteusen Stepptänzer auf dem Seil balancierende Fußgänger, das hätten sich Schlangen nie einfallen lassen. Aug in Aug, Konzepte Strategien, mit Waffen fuchteln, antäuschen Ellbogen kniestoßen taktisches Foul. Zuschauer lebenmixen Leidenschaft Nationalstolz Spielverstand Bewunderung Gegnerschaft, wer hat nicht Angst vor der Pleite, wenn im Geduldspiel die Kugel ins Ziel rollt, gehts ab in den großen Rausch. Wir haben gesiegt! Was sagen Besiegte, was sagen Fans Waffenhändler Schauspieler Hundebesitzer Gartenzwerge dazu, die Großwetterlage steht auf Defizit, dagegen das Minifitzelchen Leben pliert vor Kummer. Im Bewusstsein, alle zusammen unterwegs zu sein, hatte man gegenseitigen Anblick nicht entbehrt, folglich Unsichtbarkeit der Mitreisenden kaum beachtet. Umso aufregender, dass Erscheinung jetzt zurückkehrt. Indessen der Anblick erschreckt, so bleich hohlwangig knöchern hat zuvor keiner ausgesehen! Am ärgsten hat es

Dickmadame getroffen. Von allen die Knochen umhüllenden Fettfleischlagen befreit hängt die Haut faltig sackleer herunter, unvorstellbar, dass da je eine stabile Form gewesen wäre. Angestrengt einander musternd versucht man herauszufinden, wer denn wer wäre und wie derselbe, dieselbe sich verändert hätte. Erschwert werden solche Studien dadurch, dass die jeweilige Erscheinung, wie man nun merkt, nicht stabil, sondern offenbar dem Zeitflug entsprechend in weiteren Wandlungen begriffen ist. Und als gehe von dieser Feststellung ein Signal aus, steht die Werdeprozedur von jeder Rücksicht ab, agiert in den zur Verhandlung anstehenden Objekten derart willkürlich, dass die Beobachter etwas zu meinen oder zu mutmaßen aufgeben. Es ist eben so. Vielerlei Merkwürdigkeiten hinzunehmen hat man geübt und gelernt, so dass man nun auch diese auf sich beruhen lässt. Ein Kommentar des Zeitendehners gibt Hilfe. Nachdem man in forciertem Tempo alle bekannten Perioden durchquert und in der Zeitschleife kehrt marsch gemacht habe, nehme man den Rückweg jetzt hinterm Zeitglobus herum. Man werde, die komplette Schleife abfahrend, auf direktem Weg am Startort, so ins Starsignal einkehren. Wegen rückseitenbedingter Deformation von Selbstbild und Umgebung sich den Kopf zu zerbrechen, erübrige sich, weil, Zeitlinie in voller Länge abwickelnd, müsse man sie einschließlich aller Lebensfäden, Biografien wiederum aufwickeln, rund wickeln und kreuz quer wickelnd zum Knäul konzentrieren. Dadurch würden nicht nur Vergangenes, Gegenwärtiges, Kommendes, sondern auch alle Vorstellungen, Einbildungen, Wahrneh-

mungen durch und durch gerüttelt. Also liebe Fahr-
gäste, wundern Sie sich nicht! Ein langer Stecken,
vermutlich die Gesprächsleiterin, hat währenddessen
nicht aufgehört, in der sonst völlig entleerten Umgebung umher fliegende Bälle und deren Flugbahn zu
kommentieren. Nein, nein, doch nicht da hin! Bravo,
eine gute Flanke. Wo sind die aufnehmenden Spieler,
lernt Ihr das nie? An die Latte, zum zweiten Mal an
die Latte! Aller dummen Dinge sind drei. Gib endlich
ab, Du kommst dort nicht durch, hier stehen zwei
frei und zum Einschuss bereit! Legt mir den Ball
rüber, hier ist eine Gasse. Meingott, da kann ich lange
rennen, wenn man das Zuspiel vergisst! Während dieser Reportage implodiert die vormals dicke Dame.
Als stelle der Raum nicht nur eine einzige Leere dar,
sondern enthalte in sich viele gesonderte Nullstellen,
scheint jene in eine Leerefalle geraten, die das Nichts
nichtiger Füllungen beraubt, es doppelt vernichtet.
Das Hängegefält jener kriecht in sich selbst hinein,
hinterlässt nur einen momentanen Fleck, der ins Gedächtnis von Betrachtern tauchend dort sein weiteres
Entschwinden betreibt. Nicht anders ergeht es den
Flugpersonen. Was sie sagen, fühlen, denken, alle Stationen Momente Zeitabschnitte, was sie sich fragten
oder von Figuren der Historie zur Auskunft erhielten,
erweist sich hier als wirres Spiel. Gilt Leben als Ganzes oder als zufälliger Ausschnitt, soll es Puzzle heißen oder auferlegte Rolle, macht es nur Station auf
einer viele Leben währenden Seelenwanderfahrt? Wie
immer. Alle Überlegungen stürzen, von Raum Realität verstoßen, ins Gedächtnisinnere, um dort weiter
stürzend jeder Gewissheit verlustig zu gehen. Wär das

am Ende, wenn der Lebensfaden reißt, ganz und gar vernichtet? Danach Befragte stören sich am Fragezeichen. Wissen ja alle Bescheid. Zumal der Pastor, der Seelenhirte, jeder vom instanzobersten Distanzwahrer Beauftragte. Ebenso Arbeitgeber, Steueramt, die Gegner von damals. Bestens informiert sind die Platzanweiser. Karten vorbestellt? Loge, Rang, Parkett oder was? Lebhafter Andrang, meine lieben Herrenschaften und Damenschwatzkommunen, vor Stadien Arenen Pilgerheimen. Es drängt massenweis zu Krematorien, Flughäfen, Bahnhöfen, und endlos schlängelts, platzrangelts vor Jenseitsportalen, Rekreationsanstalten, Umschulungsfabriken. Am Fuß riesiger Seelenhalden sind die Büros der Zukunftsberater hoffnungslos überfüllt, und das, obwohl jede Menge Hilfskräfte eingestellt, obwohl zusätzlich Automaten zwecks Selbstbedienung erst einzeln, dann im Pulk, dann in langen Reihen, schließlich in mehreren Großhallen installiert wurden. Die Werbung spricht vom vernachlässigten Proletariat, propagiert einen Großangriff auf den Bildungsmangel. Hört alle zu! Sind erst die Propheten tot, haben die Vasallen das Wort. Hämmern den Hiesigen täuschende Wahrheiten ein. Drohen als Tods Bediener, die Widerspenstigen übern Zeitfluss ins ewige Vergessen zu schippern. Weg damit! Einsichtigen püstert man ins Ohr: Gebt nach, dann dürft Ihr ans Ufer zurück. Drücken Sie bitte roten Knopf! Wirklichkeit ist eine Bedarfshaltestelle. Spielen Sie den Ball, den man Ihnen zuwirft. Fragen sie nie, wer werfe, die Wahrheit pulst im Herz. Die Platzanweiser für Himmel und Hölle, die Wegweiser vor Arenen, Bewerbungsbüros, Umschulungsanstalten geben ausführlich Bescheid. Nähere Auskunft erteilt ein amtliches Informationsblatt. Automaten finden Sie überall in der Region. Wollen Sie aussteigen? Drücken Sie den roten Knopf! Das Hämmerchen neben dem Ausgang ist für den Notfall. Schlagen Sie nie wegen einer Vertrauenskrise die Scheibe ein! Während der Weiterfahrt stürzt - Was Wunder, dass es nicht längst passierte? - die heilpädagogische Dame in eine weitere, vom schwarzunendlichen Leereraum angebotene Leerefalle. Willkommen im Fallschacht! Kein Kommentar. Die Zeittouristin wider Willen allerdings befürchtet, den Anschluss an die Reisegruppe zu verlieren. Momentan interessiert sie, ob sich aus der Leere, Geburtsort für Intuition, irgend Nutzen ziehen lasse. Sorgfältig notiert sie alle Scheinbarkeiten auf einer nicht vorhandenen Gedächtnisseite. Ginge das verloren, folgte aus dieser Nichtigkeit nichts Schlimmeres als nichts. Das betrifft auch die Exkursion auf der Zeitlinie. Vorläufig aber feiern Sinneswahrnehmungen Triumphe. Überraschend zurück gekehrt verdrängen sie den fragend antwortlosen Schwebestand mithilfe tastbarer Gegebenheiten, mit Realität eben. Im Schacht kommt das vertraute Sturzgefühl nicht auf, und obwohl sich die Leere unglaubhaft dehnt zugleich widersinnigerweise Erscheinungen zulässt, pocht alles darauf, verständig und mit dem üblichen Beifall fürs Tatsächliche wahrgenommen zu werden. Es fließen, es fliegen neblig schwammige Figuren umher, die im Augenblick der Annäherung bis ins letzte Detail präzise Gestalt annehmen. Auch deren vage, flattrige Bewegung verfällt dann in strikte Gangart, mündet in exakte Körpergesten, so embryoahnt die Mutter ihr kommendes Kind, das, wenn es geboren wurde, als realer Körper gestreichelt und liebkost werden will. Bei einer ersten Begegnung mit einer lebhaft andringenden Figur hätte es schmerzhaft ausgehen mögen, denn die, nach Ausstattung, Aussehen eine Art wachhabender Krieger, schien den Auftritt der fremden Falldame verhindern zu wollen. Indessen verstummte der Ansturm in einem sehr weichen Prall. Während sie darüber nachdenkt, nähern sich weitere, allerdings weniger militante Gestalten. Kommen so dicht heran, dass man Details der Bekleidung, Stoffart bis Naht: dass man Hinweise auf Haut, Alter Verschmutzung Porenbestand: dass man Verschlüsse Haare und mehr genau prüfen, aus dem Ergebnis Schlüsse ziehen kann. Währenddessen federt ein Luftpolster zwischen den Neugierpartnern jede Anrührung, jeden gegenseitigen Andruck ab, und die empfindlichen Köpfe sind, in unsichtbare Polster gebettet, vor heftigen Stößen geschützt. Demnach bremsend und stoßmindernd antwortet der ungestümen Annäherung eine zwischengelagerte Substanz. Dann während gegenseitiger Überprüfung stagnieren körperspezifische Aktivitäten, die dann erneut in Gang geraten, etwa im raschen Abgang oder in worteifrigem Orientieren oder in kämpferischem Krafthandel, notfalls ruft ein Wink randwartende Wächter zu Hilfe, mögen die der Sache auf den Grund gehen, im Streit vermitteln, Verdacht erregende ganz widerspenstige Figuren gemäß Methode Samthandschuh abführen, bravo, immer um Gewaltlosigkeit bemüht. In der Leere vom Zeitdrang befreit widmet sich die Absturzdame weiteren Beobachtungen. Studiert im figürlich auflebenden Nichts verschiedene Treffen, in denen jede Annäherung entsprechend Blinkzeichen auslöst, Achtung, etwa Freund Feind, Bekannt Unbekannt, Verdächtiges aktiviert Rotblitzer, Gefahrlosigkeit zündet einen sachten Wunderkerzensprüh, gelingt friedliche Kontaktnahme, verharrt der Sternregen bei Sparlicht, um nur bei Gefahr, Missmut, leidenschaftlicher Eruption ein deutliches Warnsignal zu blitzen, je nach Art und Grad in verschiedenfarbiger Ausführung. Anhaltende Beobachtung von Gesprächen gestattet, aus dem Lichtspiel deren stilleren oder dramatischen Verlauf zu lesen, gemütliche Phasen von herzhafter Aufregung, von Vulkanausbrüchen zu unterscheiden. Ganz besonders interessant zu verfolgen ist, wie eine von Person zu Person den Akzent wechselnde Bemühung um ein zuträgliches, beide Parteien befriedigendes Ergebnis sich voran arbeitet, ob und wie es gelingt, Trennendes zurückzustellen und ein Gemeinsames anzustimmen. Die laufende Beobachtung ruft, aus welchem Untergrund auch immer, eine von der Dame dereinst abgetriebene Vision hervor. Es handelt sich um die bestechende Idee von einem die Menschheit leitenden und formenden Geist. Enttäuscht vom unablässigen Scheitern der Idee und traurig traurig, dass Erziehung, welche den Radius des praktisch Notwendigen zu überschreiten versucht, in der Kreatur zurückstaut, hatte die Dame sich von dem schönen Bildnis distanziert. Kreatur will, kann, kommt übers alltäglich Unerlässliche selten hinaus. Wunderbaren Träumereien von Einheit und Frieden hält die Natur unbarmherzig entgegen:

leben! das Leben erhalten! nach Wohlsein, Glücks-
dauer streben! Unnachsichtig wartet Natur auf mit:
begrenzten Revieren, Mangel an Rohstoffen, mit
Konkurrenz, Neid, Machtbegehr. Unterm Druck von
Natur kommen wenig Starke, Rücksichtslose, vom
Geschick Begünstigte mit List und Geschicklichkeit
voran, während große Massen in Armut, Unvermö-
gen, Schwäche zurück hängen und, vor Gewalt ängstlich duckend, die Straflager Abhängiger zuverlässig
mit Nachschub beliefern. Soll man also Sklaven den
Aufstand lehren? Und wenn sie sich erheben, wie
wären die Ungeübten zu vernünftigem Herrschen
anzuhalten, wie für jene schöne Idee zu gewinnen
und zu deren Realisierung instand zu setzen? Tau-
sendmale versucht ists tausend Male im Müll gelan-
det. Traurig macht das, mutlos und verbittert. Der
Lehrer möchte da nicht länger Lehrer sein, gar den
Genossen Geist spielen, der verliert ja schon beim
ersten Würfelwurf. Beruhige man sich. Die Leere im
Leeren erlaubt beliebig zu schweifen, zu ruhen, zu
eifern ohne Folgen. Dem Zeitdrang, dem Nutzzwang
und jeder Not enthoben schwebt die Fallfrau zwischen Figuren, Schatten von Figuren und Dingen,
zwischen schattenlosen, ganz unvollständigen, zu
nichts einladenden Szenen auf und ab, hin und her,
bis Klopfzeichen sie aufschrecken. Etwa die andern?
Steht die Rückreise bevor, für wen, wann, wo, warum
und wohin? Eine Stimme. Sie klingt nach Sokrates.
Der war nicht mit von der Partie. Will er jetzt ins Café laden? Will er Madame aus diesem Loch im Leeren
hinüber locken in den bistrogemeinsamen Kokon?
Nebeneinander am Tresen schlürfe man das übliche

Heißgetränk. Wo bist Du gewesen? War immer hier, an Deiner Seite. Du träumst mal wieder. Hinter Madame die Zeitwand, schwarz schwarz, verrät mit keinem Zeichen, dass die Entbehrte woanders gewesen sei. Nach vorn schwenkend versperrt die Wand, Tafelbild, die Sicht, Kreideschrift gibt zu lesen: Ich bin hier. Vor uns liegt die Zukunft. Lass uns Kaffee trinken und über Künftiges reden. Sokrates belustigt: Als gute Freunde sollten wir zusammen bleiben. Falls Dir Vergangenheit fehlt, ich kann Dir mit meiner aushelfen. Das verändert die Zukunft kaum, hilft aber, sich im Künftigen besser zurecht finden. Die Dame, erklärend: Mein ABC beginnt bei O. Danach stehen mir alle folgenden Buchstaben zur Verfügung. Worte, die mit O beginnen, fallen mir haufenweise ein, doch die meisten dieser Worte kann ich nicht zuende schreiben, weil mir die vor dem O liegenden Buchstaben fehlen. Sokrates legt den Arm um sie: In Deiner Haut möcht ich nicht stecken! Komm. Ich leih Dir meine, die von diesem und allen anderen Leben. Sie spürt, wie die Leere, Höhlung im Nichts, voll läuft, wie sie unter Sokrates liebevollem, ihr Reisegedenken verdrängendem Blick sich mit Zuneigung füllt. Leben, warum nicht. So oder so ist keiner Herr über dessen Ordnungen und Bedingungen. Die Dompteuse winkt Sokrates heran: Ihr Goldschatz ist wieder da! Sie reicht ihm den zappelnden Fisch.

VIII. STATION AUF DER ZEITLINIE

RASCH WECHSELNDE LANDSCHAFTEN. Auf eine helle folgt eine dunkle, die dann in Farbschrapnells explodiert, deren Nachklang schluckt fernher ankriechende Trübe. Schwermütig breitet sich ein Teppich eintöniger Steppen aus. In deren Grauhimmel schleudern hinterm Horizont herauf schiebende Gebirgskulissen blauhaltige Farbschleier, eisige Kristalle wachsen drin und gravieren ins blau Totale feine Blutspuren, vielleicht Sonnenerhebung oder der Abgesang jener Leben heizenden Kugel. Kann auch sein, am Fuß von Kaukasus Hindukusch Fujiyama eröffnet das Inferno mit Stadt Land verschlingenden Feuerbränden ein Fest, dem Volk bleibt da nur wenig Zeit zum Feiern, denn schon umkesseln Flüsse, Ströme den Brandherd, tilgen das Geflamm in schweren Wassern. Meer, Meer! Erdweit wogend sagt es Nachfragen, Zweifeln Adieu, erklärt, an die Füße schwappend, knieauf steigend, Lippen salzend, dass es gleich übern Scheitel schlage. Marie Tussaud bekommts mit der Angst zu tun. Offenbar stimmen Berichte, wonach an Polen, Gletschern lagernde Eismassen abtauen, wonach Wind, Feuer vielerlei Materie entwässern, wahr scheint, dass Tauwasser, Regenstürze sich in den Senken sammeln, so den Meeresspiegel anheben. Ihr, der Toten, ists egal, doch fürchtet sie im Zuge solchen Eisabbaus auch den Niedergang von Ruhm wie den Hinfall der Gedächtnisse. Erbarmungslos macht sich diese, jene Erinnerung davon, das nimmt Madame längst hin, dass aber ihre Wachsfiguren, Gedächtnisstützen, nun durch den Abgang einiger Exemplare das Verlustiggehen so unübersehbar demonstrieren, macht ihr zu schaffen. Sie muss handeln, weiß sich, auf Bewahrung und auf Rettung zu sinnen, verpflichtet. Spielfreudig mit Kinderlust war sie einst erste Wachsproben angegangen, sie hatte sich fürs gelungene Debüt gerne loben und zu weiterem Ruhmerwerb befeuern lassen, dann aber wandelten Besucherströme und Erkenntnis vom menschlichen Vergessen den Spaß und die spaßige Anerkennung in pure Verzweiflung, denn dem Schwund der Gedächtnisse war kaum etwas entgegenzusetzen. Sich dennoch einer Gegenwehr zu verschreiben, gleicht jener Verzweiflungstat, die man seinem Gewissen jenseits von Erfolg zu schulden meint. Also hatte sie ihr Vorhaben an Erben weitergereicht in der Erwartung, dass man die Idee der Gedächtnisstützen pfleglich behandeln und sinngemäß fortsetzen und ausbauen werde. Muss sie handeln? Ihr Totsein gebietet Tatlosigkeit. Immerhin gelingt ihr, in einer Lebeperson, deren Herkunft aus dem Tussaud zwar sie, nicht aber die Betroffene kennt, Wohnung zu nehmen und sich deren Daseinsvermögen zunutze zu machen. Wechseln da Landschaften rasch? Im Inneren der fürs Ersatzleben angemieteten Transportpsyche nimmt sie zunächst deren Spur in der Vergangenheit auf. Was einige Mühe beansprucht. Ganz unerwartet stößt sie entsprechend ihrer umfangreichen Wachsproduktion auf mehrere Retros von Daseinslinien, landet in Korsika oder Rom, in Italien oder Holland, eh sie über Paris nach Warschau findet. Hier wurde jene Person, weiblich, in ärmliche Verhältnisse hinein geboren. Zwei markante Punkte notiert die Untermieterin in betreffender Lebensbahn. Einmal an deren Ende, wie es sich gehört. Und einmal etliche Jahre nach dem Tod der Vermieterin zum Zeitpunkt von deren wächserner Replik, ihrer quasi musealen Renaissance. Zwischen diesen beiden Marken wäre die Verbindung, falls aufgezeichnet, gestrichelt zu denken, da sie nicht Leben, sondern dessen Gedenken betrifft. Was hinter der zweiten Marke, Tod, nachkommt und allen nicht dem Museum entflohenen Figuren abgeht, beginnt mit einem Geburtsstern, führt dann wie alle Lebensgänge in deutlicher Biogravur dort hin, wo die Linie in Ermanglung betreffender Daten das momentane Jetzt ohne Sterbemarke beschließt, heißt, die Linie müsste Tag für Tag bis zum endgültigen Abgang nachgetragen werden. Die Tote verspürt Mitleid mit ihrer Gastgeberin. Schrecklich fühlt es sich wohl an, in bewusstloser Verfassung dem Grab entstiegen zu sein, um dann, dem zweiten Todesstatus per Flucht entrinnend, ein wiederum bewusst wahrgenommenes, jedoch seines Vorspanns beraubtes Leben zu führen. Und obwohl dem neuerlichen Daseinsasyl Kindheit, Jugend fehlen, so ohne diese wesentliche Erfahrungsstütze auskommen muss, erwirbt es sich durch nachgetragenes, quasi auf Welterinnerung bauendes Lernen nötige Kenntnisse, um die riesige Lücke einigermaßen überbrücken zu können. Die mehreren ähnlich begründeten Spurverläufe der übrigen Flüchtlinge leisten, obgleich extrem verschieden, dasselbe. Dies zur Verwunderung der Toten. Zu Schweigen und Tatlosigkeit verdammt wurde ihr ja Wahrnehmen, gezieltes Beobachten nicht versagt. Nun über die Gastgeberin erlangt sie Zutritt zum Talk. Bis auf

Sokrates, den sie gern in Wachs geformt hätte, und den Kustos, der nach ihr kam und eine, wenn auch nur wächserne, Verewigung keinesfalls verdient, und bis auf die Anleiterin: Fragemeisterin: Dompteuse sind alle solchen Neuasylanten als Tussaudfiguren zu erkennen. Landschaften? Nein, Psychen. Jede Person, jedes Schicksal, jede Erscheinungsgestalt eine andere. Mal dunkel, mal hell? Mal explosiv, mal schlapp? Mal Feuerland, mal Wasserwüste? Die Tote vermag anzurühren, das Angerührte im Gedächtnisstrom zu markieren, das jedoch spüren und dem Gespürten wörtlich oder anders Ausdruck verleihen kann nur die Vermieterin. Auf dem Grenzstrich zwischen Alltagstrubel und Schlafohnmacht geschieht das. Wachs à la Tussaud? Nein, Nachbild einer lebendigen Einbildung. Wachen Träumen Erinnern. Stöbern die Sinne in gedächtnisrauschenden Werweißwo-Ländern, unterm Bewusstseinsniveau, überm Gedankenstrich? Sag doch mal: Wir wissen es nicht. Licht, Licht! Das Licht denk dir als Tier, das durch die Gegend streicht, mal schattend irgend Dingen den Namen raubt, mal hell aufbäumend die Nacht in Dingschluchten spaltet, Licht, das hier über schrundig klebrigstumme Mondballen silberkrakelt, das entziffre wer will, Licht, das, wer hörts, dort die Stangenwälder sturmrüttelt, aus morbiden Gerippen, wer siehts, farbtolle Früchte schüttelt, wem schmeckt das denn! Durch Geburt zum Fragezeichen Berufene fordern zum Behaupten Geborene in den Ring. Die Wahrheitsrufer verteilen säckevoll Chaosleichen, und ihre Atemzüge versteinern leicht zur Dauerlüge. Sieh, das Tier speit Gegenlicht! Rückt den Schatten einer Mauer heran. Da murrts und knurrts, warnt vor Annäherung, panischer Geruch, rührendes Geseufz, fleischiges Geschmatz türmen einen Wall, hinter dem, von jazzdancenden Spots erhellt, der Quell des Lebens lockt: Komm her! Das Tier springt auf die Mauer, die sogleich grell finsterkantet, da wetzen Lichtschwert, Schattenmesser einander zutod: Bleib weg! In der Szene kommen Tiere, Dinge nicht vor, von Licht, Schatten zu sprechen, führt in die Irre. Niemand bemerkt eine Mauer. Jeder hofft auf Durchlass. Wär besser umkehren? Indem man den Weg zum jetzigen Standort zurückschaut, strömt es dem Blick vom Ursprung her zunehmend heftig entgegen, von gegenflutendem Geström, ja! wird man umgerissen, mitgerissen, gegens Gemäuer geschleudert: Kein Retour! Man hat sich ja aufs Spiel eingelassen, hat Würfel geworfen, ist ans Ziel gelangt. Lang ehe die Mauer in Sicht geriet, erinnert sich die Tote, war deren Zuruf zu vernehmen. Klang das wie Aufforderung, dem bunten Daseinsreigen sich hinzugeben, klang das nach Ermutigung, Unfall, Krankheit, Dunkelzeit zu überstehen und, wenn es im Wundsein kratzte, knurrte, grummelte, nicht plötzlich zu japsen und zu jammern zum Steinerweichen. Das Tier hat Freigang. Wo und wann immer es erscheint, einmal, hundertmal, tausendmal, erleuchtet es jeweilige Szene vor der Mauer, wunderbar, Leben Welt Leute Abenteuer Gewinne. Du hast kräftig zugesetzt! wird man bewundert, während das Tier schnurrt säuselt lichtgoldet, so macht es die Mauer vergessen, obwohl hinter all dem Wunderbaren davor diese Sperre unübersehbar schattenragt. Die hartnäckig wahrgenommen werden will: Es endet hier, ein für alle Mal! Wann wär denn das letzte Mal? Dann, dann. Gottlob erspart diese karge Botschaft jede Nachfrage. Vergiss es! Ja, bitte. Gern bleib ich der Mauer fern. Im Dingmeer wogt es derzeit so wunderlich, dass man hinein will drin baden, im Wellenstrudel wühlen, Farbschauer Duftwolken, Zungenschmackes genießen. Wer wills nicht! Momentan sind alle Dieselben im beglückten Haufen. Anders bedrängt nachts der Bewegung hindernde Einschluss, in Traumwahn gebannt und schlaftödlich eingesargt ersehnt man das Morgenlicht, mögen darin die düstern Visionen verblassen! Es hüpfe das Tier übern Horizont, sonnenfroh: Kommt und spielt mit mir! Der Toten aber geht nicht aus dem Kopf, dass das Tier irgendwann bleiben, nicht mehr von ihrer Seite weichen wollte, dass es sich, schwarzes Tuch, um den Körper rollte, so die Fluchtwillige am Fuß der Mauer festhielt. Ja, die Mauer war da. Blieb deutlich zu sehen bis dann. Dann? Dann! hatte es geheißen. An Grabes Rand folgerte die Untermieterin: Dann ist jetzt.

WEIT VORGEBEUGTE KÖRPER, die hinter vorgestreckten Armen, hinter Händen mit welk windflatternden Fingergebinden ihr einst standhaftes, inzwischen zum dürftigen Altersasyl herunter gekommenes Imperium zu schirmen suchen, bewegen sich auf die Talkrunde zu. Nein, schrumpelhutzlige Dörrfleischbrocken sind das nicht. Noch färbt Blutfluss gewisse Teile, Wange Nase Ohrmuscheln, noch plustern Fettlager, wenn auch ungesund, in hautschlaff hängenden Partien, Faltiges kerbt Schattentäler, wellt auf zu

Bergzügen oder strichelt kleinteilig um einsackende Augenzonen, ab und zu treten Knöchel, Sehnen, Adern, den Eros enttäuschend, aus ihrem Fleischversteck, Skelettdepression, Knorpelschwund führen zu krumm fallender Haltung. Starrgliedrig oder weichschlapp oder wacklig stotternd scheint das mehr zu kriechen als zu gehen, auf jeden Fall kommt es, ohne Geschick doch unverzagt, näher. Mit Störungen im voran tastenden Trend. Hintere Körper dieser Neun oder Zwölf oder mehr verweigern die Vorneige, manche der Köpfe hinten, das Voran gegens Herkommen tauschend, knicken übern Rücken statt brustüber nach vorn, Lauscher drehen sich so, dass sie halbseitig orientiert von vorn Tönendes besser hören. Vielleicht sind die Alten blind, dann gründet ihr Körperstammeln nicht allein im desolaten Hinfall der Körpersubstanzen, sondern beruht nicht weniger auf Blickschwäche oder gänzlich eingebüßtem Augenlicht. Hätte jemand angesichts dieser Aufführung vage an Karikatur oder Satire gedacht, scheint die nun folgende Anordnung und Reaktion der Talkteilnehmer seinen Eindruck bestätigen zu wollen. Nämlich deren Runde öffnet sich, bildet der Altenfront vis-à-vis eine Reihe, eine Art Empfangskomitee für die erwartete, mindestens inzwischen bemerkte und akzeptierte Näherung des greisen Pulks. Das auffällige Arrangement suggeriert dem Beobachter, dass die einander gegenüber liegenden Fronten, Gesicht zu Gesicht, sich dazu herausgefordert sähen, im Gegenüber eine teilweise oder umfassende Widerspieglung ihrer selbst, wenn nicht zu erkennen, so doch zu ahnen. Suggestion oder real: dem Arm, Hand, Finger wedelnden Schutzwall der Ankömmlinge tasten etliche Fühler vorweg, teleskopische Spürhunde, die, nach kurzem Anrühren der Spiegelgegner zurück schreckend, erneut und jetzt energischer vordringen. Indem die Fingerspitzen der einen Gruppe auf die der andern, inzwischen mit gehobenen Armen Gegenwehr bietenden Talker treffen, um sich mit diesen zu vereinigen, erinnert das an eine Wasseroberfläche, welche nach Kontaktnahme zwischen Realität und Spieglung deren ineinander Eintauchen deutet als Ursache und Wirkung verschlingendes, alles vergessen machendes Phänomen. Zwei wird eins wird zunicht. Offenbar der Wahrnehmung zuliebe verläuft die Aneignung per Spiegel als langsamer, gedehnter Prozess. Vom Verschlungenwerden unmittelbar bedrohte Teile, Finger Hände Arme der Talker, verändern beim Übergang in jene Altersglieder das Aussehen, entlang einer Markierung etwa weicht stufenweise das Blut aus seinem Fleischlager, entfärbte Teile werden von Hautschrumpel überschauert, Trockenblässen, Deformation drängen noch ungestörte Partien armaufwärts, körpereinwärts, während das befallene Remember dahinter vergeht. Auch hier macht sich eine der Wahrnehmung dienliche Dehnung bemerkbar. Indem die Gesichter der Talker ihren Realschein an der imaginären Spiegelgrenze eintauschen - Gegen was denn? - erblicken sie grenzjenseits anstelle erwarteter Mumien, Wasserleichen, Verfallsdokumente ganz showpräsente Figuren. Erblicken diese nicht nur, sondern werden, vom fremden, ganz abweichendem Aussehen nicht abgestoßen, von Figur zu Figur mit jeweils einer bestimmten Gestalt einig, wechseln also in diese hinüber. Totschlag Lichtaus Dunklung. Mitbringt der ins alte Gehäut einschlüpfende Gast, was talkzuvor längens breitens geredet wurde, was, zum Wortknäuel geknüllt, sogleich verklingt. Die alte Schlangenhaut abstreifend betritt der renovierte Gast ein unbekanntes Land. Es braucht weder Führer noch Einladung. Obwohl durch ein Gewirr ständig aufnahmebereiter, mit dunklem Wähnen, mit hellem Anschein lockender, mit Leutestrom, mit bunt schilderndem Kaufangebot sich anpreisender Wege voran dringend, erreicht man auf zuverlässiger Spur das anempfohlene Gebäude, zwar mittendrin, doch nicht auffällig in der Mitte eines Platzes, jeder Unkundige würde es verfehlen, möchte es wegen des abweisenden Äußeren nicht für das Ziel halten. Irgendwer in der Gruppe, irgendwie die Füße, irgendeine Markierung im Hirn wissen Bescheid. In die alte, verwitternde, vor fünfhundert Jahren wohl ansehnlich provokante Steinfront ist ein scheunentorgroßes Holzfeld eingelassen mit kleinerem, doppelflügligem Zugang, eher dienstbotengemäß als herrschaftlich, mag sein, dass sich damals der Schutzgedanke aufdrängte, nachfolgende Besitzer beließen es dabei, muss man vermuten, dass hier nicht gerade repräsentiert und regiert wurde. Umso überraschender die Szene dahinter. Nach einer dunklen Tunnelpassage öffnet sich ein lichter und ausgedehnter Hof, dessen Fronten die vorn hinaus versagte Pracht sorgsam entfalten. Fensterreihen im Schatten von Bogengalerien halten, insgeheim neugierig, Distanz, die durchbrochenen Wandflächen machen durch Lichtschattenspiele viel her, die dem Zugang gegenüber liegende Empfangsfront entbietet dem Gast mit einem sowohl einladenden als auch Respekt heischenden Tor den ersten Gruß. Der Rahmen mit reichlich Steinmetzarbeit umfasst wiederum ein hölzernes Portal, das durch Gestalt und Schnitzerei auf Würde und Wohlstand der Gastgeber hinweist. Trete man ein und lasse sich von innerem Ansehen verwöhnen! Nun hinterm Portal zum weiteren Mal überrascht Anspruch und Gestaltung. Ohne großen Aufenthalt leitet ein hallenartiger, von Säulen mit schönem Schnitzwerk begrenzter Vorraum zur Treppe, die breit angelegt nach einem ersten Podest links rechts geteilt zu oberen Stockwerken wendelt. Sicher hätte den heutigen Gäste etwas mehr Zeit zum Schauen und Staunen gut getan. Doch indem sie den Fuß auf die Treppe setzen, scheinen sie einem Zauber verfallen, lösen durch ihren Antritt einen merkwürdigen Bann aus. Unter ihren Füßen plötzlich streckt sich die Treppe gerade, steilt je weiter oben umso mehr auf, reicht in unerklärliche Höhe und Ferne. Gleichzeitig erschwert sich den Stufengehern, je höher umso mehr, der Aufstieg. Wächst etwa das eigene Gewicht? Oder wächst die Anstrengung zu sehr? Schrumpfen die Körper unter quellenden Stufen, sackt da nicht die gegliederte Figur zum Klump, der klebrig batzend die Treppe dekoriert? Pfui! Hauswärter in Livree kehren, wischen, spachteln, um den zweifelhaften Schmuck wieder zu entfernen. Die Frage - Wo blieben, wo verbleiben die Gäste? - findet keine Antwort. Oder doch? Wären etwa die Szenen, welche sich nun in den Räumlichkeiten des umfangreichen Gebäudes entfalten, eine Lösung des Rätsels?

Einer oder eine hat sich da im Bett mühsam aus der Schlaflage hoch gerichtet, danach nacktes Beinwerk fröstelnd - Mensch über Bord! - an Land verbracht, hätte sich dann - Huch, ich Nachtschnecke - mit weißbleichen Schenkeln nacktschneckig auf den langen langen Weg zur Toilette gemacht, um dort zahnfauligen Atem gegen tubenquellende Frische zu tauschen, die nächtlich schweißduffe gegen eine tagstraffe Haut. Spiegel und Waschhand, die leider entdecken hervortretendes Geäder, Schrumpel Fettwülste Hängepartien, Ruf Ehre Amt, man wirds tarnen, hinter offiziellem Anstrich verbergen müssen. Wer mag denn von dummen Fleischbatzen regiert werden? Gern akzeptiert man Cremes, Stoffhüllen, Insignien, niemand drängt so nah ran, dass Poren Schorf Leibdunst auffallen. Innereien: letzte Pläne: weitreichende Gedanken: Furz und Lust der Monarchen muss kein Untertan kennen. Kennen müsste man die Tricks der Storymaker, wie sie an Nachrichtenbörsen spekulierend den Anfang roter Fäden, deren süßes, bittres Ende, Kapital mit hohem Zinsgewinn, ergaunern. Dem Zeitgeist, nicht dem Geist der Zeit, aber zeitgemäßen Parolen, Moden, Erwartungen verbunden. Der Talkgast am Tropf seines längst verstorbenen Gastgebers, Dichter Schriftsteller Journalist, lenkt von winzig tappernden Fingerkuppen um zu elefantengroßen Fußtellern, an denen Abgegriffenes, Fatales, Überraschendes hängen bleibt, Boulevard Schnittgut Banane Wollflusen Fahrschein Präservativ. Widersinn und Lücken, die Spekulanten machens klar und stopfens voll. Wo zur zerbrochenen Vase die Splitter fehlen, lohnt und lobt man die Erfindung des

Gewesenen. Treppensteiger, Batzen auf den Stufen, Relikte und Verluste und Versäumnisse, glücklich, wer die Ergänzung weiß, der Lebensgang sammelt Zufallssprenkel, der rote Faden hat kein Ende, am Ende ist jeder froh zu hören, wer man könnte gewesen sein. Auf der Treppe weit hinauf gelangt ist ihnen eine Geschichte dennoch nicht gelungen. Schreiber nur erzeugen die Jahrtausendnahrung. Einer probierts. Übers Gesicht der Geliebten wandernd zählt und zählt er. Kommt nicht weit. Denn tief aus dem Schlund schleudert ein Lachvulkan Weiß, viel Weiß übern Feuerrand, stoppt so die Zählaktion. Bei Brandgefahr kusslöschen! Gern, aber gern. Dies getan setzt der Liebende sein Zählwerk wieder in Gang, macht auf dünn besäten Landstücken Fortschritte, gerät jedoch infolge wachsender Partikelmenge ins Stocken, verhaspelt sich bei Nase Augen, wo nämlich die zarte Aussaat verdichtet. Rossmucken! Dieser Befall rosensprenkliger Sommersprossen entzückt den Zählmeister, andre haltens für krank. Beifall dagegen findet Wuschel, Weibs feurige Lockenpracht. Toll auch, wie aus rotrandiger Mundschütte ein glockenhelles, ein dunkel glucksendes Gelächter herausplatzt und dem eingeschlafendsten Faultier auf die Sprünge hilft! So weit gut geplappert. War es so? Tatsächlich sucht der junge Mann das Tussaudkabinett in der ungefähren Absicht auf, am Realschein einstiger Berühmtheiten deren Trugkraft zu messen. Leitbilder oft Leidfiguren. Dem Bruchwerk auf den Leim gegangen, gut gemeint hat man das Unheile zum Ganzen geleimt. Die unglaubliche Historie illustrieren mit Geschichten, gut lügt sichs mit Moral. Echte Kleidung, imitierte Ausstattung, wachsverlogenes Fleisch! Da entsteigt tüchtigem Handwerk die bestechendste Illusion. Derart raketet Neuronenschwang durchs Hirn des Besuchers, dass ihm der Auftritt einer Prachtausgabe von Jungweib entgeht. Später wird er behaupten, dessen einziger Wimpernschlag bereite jedem männlichen Gedankenkreisen ein Ende. So jetzt beim wächsernen Napoleon geschiehts. Will noch - Weg von der Totenschau! - dem kannibalischen Kaiser entkommen, sich jenem - Brust raus! Kinn hoch! Finger ins Revers! - per Streifblick übers schäbig alternde Outfit entziehen, derart vom berufshalber Totschläger hinüber zum nächsten Ausstellungsobjekt abwandern. Was misslingt. Nämlich exakt überm Herzfleck des Schlachtergenies begegnet sein Fluchtauge dem Geschau einer ganz anderen Kaiserin. Wow! Die Dame, Kunststudentin, bohrt ihren Neugierstachel in sein Gedankenmilieu: Hier! spielt die Musik. Die rote Karte für Gedankenflucht! Ihn per Haarwurf, Augenschlag betäuben: Was gucken Sie den Schlachtenheini so miesepetrig an? Nun gut, Kerl Napoleon kein Prachtexemplar nur ein Machtgeneral, er stimmt ihr zu. Angetan von Lautklang und Jargon der Dame bremst er zunächst die aufkommende Gefühlswallung aus, die, ahnt er, nachfolgend Schritt für Schritt ins Zentrum rücken und andre Regungen, etwa schlaumeiernde Gedanken, klein halten wird. Und obwohl seinem Gedächtnis so viel entfiel und entfällt, bleibt ihm für ewig erinnerlich, damals zum ersten Mal von weiblicher Strahlkraft derart getroffen und niedergeworfen worden zu sein. Im Augenblick lähmt ihn das Kreuzfeuer zwischen Verlautbarungen der Dame und eigenem Betroffensein und möglicher Reaktion, so schlagen alle Bemühungen, den keck munter vorgetragenen Ansichten der Studentin zu entrinnen, fehl. Nichts bewirkt seine Kritik am mageren Gedankenwert des aufkommenden Wortwechsels, stattdessen beeindruckt der zunehmende Ausdruckswert von Madames Präsenz, so blind wie besessen fühlt er sich einer unbekannten Regie unterworfen. Der es gelingt, Hilferufe ans Hirnvermögen katzeimsack im Herzpuls zu ersäufen. Von der unerwarteten Begegnung beeindruckt beendet die Dame ihren singulären Cantusvortrag, öffnet sich dem Duett. Hie Kunstsinn, hie sinnierende Gedanken beginnt man, einander fachlich offenbar nah, betreffende Überlegungen auszutauschen, während gleichzeitig im Frageantwortspiel wilde Gefühle umhergehen, an ziemlich irritierte Psychen kleine, immer größere Sprengsätze legen. So überhört man, von Kunstschwatz, Psychengeplänkel in Anspruch genommen, den Klingelaufruf, wegen abendlicher Schließung das Museum unverzüglich zu verlassen. Sucht, aufgrund innerer Explosionen nur halb bei Sinnen, mithilfe eines kargen Restverstands ein Versteck. Harrt in einer Nische auf den Abgang der Wärter. Ohne Bedenken von Nacht und Einschluss will man im stillen Museum sichs zuliebe und der Liebe zuleibe tun. Nacht kühlt aus. Wo wär ein Lager? Anlockt eine Installation bei Madame Pompadour, die Liebedienerin lächelt und lädt die beiden ein, auf ihrer weichen, landesweiten Kurtisanenliege dem Lustdrang nachzugeben. In einem abgehängten Vorhang überlässt sich das Paar dem Rat und dem

Zuspruch der Triebe. Bedenkt auch nicht weiter, was geschwätzige Romane und emotionsgeile Regisseure draus machen würden, die ließen - Film ab! - den Sex wieder mal dummdreiste Runden drehen. Hier jedoch unter Obhut von Frau Pompadour triumphiert die wunderbare Liebe! Ach Pompadour, fett gewordene Hetäre! Im Fond krispeln und rascheln mürbende Liebesbänder, Gelenke knacken und ächzen, haltlos scheppern Knochen im Gefüge, gleich legt die große Trommel los, dann werden die Skelette tanzen. Da, ein gebückt fußtapperndes Mannsbild, es wandert kurios klappernd voll Alterskrakelüren umher, zieht Knotenschrift, jetzige und vergangene Spuren, hintennach. Lauscht, ob was käme. Kommt was. Nimm mich mit! Das Kommende lehnt ab. Mal fragen: Kannst Du mir den Weg zeigen, nachhaus? Leider vermag der Bittsteller sein Zuhause nicht zu nennen, trippelt hin und her, weiß nicht, wiederholt sein Anliegen: Bring mich nachhaus! Fasst knochenfingrig den um Hilfe Gebetenen am Arm, so dass der, in der Meinung, jener sei sich über die Heimstatt ins Klare gekommen, gemäß Zugrichtung weitermarschiert. Vorläufig gibt sich der Klappermensch zufrieden, schaut sich aber desöfteren um, wendet dann den tiefliegenden, eher einwärts gerichteten Blick nach außen, doch weil die schweifenden Augen nirgends Bekanntes notieren, lässt der Alte sich vom auserkorenen Führer in der vorigen Richtung voranziehen. Seine sonst bunt gefüllte Hirnschale scheint leer. Weniger leer ist sie tatsächlich von angesammelten, konfusen Mengen schwer. Im verwachsenen Dickicht ziehen anonyme Gedankenströme, doch tatsächlich wär weniger ein Denken im Fluss, vielmehr zäher Frageschleim quält sich durchs Neuronengeflecht. Da rührt nichts an irgendein Ufer. Nach Auskunft des Arztes treffen sackvoll Fragen im scheinbar Leeren auf vagabundierende Ufersucher, halten diese für auskunftbereit, lassen sich also willenlos mitnehmen, geraten zwischen versuchter Anfrage und zufällig aufgeschnapptem Antwortfragment in immer raschere, in immer willkürlichere Suchbewegung. Einmal bat der uferverlorene Sucher ein Mädchen, ihm auf den Weg zu helfen. Die Kleine ergriff nach einigem Hin und Her die Flucht, der ist ja verrückt, aber weder die Mutter, der sie es erzählte, noch sie selbst mochten schließlich diese Erklärung billigen. Die Mutter hält es mit dem Mitleid. Also weiterhin fragen, eine Richtung vorschlagen, ein Stück Wegs begleiten, unterwegs Leute um Rat angehen und so in den Sorgenstrudel einbeziehen, hat denn niemand einen Einfall, so Verzweifelte kann man doch nicht allein lassen. Das Mädchen dagegen, total überfordert, will nichts als zunehmender Verwirrung entkommen, möchte gern mit Nachbarskindern spielen und streiten, nicht aber den krotzigen Alten jenseits Regeln, Sieg, Ende irgendwohin geleiten. Es tut weh. Man hat kein Wundpflaster dafür. Man stößt aufs dumm Unmögliche, denkste wohl, da muss man einfach weg. Angelockt von der Erklärstimme des Arztes, vom störrischen Gemär des Görs nähert sich die Lehr-Heil-Fall-Dame aus einem Winkel des Gebäudes. Dem Mädchen muss geholfen werden. Wenn die Mutter nur auf Mitleid setzt, wenn der Arzt keinen akzeptablen Heilraum schafft, sollten Berufenere das

Kind mit Wachsen, Werden, Altern inklusive der Konflikte bekannt machen. Kind! Wenn schon nicht verstehen, dann wenigstens eine Perspektive des Lernens schaffen. Kind! Wenn schon nicht wollen, dann den Zögling anschieben, dann und wann kräftig schubsen. Kinder verstehen Bilder. Märchen Fantasy Gleichnisse. Vom Herbst angerührt wirft der Baum seine Blätter ab. Prahlt winters verdientermaßen mit Reif und Schneegirlanden. In die Adern kriechend stockt Kälte jene Blutwärme, die zum Erleben trieb, die zum Sammeln reizte, so das Gedächtnis nährte. Angesichts schwächelnden Alters memoriert man noch einmal das Vergangene, denn am Ende, namens Sensenmann Knochenritter, ist der Tribut fällig, man entrichtet nötigen Zoll mit Vergessen. Aber: Guck her und hör zu! Bunte Erlebnissträuße halten das tödliche Schlusswort fern. Obwohl ihr der Gedanke nicht fern ist, dass ihre freundliche Vermittlung weder Mutter noch Mädchen erreichen und beim Nachwuchs bestenfalls eine augenleuchtende Erinnerung wecken werde, hat sie, als sie plötzlich unterbrochen wird, den Fortsetzungstext bereits auf der Zunge. Hinter ihr steht eine Frau in weißem Tuchmantel, Ärztin oder Pflege, will den bereits gesprochenen und einen etwa geplanten Text redigieren. Von Korrektur soll keine Rede sein, wird der Belehrdame mündlich und von zwei kohleschwarzen, dennoch leuchtenden Augen bedeutet, doch zu bedenken sei: neigt die Dreinrednerin den Kopf und lässt von der Stirntafel deren Bedenklichkeit ablesen: also vom Kind, und aufgrund ausbleibender Reaktion auch von der Mutter, dürfe man ein hinreichendes Verständnis nicht

erhoffen. Die Angeredete möchte ihre Kritikerin um-
armen, spürt Verwandtschaft, traut sich, die überraschende Nähe mit ihrem Einspruch zu unterstrei-
chen: Verstanden zu werden, liege ihrer Rede fern.
Wohl aber setze sie auf den Klang der Worte, auf
Zuwendung und Ernst ihrer Stimme, so vor aller
geistigen Einsicht auf eine vertrauliche Resonanz in
diesen ihr gegenüber liegenden Gefühlswelten. Setzt
die unterbrochene Rede fort. Es ende, sagt sie, man-
cher gesund begonnene Lebensgang schlagartig. In
anderen Biografien beobachte man Siechtum, langes
sich Hinzehren, wieder andere verzeichnen schon
todzuvor schwere Verluste, die zu überstehen wären,
da gehts in Krüppelgestalt sehr langsam aufs Ende
zu. Hierunter findet man solche, die plötzlich oder
allmählich ein Gedächtnisverlust befällt. Derart
schlich es jenen Alten, der, wie Deine Mutter sagt,
unser Mitleid verdient, tückisch an als Mürbung im
Hirn. Ärzte: nickt sie in Richtung des Weißmantels:
Ärzte beschreiben es so. Zum Depot oder Ort, wo
etwas aufbewahrt wurde, findet man nicht mehr hin,
oder man findet an bekannter Stelle das Deponierte
nicht wieder. Man kramt in Schubladen Regalen, vielleicht steckts im Papierkorb, die Irrgänge häufen,
bündeln, verknoten sich, Verlustangst schnürt den
Hals zu. Folgt Blutleere folgt Atemnot. Die Such-
kommandos erlahmen, und während man ins Unsichtbare tastend nur noch weitere Leeren spürt, spult
Kintopp auf dem Rücken der Angst ungreifbare
Schattenbilder des Lebens ab. Weder diesen Film zu
sehen, noch die Schatten zu fassen bekommen die
verzweifelten Gedächtnisjäger. Das Mädchen versteht

kein Wort. Was die Dame da redet, war ungehört niemand zum Schaden, richtet jetzt im Kopf nur Unheil an. Jene plötzlich hinzugetretene Ärztin erklärt. Beim Versuch, eine Leiter zu erklimmen, schwinden dem Steiger von Sprosse zu Sprosse die Kräfte. Irgendwo droben lockt was, kommt nicht näher und wird nicht klarer, paktiert mit nebelnder Einbildung, bald ist nur noch die allernächste Sprosse zu erkennen, warum also in solch ein Nichts sich hinauf quälen! Jener gedächtnisschwächelnde Mann wär doch scheißegal, so das Mädchen, ebenso Mutter und jene Rededame, gottseidank hat sich der Hausarzt verkrümelt, dessen Gequake war nicht auszuhalten. Schmeckt nach Grünkohl, Sauerkraut, Wirsing, wer mag solche Gemüse! Würmer mögen Äpfel, Maden fressen Fleisch, wer auf sich hält, bestellt die superdicke, extra große, optimal belegte, Prima Klasse Pizza oder lässt sich von den Eltern zum Brunch einladen. Penne vorbei gehn ältere Schüler auf Streife, in der Mensa gibts billig was und schöpferweise Nachschlag. Pommesfrites mit Mayo, knall Dir ne Currywurst zwischen die Zähne! Süßes? Na klar, bin ich allein zuhaus, kommt die Naschtruhe auf den Tisch. Musik an! vergess ich Hausaufgaben, Apfel, Gemüse, Gewissen, Gott, den ganzen Senf inklusive Schwur von wegen nie wieder, Musik und Leckerzeug, da geht die Post ab. Mundgeruch, Schnapsfahne, Crunchy Old Man hat den Heimweg und den Faden verloren, so weit lässt mans nicht kommen. Hat sogar, sagt Mutter, wie er heißt vergessen, der würde, wenn sie noch lebten, Vater und Mutter nicht anreden können, kennt weder Curry noch Mensa, weiß nicht mal, wasn Pariser ist. Mutter wird rot, wenn ich sowas sag, Vater würd mir eine hauen, der Bruder von Elli pustet die Dinger auf, bindet sie ans Fahrrad und lässt sie im Wind flattern. Warum die sich immer so aufregen! Alt und blöd werd ich kaum, noch erinner ich alles, ab und zu vergess ich mich auf dem Heimweg. Wer zu spät kommt, kriegt kein Mittagessen, nörgelte Oma. Die Eltern von heut haben echt Angst vorm Erziehen. Dass ichs mal anders mach, weiß ich sicher, das schwör ich handhoch zwei Finger. Übrigens. Im Sommer gehn wir ins Tussaud, London, da stehn sie alle in Wachs, die Königsfamilie, Queen Philipp Charles Diana, nebenan die großen Sportler, Beckham Muhammad Ali, man kann, wenn der Wärter nicht herguckt, Lady Gaga betatschen, Madonna, die Beatles, berühmte Leute, beispielsweise, verdammt kann mir die Namen nicht merken, einer mit Walrossschnauzer, so was wie Wein, Weinstein, Steinmann, Albrecht oder so, Bimsstein, Scheiße Klodeckel, Madonna mit Batman, Männer mit Muskeln, die stehn da halbnackt rum, Mick Jagger John Lennon, hallo, da tanzt ja Miki: Maik: Maikel eij! Dschäcksen, hat der Tanzbeine! Bein Mein Stein, ach ja: Ein! Heij, Oldie, ich habs: Einstein!

DURCHS WUNDERBLAUE SCHAUFENSTER ZIEHTS grau grau grau. Irgend windfladige Fetzen nagen am Himmel. Verlassen das einladende Plateau, ohne ihm geschadet zu haben. Blauinmitten blühts auf, ein kleines buntfädiges Knäuel, das, rasch größer werdend, als Himmelbesetzer, störender Besatzer, zum raumgreifenden Chaosgebilde anschwillt. Ehe jemandem zu fragen einfällt, was da geschehe, lässt der Kreator der Szene neue Graufladen aufziehn. Am Schaurand. Dorther fingern windzerrissene, schleierdünne Gespenster nach jenem, offenbar aus dicken, dünneren, ganz dünnen Röhren bestehenden Phänomen, dessen Peripherie überfliegend sie weitere Besitznahme vorläufig hinauszögern. So kann der Blick unbehindert das interessante Objekt mustern. Trotz Einfärbung gestatten die ädernden Gebilde Durchsicht auf inwendige Bahnen, welche der Fortbewegung kleinerer, größerer, mal geometrischer, mal amorpher Elemente dienen. Die Röhrenwandung leuchtstark durchdringend markieren die Partikel ihren mitfließenden oder der Strömung entgegengesetzten, von Allegro bis Largo reichenden Kurs, bewegen sich individuell oder in Gruppe, gar massenhaft zu irgend Zielen. Langweilen müssen Betrachter sich nicht. Per Fingerzeig oder in Worten lassen Nachbarn oder Freunde sie wissen, was gerade beobachtet wird, und was des weiteren die Aufmerksamkeit weckt. Dabei unterstützt sie ein besonderer Kommentar. Der Zeitendehner nämlich reagiert auf die Sorge eines Talkteilnehmers, man werde etwa hinter einer gedächtnisklaffenden Lücke immer weitere Erinnerungsschätze einbüßen, mit einer Auszeit, lenkt die Gruppe unter Einschluss der Dompteuse, Frau Talkmeisterin, vor eines seiner Schaufenster, um sie dort einem bereit stehenden, besonderen Führer anzuvertrauen, der sie dann bestens betreut. Vor allem anders als gewohnt. Das leere Fenster wird plötzlich rahmenfüllend von jenem Röhrenchaos in Besitz genommen. Worauf das Monstrum auf Schädelgröße zu schrumpfen und sich mit einer Gesichtsmaske zu umschalen beginnt. Gegen das Verlorensein in einer von Leere umgebenen Mitte aufbegehrend tastet jenes Gebilde vom Kopf her mit Hals Körper Gebein richtung Boden, baut derart unter sich eine Gestalt, männlich, auf, welche sogleich, Haupt obenauf, die Bühne hin und her abschreitet. Welche Gestalt nun, Fahnenstange hoch!, ein Schild mit Text einher trägt, während der Mund lautlose, von Lippenbewegung jedoch deutlich geformte Worte redet oder sie, unterstützt von entsprechender Pose, singend vorbringt. Womöglich weiß der Bänkelsänger vom Stummbleiben seiner Laute und Worte nichts, ein mitschreibender Schildtext jedoch dolmetscht deren Gehalt. Darüber hinaus erklärt sich die Bühne mit sichtbar den Textsinn erläuterndem Geschehen zum eigentlichen Darsteller. Zielt offenbar ab auf ein Publikum mit Analphabeten und Landesfremden, denen also ein in Bildern dargebotener Tatbestand das Gemeinte besser verdeutlicht. Augen auf! heißt das Motto. Und als ob das alles nicht genüge, greift die Bühnenszene über in den Zuschauerbereich. Derart einbezogen gerät das Publikum augenblicklich in dunkel wölkendes Getös, in schlachtartigen Lärm, der Sinndolmetsch gestikuliert allen voran mit Schild und Text: Folgt meiner Fahne! Jetzt von allen Seiten feuern Nachrichtengeber ihre Information aus allen Rohren, anstelle Tonstille tritt laute Beschallung. Etwa Musikcorps unterfüttern die Streitlust mit Marschmusik, die vom Krieg Überraschten überkommt die Frage, wie viel Truppen wohl im Dunkel stehen, und wer an welcher Front kämpfe. Da verscheuchen zum Angriff blasende

Trompeten die für später gedachten gloriosen Fanfaren, sind ja noch keine Siege errungen. Zugegeben, hier in Dämmer Dampf Nebel sind die Augen schlecht dran. Der Sichtersatz Ohr muss einhelfen. Der bemerkt heftiges Blätterrauschen, sucht, findet blattoffen Seiten schlagende Bücher, Bildung im Anflug! Fantasie im Anmarsch! Es bombenhageln Weisheiten, Wegweisungen, Welterklärungen, übertölpeln, verschütten total jedes Fassungsvermögen. Unentbehrliche Hiobsboten, schlagkräftige Ideale queren Land, Luftraum, Ozean, politische Glücksritter schwenken wächserne Waffen, es drehen Leuchtschriften, Ritter, Bücher den Verstärker auf, gießen - Mehr Dezibel! - Öl ins Getriebe der Informationsmaschinen. Derart eint man sich auf die Attacke gegen ungeschützte Kopfschalen, hau drauf und füll ein, bis die Hirntöpfe randüber quellen! Verstreut, in teigenden Leibermengen bedrängt gequält verloren, geben die Talker alles in Zahlung für nur eines: Vergessen und zurück ins Studio! Ihr Verlangen wird gestillt. Wörtlich. Nämlich nach Abzug finsterer Wolkenbänke, grauer Laken, duffer Schleier taucht das erschöpfte Figurenarrangement in perfekte Stille. Nicht mal Atemgeräusch erlauschen die aufgestellten Ohren. Schon gar nicht irgend Nachklang voriger Ereignisse. Versucht man die peinvolle Leere mit Erinnerung zu füllen, erstickt diese Bemühung im stummen Windschlag schattenloser Vorhänge. Kein Zeitendehner bebildert irgend Szene, längst verkroch sich die Dompteuse in einer Gedächtnislücke, weder wären Studio noch dessen Gäste aktenkundig zu beweisen. Entkernt liegt man im Sarg. Wer? Mach doch das

Licht aus! Zeitraumjenseits machts irgendwoundwie Klick. Horch! und sieh: vom Studio verbliebene Helligkeit wechselt zwischen gelbhaltigen Leuchten, kalten Strahlern, deren Reflex an differenten Oberflächen. Lagern Früchte, Gesichter in der Raumschale, La Nature Morte belebt sich. Weitere Geräusche. Mäuse geben gespenstisch Trommelsignal, jemand fingertaktet auf der Sitzfläche, unauffällig zwischen Vergessen und Erinnerungslust beginnt die Treibjagd wider alle Lärmverweigerer. Dass da der Atem hochgehe, versteht jeder, hörbar einstimmend imitiert der Chor auferstehender Leiber so was wie Windzug, der im Blattwerk von Bäumen zischelt, der um Hauswände streicht, der an irgend Dingen sich reibt, schön! schön! mehr davon! blähen sich Lungen, ansaugen Stille, hauchen sie aus. Bebt hier eine Haarlocke, erschauert dort die Haut. Zum Schenkelschlag erkühnt sich der Fingertrommler, verleiht den Handschlegeln mehr Drive, taktgehorsam untermalen Handreibe, flüsternde Fußschiebe, der Jazzbesen gibt obersten Rhythmusbefehl. Kann wer? das stoppen. Möchte wer? stillhalten, mit der Ohrenlust sorgsamer haushalten. Kennt man doch? Kennt vieles nicht! Hat soviel vergessen, hängen überall abgerissene Kabel. Im Schattenfall, Lichtschlag um Blitzschlag, fraß Information sich tief ins Land, hat Ufer abgetragen, Vorratskammern geflutet, alles Habundgedächtnisgut fortgeschwemmt. Das Gewesene, jetzt unhaltbar Treibgut, löst sich vom Kabelschlepp. Wer verstände die in Luft, auf Wasser, ins Nichts notierten Namen anzurufen, umgekehrt säumt der Einkaufszettel nicht, per Schriftzug dem Vergessen ein Bein zu stellen.

Vergiss nicht dies und das mitzubringen. Musik? Die Schlagwerke anfordern Melodie. Die Trommeln verlangen Keyboard, Klarinette, Gitarre und mehr, ihr aller Begehr wird überstimmt vom Verlangen nach Gesang. Nachdem nun das Wummern von Trommeln der Stille weiteres Terrain entriss, nachdem ein findiger Toningenieur Metallscheiben, Klanggläser, Rasselketten und andere klangfähige Materialen herbei schaffte, nachdem mit dem Fundus des Senders vertraute Kabelträger Musikalien aller Art anschleppten, nachdem schließlich jemand durch Anzapfen einschlägiger Jazzmedien das noch unsichere Gedudel auf Profiniveau zu heben gelang, bereitet die aufkommende Musizierlaune dem Sitzfleisch endgültige Niederlagen. Der Talkrunde samt Beigabe, Dompteuse bis Hinterbacke, ruckt und zuckt es durch Bein und Body. Etwas ungefüge fasst die Dicke Fuß, schaukelt ihr gehaltvolles Obengewicht in Trance, wobei ihr der Mund aufgeht zu kleinlauten Hohos und Hihis, die rasch Terrain gewinnen, alsbald zu mal kehligem, mal hochtönendem Swing ausholen. Nichts lädt mehr zu unverhohlenem Jazzen ein, als die überraschend melodische, über Fußschritt, Händeklatsch aufsteigende Stimme von Dickmadame, folgend treiben Schlagwerk, Instrumente den Rhythmus in Ekstase. Nach kurzer Zeit allerdings scheinen die besten Kräfte vieler Teilnehmer aufgezehrt. Aneinander gelehnt schwappen blueswiegende Körper in schlapper Dünung. Driften In the Mood als dämmriger Psychenschlamm. Dennoch mühelos vergeht der Auszeit die Wartezeit. Jetzt aus dunklem Hintergrund tänzelt Figura nach vorn, schwenkt überkopf eine Wachsgeburt, bringt einen gewichtlosen Napoleon tanzhalber auf seine gestiefelten Steifbeine - Will er? Will er nicht - bis dem herrischen Feldgeneral die Knie erweichen, bis der Mörderkaiser, gelenkig werdend, mit Figura Kurtisane sich tanzgerecht paart. Darf man eine solche vom Jazz erzwungene Fälschung für wirklich halten? Und was geschicht da mit Sokrates? Die pädagogische Heilerin muss sich um ihn in besonderer Weise mühen, denn jener, der über alles und jedes Bescheid weiß, versteht seinem geschichtsträchtigen Körper mit darunter alterskrümmendem Gebein weder Tanzlust noch Rhythmus einzuhauchen. Ohne von wächserner Starre gehemmt zu sein erwärmt sich der Leib dennoch zu keiner swingenden Regsamkeit, es lassen ihn Blueswiege, Boogyrun, Quickstep und Jive ziemlich kalt. Ausdrücklich bewundert Sokrates Dickmadames Geschick, doch ein Partnerwechsel quittiert ihm, dass er jenseits Einfühlung nur ganz erbärmlich an jener klette. Anders der agile Kustos. Der versteht einer ihm zugelaufenen Wachsimitation, Curie vielleicht, solche dynamischen Muster einzuimpfen, die dann seinem altmodischen Menuettschritt besser bekommen als ihrem gemeinsamen Jazzversuch. Nun gut. Belustigend so oder so. Des Hinblickens wert erweist sich die Paarung von Dompteuse und Zeitendehner. Nicht wirklich im Jazz, wohl aber im Tanz zuhaus wirbelt die Meisterin der Befragung ihren Partner quer Studio. In überwältigendem Führungsstil. Doch seine weich scheinende Stellage, mehr Idee als real, härtet hölzern, Madame muss ihn gegen den busigen Körper gepresst fast tragen und, weil das ihre Kräfte erschöpft, in einen abseitigen Winkel drängen, um die ungewohnte Last dort zu deponieren. Wo? Im Tussaud! Längst nicht mehr spielen die Auszeit und deren jazzende Szene im Studio, vielmehr im Museum geraten postamentierte oder umglaste Wachsimitate in diese launig exzessive Stimmung. Tanz! Tanz! Schattenrisse, Volumina! Flatterhafte wie beständige Figuren verwirren den Beobachter und geben Anlass, jede positive Anmutung sofort zu bezweifeln. Womöglich wären da das zeitkurze zum langzeitigen Gedenken überbrückende Gedächtnisbahnen eingebrochen, müssten Wissen und Vermuten um Sieg aliter Wahrheit knobeln, hätten Gestern Heute Morgen über Fug: Unfug, über Vergessen: Erinnerung, tatsächlich per Glücksspiel zu entscheiden. Was für eine Clownskomödie! Was für ein Narrenstück!

Anmerkung:

Das Bild „Talkshow" vom Buchcover stammt ebenfalls von Veit Lindenmeyer. Weitere Bilder können im Internet auf der Homepage <u>www.veit-lindenmeyer.de</u> betrachtet werden.